探索与发展：
跨境电商供应链管理研究

赵颖婷　著

中国原子能出版社

图书在版编目（CIP）数据

探索与发展：跨境电商供应链管理研究 / 赵颖婷著.
北京：中国原子能出版社，2024. 11. -- ISBN 978-7
-5221-3712-4

Ⅰ. F713.36；F252.1

中国国家版本馆 CIP 数据核字第 2024ST1735 号

探索与发展：跨境电商供应链管理研究

出版发行	中国原子能出版社（北京市海淀区阜成路 43 号　100048）
责任编辑	白皎玮　陈佳艺
责任校对	刘　铭
责任印制	赵　明
印　　刷	炫彩（天津）印刷有限责任公司
经　　销	全国新华书店
开　　本	787 mm×1092 mm　1/16
印　　张	16.5
字　　数	250 千字
版　　次	2024 年 11 月第 1 版　2024 年 11 月第 1 次印刷
书　　号	ISBN 978-7-5221-3712-4　　　定　价　**88.00** 元

前　言

随着互联网技术的发展和全球贸易的自由化，跨境电商迅速发展，成为全球经济的重要驱动力。由于跨境电商涉及多国法律法规、货币汇率变动、文化差异、物流配送等复杂因素，传统的供应链管理模式已难以满足其高效率和灵活性的需求。因此，企业亟需采用更加动态和灵活的供应链管理策略来应对这些挑战。跨境电商供应链管理要通过有效整合制造商、供应商、国际物流公司、仓储中心、分销商的资源和能力，打通"链"条中的信息流、产品流和资金流，既要降低采购、库存、运输等环节的成本，又要有效满足国外顾客需求，从而提高整条供应链的竞争能力，追求整体供应链剩余最大化。

本书共六章，系统地论述了跨境电商供应链管理的各个方面。第一章为跨境电商供应链基础，主要介绍了跨境电商和供应链管理的基本知识。第二章为跨境电商供应链管理的核心要素，深入探讨了跨境电商供应链管理中的"三流"，即物流、资金流和信息流。第三章讨论了跨境电商供应链管理的基本业务，包括跨境电商供应链的采购管理、库存管理和网络管理。第四章详细分析了跨境电商供应链的绩效管理，首先介绍了跨境电商供应链绩效的基本内涵，然后提出了跨境电商供应链绩效的评价方法，最后进行了跨境电商供应链绩效评价指标体系的构建。第五章探讨了信息技术如何赋能跨境电商供应链管理，详细分析了传统信息技术、大数据、物联网、云计算、区块链技术等技术在跨境电商供应链管理中的应用。第六章为跨境电商供应链管理的发展，分别从虚拟供应链、敏捷供应链、绿色供应链等角度进行了分析。

本书不仅涵盖了跨境电商供应链管理的理论基础，而且深入讨论了实际应用中的挑战与解决方案，特别是在信息技术赋能方面的内容，提供了当前及未来科技发展对供应链管理的影响评估。此外，本书还通过案例研究，将理论与实践相结合，提高了内容的实用性和针对性。

尽管本书试图全面覆盖跨境电商供应链管理的各个方面，但由于跨境电商领域的快速发展，新的问题和挑战不断出现。因此，某些内容可能需要进一步的深入研究和更新。书中不足之处恳请广大读者批评指正。

目　　录

第一章　跨境电商供应链基础

第一节　跨境电商概述

一、跨境电商的概念

跨境电商即跨境电子商务，是指分属不同国家的交易主体，通过电子商务平台达成商品或信息交易、进行支付结算，并通过跨境物流或者异地仓储送达商品、完成交易的一种国际商业活动[①]。

跨境电商的这一概念包含以下三层含义。第一，跨境电商的交易主体分属不同的关境，这是区分国内电子商务与跨境电子商务的关键。在跨境电商模式中，买卖双方分别位于不同国家或地区，他们通过电子商务平台进行商品或服务的交易。通过跨境电商，企业可以扩大其市场范围，触及更广泛的消费者群体，同时，消费者也能享受到更多元化的商品选择和服务。第二，跨境电商实现了信息流、商品流和资金流的电子商务化。在整个交易过程中，从商品展示、客户咨询、订单生成到支付结算，所有环节都通过电子商务平台完成。通过电子商务平台，商家可以实时更新商品信息，而消费者可以随时随地访问这些信息并做出购买决策。同时，网络支付系统和第三方支付工具为资金流提供了快速、安全的转移方式。第三，跨境电商强调物流的跨境

---

① 张艳. 跨境电商经济发展研究［M］. 北京：中国纺织出版社，2022.

运输。在跨境电商中，商品需要从卖家所在地跨越国界运输到买家手中，这要求有高效的物流系统和国际运输方案。通过国际邮政服务、快递公司、海外仓储等多元化的物流解决方案，可以使商品安全、及时地送达消费者。

二、跨境电商的特征

跨境电商的特征如图 1-1 所示。

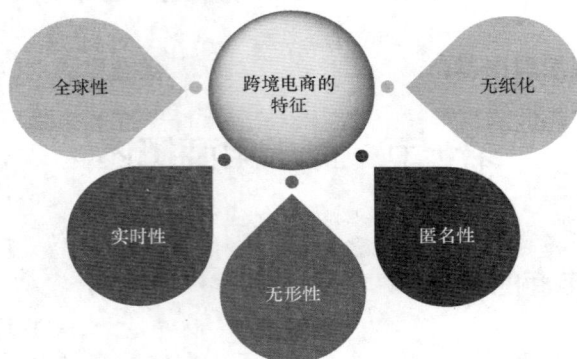

图 1-1　跨境电商的特征

（一）全球性

1. 媒介的全球性

全球性是跨境电商最为显著的特征之一，其名称中的"跨境"二字充分体现着全球性的特点。跨境电商本身就是全球化的产物，国家与国家之间的联系日益密切，经济和贸易活动在全球范围内运行，加之信息技术和网络技术的快速发展，跨境电商应运而生。网络作为当代世界信息交流的主要媒介，不受地域的限制，具有全球性的特征，随着互联网的不断发展，逐渐形成去中心化的网络信息交流生态，因此，依托于互联网而形成的跨境电商同样具有全球性与去中心化的特征。跨境电商不过多考虑地理因素，这种无边界交易是电子商务与传统商务活动最大的区别之所在。

2. 交易的全球性

跨境电商在很大程度上促进了物品的流通与国际贸易的发展，企业与个人用户可以将自己的产品放到网络平台之上，在全球性平台上公布商品的具体信息，充分展示商品性能，供全球消费者选择①。与此同时，全球消费者也可以在全球范围内任意挑选商品，打破空间的限制，自由进行物品的选择与购买，交易过程通过网络支付进行，极大提升了交易的便利度。

3. 服务的全球性

跨境电商提供的产品宣传、信息咨询、物流配送、售后服务、服务贸易等服务均具有全球性的特征。

产品宣传的全球性是指商家能够通过跨境电商平台向全球范围内的潜在顾客展示和推广其商品。这种全球性宣传打破了时间和空间限制，使得任何地点的消费者都能够实时接触到来自世界各地的商品信息。通过 SEO 优化、社交媒体营销、在线广告等策略，商家可以精确地将宣传内容传达到目标市场和消费者群体，提高品牌的国际知名度和市场竞争力。信息咨询的全球性表现在消费者无论身处何地，都可以通过跨境电商平台获取商品信息、比较价格和服务，或咨询客服解决购物疑问。这种即时、无界限的信息交流极大地方便了消费者的决策过程，增强了消费者的购物体验和满意度。全球范围内的物流配送也是跨境电商全球性的重要体现。跨境电商在全球范围内开展贸易，有形的电子商务离不开物流配送，跨境商务活动在物流领域突出的特点是物流距离远。因此，物流配送难度相对较高，而跨境电商则很好地解决了这一问题。首先，跨境电商的生产商、供应商、经销商和物流企业可以通过互联网建立远程合作关系，拓宽物流配送的渠道。其次，企业可以与不同区域的物流公司建立合作关系，或通过国际物流服务实现商品在全球范围内

---

① 马潇野. 当代跨境电商发展研究与探索［M］. 北京：中国纺织出版社，2022.

的配送。售后服务的全球性指的是消费者在购买后遇到任何问题时，无论他们身在何处，都能获得及时有效的客服支持、产品退换货或维修等服务。这种服务支持提高了消费者的信任和满意度，对于建立消费者忠诚度和品牌声誉至关重要。服务贸易的全球性表现为提供在线教育、咨询、软件订阅等无形产品的国际交易。这类服务可以跨越国界，消费者可以享受到不受地理限制的各类专业服务，而服务提供者也能拓宽市场，接触到全球客户，展示其专业能力和业务范围。

（二）实时性

1. 商品交易的实时性

跨境电商的信息传递是以互联网为媒介的，互联网本身具有信息传输速度快和信息传送量大等特点，且互联网传送信息的速度与距离无关。因此，信息传递的实时性也是跨境电商的显著特点。传统的信息传递方式主要以信函、传真、电话等方式为主，信息传递效率低下，难以针对具体问题进行及时的沟通与交流，互联网的信息传送不受空间的限制，地理上的距离被互联网无限拉近，商品的交易、信息的收发都可以在很短的时间内完成，极大提升了交易的效率。

在传统贸易活动中，消费者在购买商品时，由于掌握的相关信息量较少，时常出现对与交易不满意的情况，这是信息交流不及时带来的信息差造成的，信息的不对等也使得消费者在购买商品时的选择较少，一般都是电视、报纸、好报等媒体宣传，或者通过朋友介绍与自身的亲身体验进行商品的选择，这些方式限制了消费者对于商品的选择。而电子商务的出现，则在很大程度上改变了这一现状，电子商务将商品的具体信息呈现在网络平台之上，消费者可以及时获取商品的价格变动、更新迭代、参数变化等信息，进而在大量的同类型商品中根据自己的购买标准选择心仪的商品，互联网即时性的优势在跨境电商活动中体现的更为明显。

2. 信息交流的实时性

跨境电商的实时性不仅体现在商品的交易过程中，还体现在商务活动的各个环节之中。在传统的商务活动之中，企业之间的交流需要面对面进行，或者通过信函、传真的方式，这些方式效率低下，成本较高，特别是对于参与跨境贸易的企业来说更是如此，较低的交流效率与较高的交流成本使得不同关境企业之间的交流并不活跃，在很大程度上影响了企业之间的合作。在跨境电商中，企业之间可以通过线上会议的形式或者电子邮件的方式快速实现商务信息交流，极大提升了信息交流的效率，使企业能够获取实时的信息，且节约了大量的人力、物力成本。

3. 数据分析的实时性

跨境电商还体现在企业内部的信息管理、客户关系管理、供应链管理、网上市场调研、数据分析、市场行情分析、人力资源管理、财务管理等领域。跨境电商面对的是全球市场，因此，在进行信息管理与发展策划时，需要面对大量的数据。以行情分析为例，而世界市场风云变幻，相关数据收集、分析、处理的不及时都会造成对行情判断的滞后，甚至错误，这种对于市场行情的错判会严重影响企业发展战略的制定。因此，数据的实时性对于企业发展来说尤为重要，许多例子表明，企业的战略发展规划若是不符合时代发展的要求，就会使产业蒙受巨大的经济损失，甚至导致直接失去市场竞争力的情况。特别是对于跨境电商来说，面对的是全球市场，不同国家的具体产业发展情况与市场需求存在较大的差异，这就对企业信息的获取能力提出了更高的要求。跨境电商以网络为依托，能够实现好行情数据的及时获取，提升数据分析效率，极大提升行情判断的准确性，为企业做出正确的战略规划奠定坚实的基础。

（三）无形性

1. 交易过程的无形性

无形性是跨境电商与传统商务的显著区别之一，在传统的商品交易中，消费者和企业面对的是实实在在的商品，消费者选定商品后，通过面对面交易或者订单配送的方式完成交易活动。但是在跨境电商中，由于距离的限制，交易活动往往难以面对面进行，商品信息查询、选择、订购、支付等环节都是在无形的网络上进行的[①]。

在跨境电商活动中，商品与服务均是通过数字化的形式呈现给人们的，大量的商品与不同类型的服务通过不同的网络服务平台传输到网络世界的每一个角落，有着不同需求的人们根据网络提供的信息选择商品与服务，最终完成交易。可以说，跨境电商是使用"无形"的手段进行有形商品交易的过程，其交易的成果的有形的，但整个交易的过程却是无形的、虚拟的。

2. 数据传输的无形性

网络的发展使数字化产品和服务的传输盛行。而数字化传输是通过不同类型的媒介，如数据、声音和图像在全球化网络环境中集中而进行的，这些媒介在网络中是以计算机数据代码的形式出现的，因而是无形的。以一条E-mail 信息的传输为例，这一信息首先要被服务器分解为数以百万计的数据包，然后按照 TCP/IP 协议通过不同的网络路径传输到一个目的地服务器再重新组织转发给接收人，整个过程都是在网络中快速完成的。

跨境电商是以网络技术为依托的，而网络中的数据传输是无形的，因此，从跨境电商所依托的技术手段来观察，无形性是跨境电商显著的特征。

---

① 马锁生. 跨境电商营销战略研究［M］. 兰州：兰州大学出版社，2022.

3. 服务贸易的无形性

服务贸易指的是一国的法人或自然人在其境内或进入他国境内向外国的法人或自然人提供服务的贸易行为。服务贸易的内容是服务而非有形的商品，服务贸易包括商业服务、通信服务、建筑及有关工程服务、销售服务、教育服务、环境服务、金融服务、健康与社会服务等。广义的服务贸易既包括有形的活动，也包括服务提供者与使用者在没有直接接触下交易的无形活动。随着时代的发展，服务贸易日益成为贸易活动的重要组成部分，特别是在跨境电商领域，无形的服务贸易发展更为迅速。教育、金融等领域的许多服务可以完全通过线上的方式进行，大大便利了人们的生活。

（四）匿名性

1. 交易主体的匿名性

正是因为跨境电商具有全球性与无形性的特点，用户量大，且分属于不同的国家或地区，因此难以确定用户的信息。跨境电商的参与者，无论是商品、服务的提供者，还是消费者，一般都会隐藏全部或者部分的个人信息，网络所提供的用户身份、地理位置等信息也具有很强的不确定性。网络作为一个虚拟的平台，为人们提供了自由交流的环境，在现实生活中，人们用真实的身份信息学习、工作、生活，而在电子商务中，匿名行为基本不会影响网络交易的进行，而网络的匿名性也允许电子商务的各参与主体这样做。

2. 交易过程的匿名性

在传统的商品交易中，部分商品的交易过程需要签收单据，人们通常会将自己的真实姓名签在单据上。而网络为跨境电商提供了虚拟的交流平台，匿名的行为会让人们感觉更加自由，在匿名的状态下，人们可以享受最大的自由，承担最小的责任。人们匿名在虚拟的网络世界中自由进行商品与服务的交易。在交易的过程中，跨境电商各参与主体多是以匿名的形式参与电子商务活动，在整个的交易过程中，交易的双方匿名进行交流。

（五）无纸化

1. 无纸化办公

跨境电商采取无纸化办公模式，信息时代的到来，使计算机取代了传统的纸和笔，成为人们办公的主要工具，跨境电商的信息传递也是通过电子邮件进行的，实现了无纸化办公。自纸发明以来，其凭借独特的优势成为信息记录的主要工具，从古代到现代，纸在信息传递方面的作用不可替代。在传统的商务活动中，纸可以说是最为重要的办公工具之一，文件的传输、信息的传递、合同的签订，以及商务活动中的多种票据，都需要以纸为载体。可以说，纸既是人类文明的重要载体，也是日常生产生活中不可或缺的信息记录工具。

跨境电商是诞生于信息时代的新的商务模式，因此，跨境电商企业的办公模式具有鲜明的信息化时代特色，在企业内部管理与办公过程中，对于纸不再具有迫切的需求，企业凭借网络开展管理与办公，通知、公告、会议等均可以通过线上的方式来完成，这种无纸化办公模式，不仅提升了办公效率，降低了企业的成本，且节约了大量的资源，也符合现代环保的理念。

2. 无纸化交易

随着电子信息技术与互联网技术的不断发展，计算机逐渐取代纸张成为信息记录的重要工具。在跨境电商中，商品运输距离长，商务活动参与各方距离较远，因此，以纸作为信息记录与交流的工具会导致信息交流时间过长，严重阻碍跨境电商交易的效率，而且，由于贸易的迅速发展，贸易中涉及商品的种类繁多，数量庞大，无论是物流、还是海关，将纸张作为信息记录的主要工具将难以应付大量的商贸交易①。因此，在跨境电商的整个运行环节，计算机几乎取到了纸张，成为信息交流与记录的主要工具。

三、跨境电商的类型

（一）按商品流向分类

1. 出口跨境电商

出口跨境电商是指本地商家利用跨境电商平台展示他们的商品或服务，无需在海外设立实体店铺或分公司，就能将商品或服务销售到其他国家或地区的消费者的商业活动。出口跨境电商使得本地商家能够接触到全球市场，为他们提供了一个扩大销售和品牌国际化的机会。

2. 进口跨境电商

进口跨境电商是指将国外生产或加工的商品通过跨境电商的方式完成进口贸易中的商品展示和交易，并通过跨境物流将国外的商品运送至国内的一种国际商业活动。随着全球化经济的发展和人们生活水平的提高，消费者对于多样化和个性化商品的需求不断增长，进口跨境电商便为消费者提供了一个便捷的途径，让他们能够轻松购买到来自世界各地的商品。对于零售商而言，进口跨境电商可以扩大其商品范围，提高竞争力，满足本地消费者的多元需求。

（二）按交易主体类型分类

1. B2B 跨境电商

企业对企业（Business-to-Business，B2B）跨境电商是指分属不同关境的

---

① 徐凡. 跨境电子商务基础［M］. 北京：中国铁道出版社，2017.

企业，通过电商平台达成交易，进行支付结算，并通过跨境物流送达商品、完成交易的一种国际商业活动。

B2B 跨境电商模式是基于企业之间电子贸易平台的一种交易方式，企业通过电子商务平台发布自己的商品、服务、合作业务等信息，境外买方企业则通过平台获取并浏览该信息，买卖双方通过电子平台进行业务洽谈、价格商讨、敲定合作条款等，而成交、通关流程仍然要在线下完成，基本是按照传统国际贸易形式进行运作，本质上还应该归属于传统对外贸易的范畴。

由于 B2B 交易的参与主体众多，交易的量级较大，而且订单相对稳定，因此，B2B 交易目前在中国跨境电商市场上占据的比重较大，是我国跨境电商的主流。

2. B2C 跨境电商

企业对消费者（Business-to-Customer，B2C）跨境电商是指分属不同关境的企业直接面向消费者个人开展在线销售产品和服务，通过电商平台达成交易、进行支付结算，并通过跨境物流送达商品、完成交易的一种国际商业活动。由于消费者个体并不是跨境电商的直接参与群体，因此，B2C 模式的跨境电商贸易量相对较小。但随着跨境电商平台的逐渐丰富、完善，为消费者的跨境消费活动提供了条件，越来越多的消费者喜欢，而且有条件在世界市场中自主进行商品的选购，跨境交易向小额化与碎片化不断发展，B2C 跨境电商交易量不断增长。

3. C2C 跨境电商

个人对消费者（Customer-to-Customer，C2C）跨境电商指分属不同关境的个人卖方对个人买方开展在线销售产品和服务，主要通过第三方交易平台（如 eBay）实现个人对个人的电子交易活动。C2C 跨境电商使个人能够轻松进入国际市场，不仅为消费者提供了更为独特和多样化的商品选择，也为个人卖家创造了新的收入来源。这种模式鼓励个人创业和小规模商业活动，有助于促进文化交流和商品的多元化。

4. O2O 跨境电商

线上到线下（Online to Offline，O2O）跨境电商结合了线上购物的便利性与线下服务或体验的实体性，使得消费者可以在线上下单购买国外的商品或服务，然后在线下获得实际体验或服务。例如，一个消费者可能在网上预订一家国外酒店的住宿服务，或者购买一个国外演出的门票，体验是在实际的物理位置完成的。O2O 跨境电商模式在旅游、教育、娱乐等领域尤为突出，它为消费者提供了更加丰富和深入的跨文化体验。此外，O2O 跨境电商也为企业提供了新的市场机遇，让他们能够将线上的国际曝光转化为线下的实际消费。这种模式要求企业不仅要有强大的在线营销能力，还需要在目标市场拥有或建立合作的线下服务网络，确保消费者能够获得高质量和无缝的线上线下体验。

四、我国跨境电商的发展历程与现状

（一）我国跨境电商的发展历程

我国跨境电商的发展历程如图 1-2 所示。

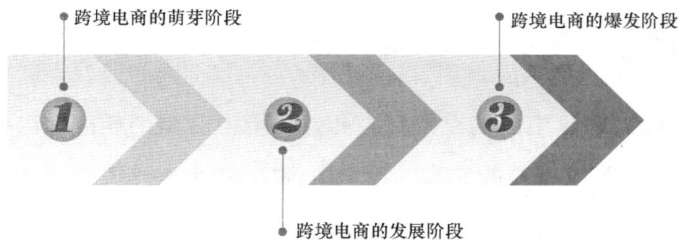

图 1-2　我国跨境电商的发展历程

1. 跨境电商的萌芽阶段（1999—2007 年）

跨境电商的萌芽阶段也称为 1.0 时代。在这个阶段，互联网正逐渐成为企业进行国际贸易的重要工具，但其应用主要集中在信息的展示和传递上。跨境电商平台如阿里巴巴主要提供一个网络平台，企业可以在上面发布自己的产品信息和企业信息，实现全球范围内的信息展示，但并不在网络上进行交易。此时跨境电商平台的盈利模式主要是通过向进行信息展示的企业收取会员费或服务费。萌芽阶段的跨境电商在发展过程中，也逐渐衍生出竞价推广、咨询服务等为供应商提供的信息流增值一条龙服务。

2. 跨境电商的发展阶段（2008—2013 年）

2008—2013 年，跨境电商进入了快速发展阶段，即 2.0 时代。这一时期跨境电商平台开始整合线上的交易流程，包括信息展示、在线交易、支付和物流，真正实现了电商交易的全过程电子化。这标志着跨境电商从单一的信息展示平台转变为综合性的电子商务平台，大幅提升了交易效率和安全性。B2B 和 B2C 成为这一时期的两大主要模式，分别服务于企业间交易和企业对消费者交易。平台的盈利模式也发生了转变，从依赖会员费转向收取交易佣金，同时通过提供广告推广、第三方支付、物流解决方案等增值服务实现多元化收入。这个阶段的跨境电商平台不仅加深了全球供应链的整合，还推动了全球电子商务的标准化和规范化，为今后跨境电商的进一步发展奠定了基础。

3. 跨境电商的爆发阶段（2014 年至今）

2014 年成为跨境电商的重要转型年，跨境电商全产业链都出现了商业模式的变化。随着跨境电商的转型，跨境电商 3.0"大时代"随之到来。这一时期的跨境电商主要体现出以下特征。

第一，主要用户群体由初期的小规模网商和个体创业者转变为具有强大生产和设计能力的大型工厂和外贸公司。这一转变意味着平台上销售的产品从以往的低端、二手或仿制品，逐步升级为更具市场竞争力的优质、原创产品。此外，这些大型生产商的加入，增强了产品的多样性和创新性，提升了消费者的购物体验，同时也提高了跨境电商平台的品牌形象和市场地位。

第二，电商模式由 C2C、B2C 模式转向 B2B、M2B 模式，这不仅扩大了国际市场的范围，还促进了大宗交易的发展，特别是在 B 类买家市场形成规模之后，平台上的中到大额订单数量显著增加。这一模式转变推动了跨境电商向更加专业和高效的方向发展，加强了各行业间的合作，促进了整个供应链的优化和升级。

第三，大型互联网服务商的加入为跨境电商 3.0 时代带来了新的活力。这些服务商通过提供技术支持和优化服务，极大地提升了跨境电商平台的运营效率和用户体验。随着服务的全面优化升级，外贸活动的产业链得以全面转移到线上，实现了更加高效、透明的国际交易流程。同时，这也促进了跨境电商平台功能的多样化，能够提供更加细致和全面的服务，满足不同用户的需求。

第四，随着智能手机和平板电脑的普及，移动端用户数量急剧增加，这促使跨境电商平台优化移动购物体验，推出更多适应小屏幕操作的应用和服务。同时，消费者对个性化、多元化和长尾化的产品需求日益增长，促使企业采用更加灵活和定制化的生产模式。为了适应这些变化，跨境电商平台不仅要提供多样化的商品，还需要提供全面的配套服务，如代运营、个性化推荐，以及线上线下一体化的服务体验，以满足不同消费者的需求，促进业务的持续增长。

（二）我国跨境电商的发展现状

1. 跨境电商交易规模大

跨境电商作为新兴行业，为电商企业提供了更为新的发展机会，电商企业可以在更为广阔的国际市场中开展业务，且跨境电商以电子商务平台为依托，省去了传统跨境贸易中的中间环节，使跨境电商企业能够直接与海外零售商与消费者进行交易，节约了时间成本和中介环节产生的费用，因此具有更高的利润空间。

《2022 年度中国电子商务市场数据报告》显示，2022 年我国跨境电商市场规模达到 15.7 万亿元，较 2021 年的 14.2 万亿元同比增长 10.56%。2018—2021 年市场规模（增速）分别为 9 万亿元（11.66%）、10.5 万亿元（16.66%）、12.5 万亿元（19.04%）、14.2 万亿元（13.6%）。跨境电商保持稳健增长，带动了整个产业链条发生变化，将给传统外贸及产业带来深远的影响。另外，报告显示，2022 年我国跨境电商交易额占我国货物贸易进出口总值的37.32%。2018—2021 年跨境电商行业渗透率分别为 29.5%、33.29%、38.86%、36.32%。总体来说，跨境电商行业渗透率在稳步的提升，将带动行业规模的发展。

2. 跨境电商平台类型多样

随着近年来我国跨境电商的迅速发展，新业态与新模式不断涌现，作为跨境电商开展的重要依托的跨境电商平台，其类型也呈现多样化的发展趋势。总体来看，我国跨境电商平台主要分为三种类型。

（1）跨境电商大平台

这类平台具有强大的市场影响力和品牌知名度，以阿里巴巴的天猫国际、京东国际等为代表。它们依托于强大的母公司资源，提供全面的跨境电商服务，包括支付、物流、清关等一站式解决方案。这些大平台凭借其广泛的用户基础和成熟的市场运营经验，能够吸引众多国内外品牌入驻，为消费者提供丰富多样的商品选择。同时，大平台还能够提供市场分析、数据服务等增值服务，帮助商家优化运营和提升销售。

（2）新生代自营电商

随着跨境电商的迅速发展，越来越多的经营主体涌入跨境电商这片蓝海，其中就包括大量的自营电商，自营电商的代表是网易考拉海购，自营电商在个体经营规模上虽然比不上跨境电商大平台，但是数量庞大，类型众多。这类跨境电商平台的突出特点是对于产品质量的把控较为严格，品牌力强，具有较强的用户黏度和品牌吸引力，且全交易流程管理体系完备。新生代自营电商普遍采取直采自营的模式，这种经营模式的基础是具有强大的供应链，为产品跨境交易的各个环节提供强有力的保障。

（3）创业型中小平台

创业型中小平台是跨境电商领域新兴的一种经营平台，创业型中小平台的特点是商品品类比较集中，目标消费群体具有一定的共性，运营模式独特且多样化。创业型中小平台由于出现时间较晚，进入市场是规模较小，自身不具备强大的商贸管理系统与供应链系统，因此，这类跨境电商平台若想更好地立足于跨境电商行业，就需要另辟蹊径，通过具有明确指向性的高质量产品形成品牌效应，吸引特定的消费群体，与跨境电商大平台注重"面"的发展不同，创业型跨境电商中小平台注重发挥"点"的作用，集中力量开展特定业务，面向具体的消费群体，提升消费群体的黏性，以在庞大的跨境电商行业中搏出一片新天地。

3. 跨境电商商品品类不断丰富

随着跨境电商市场的不断成熟与扩大，跨境电商涉及的商品种类逐渐丰富，跨境电商平台最早以销售电子配件、3C 产品、珠宝等易于跨境运输的产品为主，随着跨境电商在全球范围内的迅速发展，作为跨境电商配套产业的跨国物流产业也迎来了高速的发展，跨国物流能力的进一步提升，又反过来推动了跨境电商向更广阔的市场开展业务。

2016 年以后，跨境电商涉及的商品呈现出逐渐向汽车、家居等大件商品扩展的趋势。随着跨境电商平台的不断发展，不同类型的电商平台均根据自身的定位在全球范围内开展业务，既有业务广泛的大型跨境电商平台，又有开展具体类型贸易的中小型跨境电商平台。商品的类型从电子产品到汽车汽配，从服装服饰到家居园艺，从健康美容到户外用品，基本涵盖了人们日常生活的方方面面。

跨境电商企业拓展市场的重要手段之一就是丰富商品品类，满足更多消费者的需求，这既是行业发展之道，也是企业生存之道。随着物流产业的不断发展与科学技术的不断创新，跨境电商企业将不断扩大其业务所覆盖的商品品类。

4. 我国跨境电商目标市场广泛

我国跨境电商的目标市场非常广泛，涉及的国家与地区非常多。这些国家与地区的跨境电商发展状况各不相同。

美国、英国、德国、澳大利亚等国家在跨境电商领域属于先发国家，跨境电商产业的发展相对成熟，物流基础设施较为完善，且电子支付环境相对安全，民众对于跨境电商也比较熟悉，在与这些国家开展跨境电商时，贸易双方均能通过规范、标准的业务流程与完善的基础设施实现高效的贸易往来，因此，我国十分重视与这些国家之间的跨境电商贸易往来，同时，我国的跨境电商企业也在进一步挖掘这些国家和地区消费者的深层次需求，以更好地拓展业务。

俄罗斯、巴西、印度、东南亚等国家和地区因其国内不断成长的需求，也希望可以在跨境电商领域实现突破，并推出一系列促进跨境电商发展的政策。这部分国家和地区拥有庞大的市场，但本土的电子商务产业并不发达，难以满足广大消费者的消费需求。我国生产能力位于世界前列，产品物美价廉，深受世界消费者的喜爱，特别是在前面提到的这些国家和地区的市场中更是具有巨大的优势，这成为我国发展跨境电商产业的重要动力。

当然，我国跨境电商的目标市场不能仅局限于跨境电商发达和消费市场广阔的地区，我国还应该重视与世界欠发达国家和地区之间的合作，这些地区基础设施相对落后，跨境电商发展较差，但是许多国家具有较大的发展潜力，同时存在巨大的市场潜力，拓展这些国家和地区的市场，需要由政府进行推动，出台相关扶持政策，支持和鼓励跨境电商相关企业向这些国家和地区拓展业务。

第二节　供应链管理概述

一、供应链的概念、特征与分类

（一）供应链的概念

供应链是围绕核心企业，通过对信息流、物流、资金流的控制，从采购原材料开始，制成中间产品与最终产品，最后由销售网络把产品送到消费者手中的将供应商、制造商、分销商、零售商直到最终用户连成一个整体的功能网链结构。它不仅是一条连接供应商到用户的物流链、信息链、资金链，更是一条增值链，物料在供应链上因加工、包装、运输等过程而增加其价值，给相关企业带来收益[①]。

（二）供应链的特征

1. 协调性和整合性

供应链的协调性和整合性体现在其将不同的生产、分销和供应过程紧密连接，形成一个高效流畅的整体系统。在这个系统中，多个合作者如供应商、生产商、分销商、零售商等必须协同工作，共同实现产品从原料到消费者手中的顺畅流转。例如，生产商需要与供应商紧密合作，确保原料的及时供应，同时也需要与分销商、零售商协调，确保产品能够高效地到达市场。整合性还体现在供应链内部信息系统的统一，各合作方通过共享信息，如库存水平、生产计划、物流状态等，可以提高整个供应链的透明度和响应速度，从而更好地满足市场和消费者需求。

---

① 王元十. 基于物联网的农产品电商供应链体系研究［M］. 北京：中华工商联合出版社，2022.

2. 选择性和动态性

供应链的选择性体现在合作伙伴的筛选上，核心企业会根据自身的战略目标、市场定位及供应链管理能力，从众多潜在合作伙伴中选择最适合的企业加入其供应链网络。这种选择是基于伙伴的技术能力、生产效率、成本控制、地理位置、信誉等多方面因素进行综合考量的。

供应链的动态性体现在其需要不断适应外部环境的变化，调整自身的策略和操作，以保持竞争力并最大化整个链的效益。供应链系统是一个开放的动态系统，它与环境有着密切的联系。外部环境中的任何变化，无论是宏观经济的波动、政策法规的更新、技术革新还是市场需求的变动，都可能对供应链造成深远的影响，因此，供应链网络也需要随着外部环境等的变化而变化，它随时处在一个动态调整过程中，所以说具有动态性。

3. 复杂性和虚拟性

供应链的复杂性主要体现在以下几方面。第一，供应链中的参与者众多，包括供应商、制造商、分销商、零售商、物流和信息技术服务提供商等。每个参与者在供应链中承担不同的角色，相互之间形成错综复杂的依赖关系。第二，供应链中的每个节点企业均为独立的企业实体，在企业目标、经营环境、管理方式和企业文化上存在差异，由这样的企业组成的供应链，在管理上复杂性也会更强。第三，供应链的跨国家、跨地区特性也大大增加了其复杂性。不同国家和地区之间在政治、经济、法律、文化等方面存在显著差异，经济发达程度、物流基础设施、物流管理水平、技术能力等也有很大不同。而供应链操作又必须保证其目的的准确性、行动的快速反应性和高质量服务性，因此供应链具有复杂性的特点。

供应链的虚拟性特征体现在其组织形态上。供应链本质上是一个由多个独立企业通过信息网络和合作协议组成的协作网络，这些企业可能不属于同一法律实体或集团，但他们通过信息网络连接，共享数据和资源，实现优势互补和资源共享，从而提升整个供应链的竞争力和效率。在这个虚拟的协作网络中，信息技术发挥着至关重要的作用，它支持着供应链各实体之间的即时通信和数据交换，使得整个网络可以像一个统一的实体那样迅速响应外部变化。

4. 交叉性和需求导向性

供应链的交叉性是指供应链的节点企业可能同时参与多个供应链，形成一个复杂的交叉网络结构。这种情况下，各供应链之间可能存在互联互通，节点企业在不同供应链中扮演着多重角色。供应链的需求导向性是指供应链的建立、存在和重组都是为了满足特定的市场需求。在供应链运营过程中，是用户需求推动了信息流、产品流、服务流和资金流的运转。因此，供应链展现出明显的交叉性和以需求为导向的特性。

（三）供应链的分类

1. 稳定的供应链和动态的供应链

稳定的供应链通常存在于需求预测性较高、市场变化较缓和产品生命周期较长的行业中，这类供应链的特点是供需关系相对稳定，变化幅度小，使得供应链规划和运作相对简单和预测性强。在稳定的供应链中，各节点企业能够建立长期的合作关系，采购、生产和分销计划可以提前制订，并按计划执行，减少了紧急调整和变动的需要。由于需求的稳定性，库存管理和物流安排也更为顺畅，整个供应链能够高效且低成本地运作。此外，稳定的供应链便于企业进行长期投资和发展规划，有助于稳固供应链内企业之间的合作关系和提高整个供应链的竞争力。

动态的供应链则主要出现在需求变化快速、产品生命周期短、市场竞争激烈的行业，这类供应链需要具备高度的灵活性和适应性，以快速响应市场变化和客户需求。动态供应链中的企业通常需要经常调整其采购、生产和分销策略，以适应需求的快速变动。此外，动态供应链更加强调供应链合作伙伴之间的协同和信息互通，以便迅速调整资源配置，满足市场需求。虽然动态供应链在管理上更为复杂，但它能够为企业提供竞争优势，使其能够在快速变化的市场中立于不败之地。

2. 平衡的供应链和倾斜的供应链

供应链具有相对稳定的设备容量和生产能力，但客户需求处于不断变化的过程中，当供应链的容量能满足客户需求时，供应链处于平衡状态。这种供应链能够有效降低运营成本，提高整体效率和响应市场变化的能力；还有助于增强供应链的韧性，使其更能抵御外部冲击，维持稳定运作。企业在这样的供应链中通常能实现更持续的增长和利润最大化，同时保持客户满意度和市场竞争力。

倾斜供应链出现在供应链的容量不能适应快速变化的客户需求时，这种不匹配可能导致成本上升、库存积压和资源浪费。在倾斜状态下，供应链各环节无法达到最优的运作状态，影响整体的性能和竞争力。特别是在市场需求急剧波动时，供应链的不灵活性可能导致无法及时响应市场，从而损失机会或增加不必要的运营成本。因此，在倾斜的供应链中，企业需要识别并解决那些导致不平衡的因素，调整其供应链策略和操作，以恢复到平衡状态，实现供应链各环节的有效协调和整体效率的优化。

3. 效率型供应链和响应型供应链

效率型供应链注重的是成本最优化和运营效率的最大化，这种类型的供应链适用于需求稳定、市场预测性高的环境，如大规模生产的日常消费品行业。效率型供应链通过批量采购、高效的生产流程和优化的运输方式来降低单位产品的成本，其目的在于通过规模经济实现成本领先的竞争优势。然而，这种供应链对突发事件的适应性相对较弱，一旦市场需求发生快速变化，这种供应链可能难以迅速响应。

响应型供应链则强调的是灵活性和快速响应市场变化的能力，这种类型的供应链适合于需求不确定性高、产品生命周期短、市场变化快速的环境，如时尚产业或高科技产品市场。响应型供应链通过减少生产前的准备时间、增加生产流程的灵活性，以及加强供应商和分销商之间的协同合作，能够快速适应市场需求的变化。尽管这种供应链可能无法实现像效率型供应链那样的成本最低化，但它有助于客户满意度的提高。

二、供应链管理的原则

供应链管理是对供应链中的物流、信息流、资金流、业务流、贸易伙伴关系等进行的计划、组织、协调与控制一体化管理过程[①]，强调供应链上的各个环节应有机结合，以实现供应链整体效率的最优化。进行供应链管理时需要遵循以下原则。

（一）连接原则

连接原则强调在公司、供应商及第三方服务提供商之间建立战略、策略和操作上的紧密联系。通过互联网和其他通讯技术的应用，连接原则促进了供应链各环节间的透明度和协同工作，加强了整个供应链的灵活性和响应速度。在战略层面，连接原则指导企业如何通过技术和信息系统的整合，构建高效的供应链网络。在实践中，它要求公司不仅要关注内部的协同，还要通过外部联接实现与合作伙伴间的策略对接，包括共享市场信息、调整生产计划、协同应对市场变化等。这样的连接使得整个供应链能够作为一个统一的整体高效运作，从而在竞争中获得优势。

（二）协同原则

协同原则是对连接原则的深化，该原则认为，供应链中的每一个成员都不应只关注个体的效益，而应共同承担风险，共享成功。通过这样的协同，

---

① 丁俊发，汪鸣，陈功玉，等. 中国供应链管理蓝皮书 2014［M］. 北京：中国财富出版社，2014.

供应链中的各个成员能更好地理解彼此的需求和期望，共同在市场中寻找机遇，应对威胁。长期而言，这种基于信任和互利的协同关系能够促进整个供应链的创新和持续改进，从而提高整个链的竞争力和适应力。

（三）同步原则

同步原则是指在供应链的各个环节之间实现流程、信息、决策和目标的同步，这意味着从原材料的采购、产品的制造到最终产品的交付，每个环节都需要与其他环节紧密连接，确保信息和物流的无缝对接。通过同步，供应链可以更加灵活、迅速地响应市场变化，提高整体的效率和效果。例如，当市场需求发生变化时，同步能够使得这种变化快速传递至供应链的每一个环节，从而迅速调整生产计划、物流安排和库存水平。此外，同步还有助于减少冗余和浪费，因为整个供应链作为一个整体协调运作时，可以更加精准地预测和满足市场需求，减少过剩生产和库存积压。

（四）杠杆原则

杠杆原则是指在供应链管理中利用核心竞争力，通过优化资源分配，加强关键环节或过程的控制力，以此放大供应链的整体效益。杠杆原则鼓励企业不仅关注自身的直接活动，而是通过整合和协调上下游资源，强化整个供应链的战略优势。例如，企业可以通过加强与关键供应商的合作，实现原材料成本的降低；或者通过与物流服务提供商的紧密合作，提高配送效率，降低运输成本。此外，杠杆原则还涉及利用规模经济和学习曲线效应，通过提高供应链整体的交易量和操作熟练度，进一步降低成本和提升服务水平。通过这样的杠杆作用，企业能够更有效地利用供应链作为一个整体的竞争力，实现更大的市场成功和财务回报。

（五）可测原则

可测原则是指公司开发供应链业务过程集合的能力，这种业务过程可以被添加的供应商、客户和第三方物流提供商复制，该原则需要在定制性和可测性之间平衡。成功实施该原则的公司可以建立核心供应链过程，这些过程在添加供应链合作伙伴时可以以最小的变动被复制。这些过程也可以移植到更大的客户或者供应商基础上，而只需要很少的改动。

（六）标准化原则

标准化原则指在整个供应链中实施统一的流程、方法和标准，以提高效率和一致性。标准化可以应用于产品设计、制造过程、数据交换、物流操作等多个方面。例如，采用统一的产品规格可以简化生产流程，降低成本；实施标准的数据交换格式可以改善信息流通，提高决策的速度和质量。此外，标准化还有助于提高供应链的可扩展性和灵活性，因为标准化的流程和接口更容易适应新的业务需求和市场变化。在全球化的经济环境下，标准化原则尤为重要，因为它支持跨地区和跨文化的供应链协作，确保供应链活动在不同地区和组织间的无缝对接。通过实施标准化原则，企业能够提升供应链的整体性能，增强其对外部变化的适应能力。

（七）战略高度原则

战略高度原则强调需要从整体和长远的角度出发，识别和整合供应链中的关键能力和资源，以支撑企业的战略目标。供应链决策和操作不仅应关注日常运营的效率和成本控制，而且应与公司的整体战略紧密对接，确保供应链能够为企业的长期成功提供支撑。战略高度原则要求管理者深入理解企业的核心竞争力，将这些竞争力通过供应链活动得以有效体现和加强。这可能涉及对供应链网络的优化配置、关键技术的引入和发展，以及关键伙伴关系的建立和深化。通过这样的集成和对接，供应链不仅能够在当前市场中高效运作，而且能够为应对未来市场的变化和挑战提供坚实的基础，确保企业能够持续竞争和发展。

（八）信息技术支撑原则

在现代供应链管理中，信息技术的应用是不可或缺的。信息技术支撑原则强调利用信息技术来提高供应链的透明度、效率和灵活性，从而支持供应链的其他管理原则。信息技术可以帮助企业实现数据的实时收集和分析，支持更快速和更准确的决策。此外，信息技术的应用还能促进供应链内外的协作和协同，如通过共享平台和系统实现信息的即时交流和协作。通过有效地利用信息技术，企业可以不仅提升其供应链的操作效率，还可以增强其适应市场变化和应对复杂挑战的能力。

三、供应链管理的目标

供应链管理的目标如图 1-3 所示。

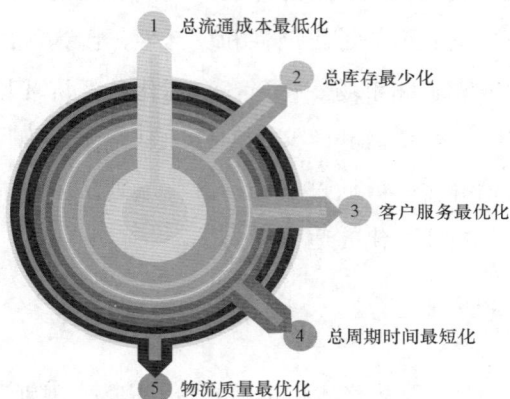

图 1-3　供应链管理的目标

（一）总流通成本最低化

在供应链管理中，总流通成本最低化的目标是通过综合考量和优化采购成本、运输成本、库存成本、制造成本，以及其他相关的物流和管理成本，实现整个供应链成本的最小化。供应链中各个环节的成本不是孤立的，而是紧密相连且相互影响的。因此，追求总流通成本最低化要求从整个供应链的角度出发，考虑实体供应物流、制造装配物流和实体分销物流之间的相互作用和平衡。

（二）总库存最少化

库存是供应链中重要的资本占用点，高库存水平不仅占用了大量的资金，还增加了仓储、保险、物流等成本，同时也提高了过时和损耗的风险。通过实现总库存最少化，企业可以提高资金周转率和操作效率，增强对市场变化的响应能力。达到这一目标需要对需求进行准确的预测，优化生产计划和补货策略，实现供应链各环节之间的紧密协调和信息共享。例如，采用及时生产和配送系统可以减少生产和分销环节的库存，而共享销售数据和库存信息可以帮助供应链各方实时调整计划以匹配实际需求。总库存最少化目标的达成，有赖于实现对整个供应链的库存水平与库存变化的最优控制。

（三）客户服务最优化

客户服务最优化意味着要深入了解客户的需求和偏好，并将这些知识融入供应链的每个环节，确保从产品设计、生产到交付和服务的全过程都能体现对客户需求的响应。这一目标要求供应链能够快速适应市场变化，灵活调整产能和物流，持续追踪客户满意度并作出改进。实现客户服务最优化不仅可以增强客户忠诚度和市场份额，还能为企业带来更好的品牌声誉和竞争优势。例如，能够提供个性化产品和服务的企业往往能更好地满足客户需求，从而在市场中脱颖而出。

（四）总周期时间最短化

在当今的市场竞争中，时间已成为竞争成功最重要的要素之一。当今的市场竞争不再是单个企业之间的竞争，而是供应链与供应链之间的竞争。从某种意义上说，供应链之间的竞争实质上是时间的竞争，即必须实现快速有效的客户反应，最大限度地缩短从客户发出订单到获取满意交货的整个供应链的总周期。总周期时间的缩短可以提高企业对市场变化的响应能力，加快资金周转，减少库存，从而降低成本并提高客户满意度。为了实现这一目标，企业需要对供应链进行细致的流程分析，识别和消除无效、冗余的流程，采用先进的生产和信息技术，优化供应商选择和协作，改善需求预测和库存管理。例如，采用精益生产方法可以减少生产中的浪费和不必要的等待时间，而实时信息系统可以加速决策过程和供应链各环节的协调。通过缩短总周期时间，企业不仅能更快地满足客户需求，还能在竞争日益激烈的市场中保持领先。

（五）物流质量最优化

供应链企业间产品与服务质量的好坏也直接关系到供应链的存亡。如果在所有业务过程完成以后，发现提供给最终客户的产品或服务存在质量缺陷，就意味着所有成本的付出将不会得到任何价值的补偿，供应链物流的所有业务活动都会变为非增值活动，从而导致整个供应链的价值无法实现。因此，实现与保持产品与服务质量的最优化水平，也是供应链管理的重要目标。为确保供应链中产品和服务的质量最优化，需要建立全面的质量管理体系，这包括严格的供应商选择和评估流程，以确保原材料和零部件的质量；在生产和操作过程中实施细致的质量控制措施；以及确保物流和分销环节的质量保持标准。此外，还需要建立有效的反馈和改进机制，确保及时捕捉和解决质量问题。

四、供应链管理实施的基本步骤

（一）制订供应链战略实施计划

制订供应链战略实施计划是实施供应链管理的首要步骤，这项工作可以具体划分为以下四个环节。一是深入分析企业的业务目标，并将这些目标与当前的供应链能力和业绩进行比较。这一过程中，重点是识别供应链在运营效率、成本控制、服务水平等方面的不足，找出潜在的弱点。通过这种对比，企业可以明确供应链需要改进和加强的具体领域，从而迅速提升其在市场中的竞争力。二是与关键客户和供应商合作，共同讨论和评估全球化趋势、新兴技术的发展、行业竞争态势等因素，从而建立供应链的远景目标。这不仅有助于加深与合作伙伴之间的关系，还能确保企业供应链战略的目标与市场及技术发展趋势保持一致。三是依据确立的远景目标，制订具体的行动计划，明确如何从当前状态过渡到理想的供应链状态，包括确定具体的实施步骤、所需资源、时间框架及预期的成果。同时，还应包括对企业现有条件和资源进行评估，确保所制订的行动计划是切实可行的。四是根据行动计划的重要性和紧急性，确定其优先级，并为每一项计划分配必要的资源。

（二）构建供应链

1. 明确自己在供应链中的定位

任何企业在供应链中都需要根据自身的核心竞争力来确定其定位。企业必须深入分析自己的优势是在原材料供应、制造、分销还是零售环节，并据此制定发展战略。明确定位不仅有助于企业专注于自己最擅长和最能创造价值的环节，还促使其对业务活动进行有效的调整和整合，专注于培养和强化这些业务优势。例如，如果一家企业在制造领域具有明显优势，它应集中资源优化生产流程，而不是分散精力于非核心的物流或零售环节。这样，企业不仅能够提升自身的竞争力，也能为供应链的其他成员创造更多价值。

2. 建立物流、配送网络

物流和配送网络的效率直接关系到产品是否能及时、准确地达到市场，对供应链的整体表现至关重要。构建高效的物流和配送网络，需要企业进行详细的市场和物流分析，以确保网络设计既能满足市场需求，又能实现成本效率。这通常涉及选择合适的物流合作伙伴、确定最优的仓储位置、规划高效的运输路线等。

（三）改造供应链流程

供应链流程改造主要包括两方面：使命导向的改造和问题导向的改造。使命导向的改造重点在于通过对关键流程和资源的整合，实现供应链的差异化，以满足特定的市场需求或实现特定的战略目标。这种改造通常涉及识别和增强供应链中可以为企业提供竞争优势的环节，如独特的服务能力、定制化产品等。通过使命导向的改造，企业在市场中处于独特的地位，吸引特定的客户群体。问题导向的改造则是基于现有流程中存在的问题和瓶颈进行的。企业首先需要对供应链流程进行深入的分析，识别导致效率低下、成本过高、交货不准时等问题的根本原因，然后根据这些分析结果重新设计流程、调整资源配置或引入新的管理方法和技术，以解决这些问题。例如，如果企业面临交货准确率低的问题，可能需要改进需求预测方法、优化生产计划或加强与供应商的协同。

（四）评估供应链管理绩效

供应链管理绩效的评价指标应该基于业务流程的绩效评价指标，不仅要能反映单个企业的运营状况，而且能够揭示供应链上下游各环节之间的协作效果。例如，供应商绩效可以通过循环期、准时交货率、产品质量等指标来评估；制造商绩效可以通过生产循环期、交货可靠性、产品质量等指标来衡量；分销商的绩效则可以通过存货周转率、订单完成率等指标来评价。这些指标有助于企业理解供应链的整体表现，识别改进的方向，并确保供应链管理活动与企业的总体战略目标保持一致。通过定期的绩效评估，企业可以持续改进供应链管理，适应市场变化，提高竞争力。

五、供应链管理的典型方法

（一）快速响应

1. 快速响应的内涵

快速响应的内涵可以从以下几方面进行分析。

第一，快速响应是一种战略，它要求企业把快速满足市场和客户需求作为核心目标，以此驱动整个企业运作的高效率。

第二，快速响应不单独关注供应链中单一环节如供应商、制造商或分销商的反应速度，而是强调整个供应链从原材料到最终用户的整体反应速度的提升。这要求供应链中的每个成员都能协同工作，通过有效的沟通和协调机制，共同提高反应市场变化的速度[①]。

第三，快速响应追求的是在确保产品质量和满足客户需求的前提下，实现库存和运营成本的最优化，确保企业既能快速反应市场，又能维持健康的利润率。

第四，快速响应强调系统的响应速度和柔性，以满足不同客户在品种、数量、时间方面的不同要求。

2. 快速响应的作用

（1）对制造商的意义

第一，快速响应改善了制造商的顾客服务，这种改善从根本上说来自于同一供应链上制造商与零售商的良好合作关系。长期的良好顾客服务会增加制造商的市场份额。

第二，在快速响应机制下，制造商可以根据实时的市场需求数据优化库

---

① 张桂兰. 供应链管理［M］. 成都：电子科技大学出版社，2020.

存管理，降低过剩库存和陈旧库存的风险，同时缩短产品从生产到顾客手中的整体周期时间。这不仅减少了库存成本，也降低了物流和仓储相关的费用，进一步提升了资金周转效率和企业的财务健康。

第三，快速响应能够提升采购订单的准确性和效率。准确的订单信息允许制造商制订更精确的生产和采购计划，避免了因预测错误导致的资源浪费或缺货情况，这不仅提高了生产效率，还加强了供应链上下游的信任度和合作效果，为制造商带来更稳定的业务环境和更高的运营效率。

第四，通过对市场动态的快速反应，制造商可以优化生产流程，减少生产中的等待时间和浪费，提高整体生产的灵活性和效率。这种优化不仅提高了资源的使用效率，还加强了制造商对市场变化的适应能力，保障了企业在竞争激烈的市场中的生存和发展。

（2）对零售商的意义

第一，快速响应通过实时的销售和库存数据跟踪，极大地提升了零售商的库存管理效率。利用条形码和 POS 系统，零售商可以实时监控商品的销售动态和库存状况，了解消费者的购买行为和偏好变化，从而及时响应市场变化，精准控制库存，减少库存过剩或缺货的情况，从而优化库存投资回报率。

第二，快速响应通过缩短订货周期和实施自动补货系统，显著提高了零售商的运营效率。自动补货系统使得零售商能够根据实际销售情况和预设的库存模型自动触发订货，避免了过度依赖人工判断，减少了订货错误和延迟。这种系统的实施不仅提高了商品的周转速度，也为零售商带来了更高的销售额和利润。

第三，通过简化和自动化的采购流程，快速响应减少了零售商在采购过程中的时间和资源消耗。

第四，快速响应还能提升零售商的顾客服务水平。通过更高效的库存和供应链管理，零售商能够保证商品的及时上架，满足消费者的即时需求，从而增强消费者的购物体验和满意度。这不仅有助于提升顾客忠诚度，还能吸引更多的新顾客，进一步增强零售商的市场竞争力。

3. 快速响应实施的阶段

（1）快速响应的初期阶段

这一阶段，企业的主要任务是建立基础的数据交换和条形码系统，以提高信息的准确性和处理速度。通过对所有商品进行单元条码化，企业能够精确跟踪每个商品的流动情况，包括库存水平、销售状态和物流路径。同时，利用电子数据交换（EDI）传输订购单和发票文档，可以减少人工处理的错误和延迟，加快业务流程。这一阶段虽然主要集中在技术和基础设施的建设上，但为后续更高级的快速响应策略奠定了坚实的基础。

（2）快速响应的发展阶段

这一阶段，企业开始扩展其内部业务处理功能，并通过 EDI 传输更多种类的文档，如发货通知、收货通知等。通过引入更多自动化的业务流程，企业能够更迅速地处理来自各个环节的信息，从而提高响应市场变化的速度。此阶段的快速响应不仅限于改进信息技术系统，也涉及业务流程的重组，确保整个企业可以更加灵活和高效地运作。

（3）快速响应的成熟阶段

这一阶段，企业不仅自身拥有高效的快速响应能力，还能与上下游伙伴紧密协作，形成整个供应链的协同响应能力。这样的合作关系使得企业能够更精准地预测和满足客户需求，同时还能进一步降低库存成本，提高整个供应链的运作效率和市场竞争力。在成熟阶段，快速响应已经从单一企业的内部优化升级到整个供应链的综合优化，提高了市场影响力。

（二）有效顾客响应

1. 有效顾客响应的概念

有效顾客响应（Efficient Consumer Response，ECR）是一种供应链管理策略，旨在通过对消费者需求的快速和高效反应来提升整个供应链的响应能力和效率。这一策略强调厂商、批发商、零售商之间的紧密合作，以确保产品能够在正确的时间、正确的地点以正确的数量和状态提供给消费者。ECR的目标是减少供应链中的浪费，优化库存管理，加速产品流通速度，并提高顾客满意度和忠诚度。通过整合供应链上下游信息，实现需求驱动的产品补给和高效的促销活动，ECR 帮助企业更灵敏地应对市场变化，增强竞争力。

2. 有效顾客响应的实施原则

（1）降低成本同时提高产品和服务质量

有效顾客响应强调在降低成本的同时，不断提升产品性能、质量及多样性，并优化服务体验。这一原则要求企业关注整个供应链的成本效益，通过改进生产、分销和零售流程来降低浪费和非必要开支。同时，确保提供给客户的商品丰富多样、质量上乘，服务便捷高效，从而提升消费者满意度和忠诚度，增强市场竞争力。

（2）由商业巨头带动的合作伙伴关系

有效的顾客响应需要由行业内的商业领袖主导，他们应致力于建立互利双赢的合作联盟，取代传统的零和竞争，促进不同供应链成员之间的紧密合作，从而提高整体供应链的响应速度和灵活性。

（3）准确及时的信息共享

ECR 强调利用先进的信息技术促进信息在合作伙伴间自由流通。这种信息共享机制支持有效的市场预测、生产计划和物流安排，从而减少存货积压和过时，优化资源配置。

（4）增值过程的最大化

该原则强调在产品流通过程中要以价值增值最大化为目标，这意味着每个环节都需要注重效率和质量，减少不必要的时间和资源浪费，确保产品在达到消费者之前保持最佳状态，满足他们对产品新鲜度、质量和多样性的期待。

（5）共同的业绩考核和奖励机制

实施 ECR 的企业和组织应采用统一的业绩评估和奖励体系，关注整个系统的综合效益。通过明确的收益分享和激励措施，鼓励所有参与方共同努力，实现共赢。这种机制有助于确保合作伙伴之间的公平交易，激发各方积极性，共同推动供应链的优化和创新，实现长期可持续发展。

3. 有效顾客响应战略

（1）有效的店内布局

这一战略重视空间利用的效率，要求零售商使用空间管理系统来优化货架配置，使得每一寸店内空间都能为商家创造价值。零售商可以在店内仅存储和展示那些最受欢迎和销售率最高的产品，这不仅能够吸引并留住顾客，还能促进顾客的购买，提高单次购物的平均销售额。商品的有效分类和布局还能帮助零售商更快速地识别和调整滞销商品，促进库存的及时更新和高效轮转。此外，通过科学的店内布局，可以提升顾客的购物体验，促进顾客重复访问，从而增加顾客的生命周期价值。

（2）有效的补货

有效补货战略致力于通过精确的库存管理和补货流程，最小化库存成本和操作成本，进而为消费者提供更具竞争力的价格。有效补货的成功依赖于以下技术：POS 机扫描、店铺的电子收货系统、单品的价格和促销数据库、计算机辅助订货系统（CAO）、配送系统、仓库的电子收货、自动化的会计系统等。

（3）有效的促销

有效的促销战略核心在于通过简化和优化促销活动，提升促销效率和效果，以降低成本和增加销售。在有效顾客响应模式下，主要有两种促销方法。一是使用 POS 机扫描兑付优惠券，它允许制造商根据实时销售数据直接向零售商提供返款，这种方法减少了传统兑付和验证过程中的复杂性和成本。二是在货架上直接显示促销价，这种方法减少了与优惠券相关的打印、分发和处理成本，直接将优惠传递给消费者，减少中间环节，提高促销活动的直接性和效率。

（4）有效的产品导入

任何一个行业的新产品导入都是一项重要的创造价值的业务，它们为消费者带来了新的兴趣和价值，为企业创造了新的业务机会。有效的产品导入涉及制造商和零售商之间的紧密合作，共同推动新产品的成功上市和市场接受。通过在特定店铺内进行有针对性的试销，并基于消费者的反馈和购买数据分析结果，企业可以更精确地评估新产品的市场表现和潜力。根据这些信息，企业可以决定是否继续投资该产品，或是需要对产品、营销策略或分销方法进行调整。这种策略的目的是确保新产品能够快速而有效地到达目标市场，最大化其市场影响力和商业价值。

第三节　跨境电商供应链管理概述

一、跨境电商与供应链管理的关系

（一）跨境电商促进供应链管理的发展

跨境电商带来了全球市场的共享，从而促进了供应链管理的变革与发展，主要体现在以下几个方面。

第一，跨境电商促进了供应链管理从功能管理向过程管理的转变。在传统模式下，供应链各环节通常运作在各自的独立目标和计划之下，而这些目标往往存在冲突，导致资源分散、效率低下。跨境电商时代的供应链管理就是要达成一种一致和协调的机制。企业通过自己的内部网及电子商务平台，不仅在企业内部，而且在企业外部从功能管理走向过程管理。

第二，跨境电商推动了供应链管理从以产品为中心向以客户为中心的转变。在跨境电商时代，企业需要更多地从客户需求出发，实现供应链的客户拉动。客户是主要的市场驱动力，其需求和行为直接影响企业的生产和销售决策。企业不仅要关注产品的质量和生产效率，更要密切关注客户反馈和市场动态，以客户需求为导向进行产品创新和服务改进。跨境电商平台提供了与全球客户互动的渠道，使企业能够更加灵敏、准确地捕捉到市场需求，从而调整供应链策略，优化产品组合，提高客户满意度和企业的市场竞争力。

第三，跨境电商促进了供应链管理从实体库存管理向虚拟库存管理的转变。在跨境电商模式下，信息技术被广泛应用于库存管理，人们用信息代替库存，也就是"虚拟库存"，而不是实物库存，只有到供应链的最后一个环节才交付实物库存。通过有效运用虚拟库存管理，企业能够减少因跨国运输导致的库存积压和资金占用，提高资金周转效率，降低库存成本，从而在激烈的国际市场竞争中占据优势。

第四，跨境电商推动了供应链管理从交易管理向协同合作管理的转变。在传统供应链管理中，合作伙伴往往专注于各自的既得利益，供应链伙伴之间的关系是交易关系。然而，在跨境电商背景下，供应链管理以协调供应链关系为基础，强调供应链伙伴间的协同商务和合作竞争，致力于帮助各参与方实现共赢，实现供应链效率的最大化和成本的最小化。

（二）供应链管理是跨境电商的重要组成部分

供应链管理是企业运营的重要手段，同时也是跨境电商的重要组成部分。借助跨境电商平台，企业可以及时收集信息并进行统计分析，将有价值的数据运用到企业内部日常经营和与外部上下游供应商的优化整合中。跨境电商平台加强了供应链不同环节之间的互动与沟通，使企业能够迅速地响应客户需求。通过精细化的供应链管理，企业可以及时、准确地将产品和服务交付给客户，进而提高客户满意度，强化供应商关系，并推动企业价值的增长。

（三）供应链管理是实现跨境电商的基础

供应链管理不仅为跨境电商的日常运作提供坚实基础，保障业务的顺畅高效，而且为企业的长期发展提供战略支持，帮助企业在全球范围内建立起稳定的合作伙伴网络，实现资源的最优配置，增强市场应对能力和风险管理能力。因此，供应链管理无疑是跨境电商成功的基础，对企业的未来具有决定性的影响。

二、跨境电商供应链的概念与组成

（一）跨境电商供应链的概念

跨境电商供应链是跨境电商利用供应链开展跨境电子交易、跨境物流、跨境供应等活动，进而把供应商、海关、物流商和最终消费者等连接成一个整体的功能网链[①]。

（二）跨境电商供应链的组成

跨境电商供应链由跨境电商供应链载体、跨境电商供应链实体、跨境电商供应链周期和跨境电商供应链系统四部分组成，具体如图1-4所示。

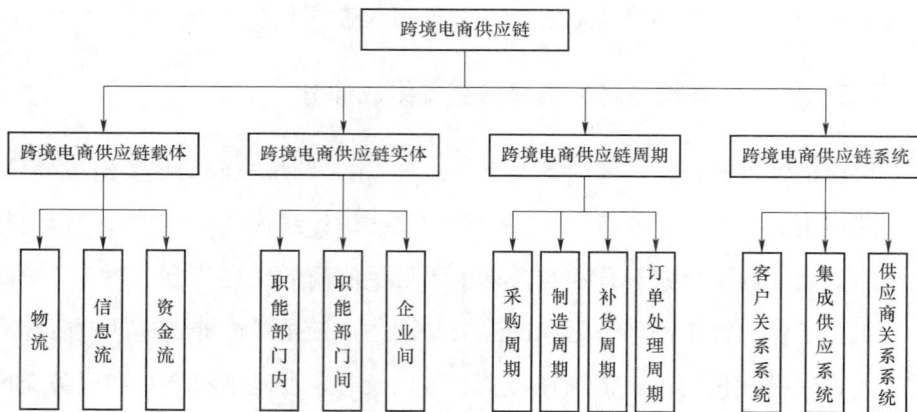

图1-4　跨境电商供应链的组成

1. 跨境电商供应链载体

跨境电商供应链的载体包括物流、信息流和资金流。

物流是指产品从生产环节经过多个中介环节最终到达消费者手中的过程。在跨境电商中，物流涉及的不仅是简单的物理移动，还包括与之相关的

---

① 羊英，陈建，吴翠红. 跨境电商物流实用教程［M］. 北京：中国海关出版社，2019.

各种监管和合规程序，如出口审批、进口清关、质检等。在物流的每一个环节，都需要确保产品的完整性、安全性和合规性，同时还需考虑成本和时效性，以满足国际消费者的期待和需求。在跨境电商供应链中，物流的高效管理直接关系到企业的客户满意度和供应链成本控制，因此，企业需要通过优化物流渠道、合理规划库存、加强合作伙伴管理等方式，以提高物流的效率和效果。

信息流指的是订单信息从终端用户经由分销商到制造商，再到供应商的传递过程。用户通过分销商的电子商务平台在线下单时，这一订单信息会被实时处理并自动传递给产品制造商。随后，产品制造商接收到来自分销商的订单信息后，也会立即在线向其上游供应商下单，以采购所需的零部件或原材料。这种在线和实时的信息传递机制确保了各个供应链节点几乎同步获得需求信息，使得整个供应链的反应速度大大提升，从而缩短了从订单生成到产品交付的时间周期，提高了整个供应链的效率和响应能力。

资金流是交易资金从消费者到分销商，再到制造商，最后到供应商的流动路径。与传统供应链相比，跨境电商采用在线支付的方式，使得资金流动更加快速和高效。消费者在网上下单并支付后，几乎在分销商收到款项的同时，再将款项以类似的在线支付方式迅速转给制造商。制造商接到资金后，同样采用在线支付，支付给上游的供应商。这样快速的资金流动机制不仅缩短了整个供应链的资金周转周期，还加速了订单的执行和商品的交付速度，对提高整个供应链的资金使用效率和运营速度起到了关键作用。

2. 跨境电商供应链实体

跨境电商供应链实体指的是供应链中参与运作的各个组织和部门，不仅包括跨境电商企业内部的不同职能部门，还包括供应商、制造商、物流服务提供商等其他企业。为了确保供应链的高效运作，仅优化产品流、信息流和资金流是不够的，必须确保供应链中所有实体间的有效沟通和协调。

（1）企业职能部门内供应链管理

在企业职能部门内的供应链管理模式中，各部门独立设定自己的战略目标，通常以部门成本最小化为主要考量。这种管理方式虽看似能够在各自领域内实现成本效率，但往往未考虑企业整体利益和供应链的协同效应，从而可能导致整个供应链效能的降低。以运输成本最小化为例，一个部门可能决定采用整车运输来降低单位产品的运输成本，而未考虑这一决策可能导致的更长运输时间和更高的库存成本。虽然运输部门在自身角度实现了成本最小化，但从整个供应链的视角看，这种决策可能导致总体供应链成本的增加，特别是当这种增加影响供应链的整体响应速度和市场适应性时。在这种管理模式下，缺乏跨部门之间的沟通和协调，每个部门都按照自己的策略行事，未能充分考虑其决策对供应链其他环节的影响。结果是，尽管各个职能部门可能实现了局部最优，但供应链整体的绩效并未得到最大化，且可能影响企业在市场上的竞争力和客户满意度。

（2）企业职能部门间供应链管理

随着管理人员认识到仅在各自职能部门内部实现协调的局限性，企业开始扩展沟通与协调的范围，从而在不同职能部门间形成统一的战略目标。这种跨部门的协调着眼于整个企业的利益最大化，要求各部门制定的战略不仅相互支持而且符合企业的整体长远目标。在这种管理模式下，企业决策不单单依据降低部门成本，而是基于整体利益考虑，即关注增加额外成本能否带来更高的整体利润。例如，如果仓库部门的额外库存能通过提升响应速度增加更多销售和利润，那么这种增加库存的决策就是有益的。然而，仅在公司内部各职能部门之间实现协调是不够的。供应链的效果还依赖于如供应商、生产商、分销商等外部合作伙伴间的有效协同。例如，如果一个电商平台主要侧重于迅速响应市场变化，而它的合作制造商更专注于成本控制，这种战略上的不一致可能会削弱整个供应链的竞争力和盈利能力。因此，在企业职能部门间供应链管理的基础上，进一步实现整个供应链的战略协调和一致性是提升供应链整体表现的关键。

（3）企业间供应链管理

企业职能部门间供应链管理存在两个主要的缺点。第一，当各个企业单独追求各自利益最大化时，这并不总是符合整个供应链盈余最大化的目标。有效的供应链管理需要所有参与实体之间的目标和战略协调，以确保整个供应链的盈利最大化。这就需要供应链的实体匹配范围拓展到供应链各企业间的范围，这时供应链的所有环节才会有协调一致的目标，即争取整条供应链的盈余最大化。第二，如果供应链实体的匹配范围仅限于各企业时可能无法快速适应市场变化，影响服务效率和顾客满意度。在市场竞争中，能够迅速响应客户需求的企业更可能获得成功。例如，Zara通过快速反应市场变化，缩短了从设计到销售的周期，从而更加紧密地跟随时尚趋势，快速将商品送达消费者，赢得了市场的青睐。这种对快速市场响应的重视使得Zara和类似企业在竞争中脱颖而出，强调了整个供应链速度的重要性，不仅是为了保持当前的客户满意度，还是为了整个供应链长期的盈利能力和市场地位。

3. 跨境电商供应链周期

跨境电商供应链所有流程可以分为一系列周期，每一个周期都发生在供应链的两个相邻环节的接口处。具体来说，跨境电商供应链流程可以分解以下几个周期：第一，采购周期，即供应商或制造商获取原材料的过程；第二，制造周期，即制造商将原料加工成产品的过程；第三，补货周期，即国际物流公司将产品运送至目的地的过程；第四，订单处理周期，即处理顾客订单的过程。每一周期可进一步分解为卖方呈现或营销其产品、买方下达订单、卖方确认订单、运输货物、买方接收货物等环节。

4. 跨境电商供应链系统

在跨境电商企业中，所有的供应链活动基本上都可以被分类到三个系统：客户关系系统、集成供应链系统及供应商关系系统。这三个系统对生成、接受并履行顾客需求所需的信息流、物流和资金流有着至关重要的作用。

客户关系系统主要聚焦于增强与顾客的互动，提升顾客体验，并最终激发和满足顾客需求。该系统通过精细化的市场分析、客户数据挖掘，以及个性化的客户服务和沟通策略，实现对客户行为和偏好的深入理解。进一步，通过有效的营销策略、销售渠道管理和订单处理流程优化，促进顾客下单并跟踪订单状态，从而提高顾客满意度和忠诚度。客户关系系统的高效运作不仅加强了企业与顾客之间的联系，还能帮助企业预测市场趋势，调整商业战略，以及优化产品和服务组合，使得企业在竞争中处于领先地位。

集成供应链系统致力于整合企业内部的所有供应链活动，使企业能够以更低的成本、更短的时间响应市场变化和客户需求。通过集成供应链系统，企业能够实时监控和调整生产流程，优化库存水平，减少过剩或短缺，同时确保产品质量和交付时间。这不仅提高了供应链的整体效率和响应速度，还有助于降低运营成本，提高客户满意度，从而在市场上形成竞争优势。

供应商关系系统关注的是建立和维护与供应商的稳固合作伙伴关系，确保供应链上游的产品和服务供应的稳定性和效率。供应商关系系统的具体功能包括供应商的选择与评估、采购订单的管理，以及对供应商性能的持续监控和评价等。通过有效的供应商关系管理，企业可以获得高质量的原材料和服务，降低采购成本，减少供应风险。此外，良好的供应商关系还能促进双方的信息共享和技术交流，有助于共同开发新产品或改进生产流程，提升整个供应链的创新能力和市场竞争力。

在跨境电商企业里，客户关系系统、集成供应链系统和供应商关系系统这三大系统承担着满足顾客需求的关键职责。这些系统的协同工作对于供应链的成功至关重要。在许多企业中，这三个系统往往处于孤立状态，例如，市场营销部专注于客户关系，生产部门专注于供应链管理，采购部门专注于供应商关系，而部门间缺少必要的互动和信息共享。这种分割导致供应链在适应市场供需变化时变得迟缓，进而可能影响顾客满意度和增加运营成本。因此，建立一个促进这三个系统之间沟通与合作的组织结构变得非常关键。

三、跨境电商供应链管理的特征

（一）全球化

跨境电商供应链不仅需要关注本土市场，而且要将业务拓展到全球，管理遍布世界各地的供应商、物流合作伙伴和消费者。这种全球化布局要求跨境电商企业具备跨文化沟通能力和全球市场洞察力，以适应不同市场的需求和偏好。全球化还意味着要处理多币种交易、应对各种国际贸易协议和法规、管理汇率风险等。同时，全球化供应链需要考虑地理距离带来的运输成本和时间延迟，确保供应链的效率和响应速度，以满足消费者对快速交付的期望。在这个过程中，企业需要不断评估和优化其全球供应链网络，确保能够在保持成本效益的同时，提供高质量的产品和服务。

（二）信息化

跨境电商供应链管理的信息化是其另一个显著特征。通过高度的信息化，企业能够实现对供应链全过程的实时监控和管理，包括供应商管理、库存控制、订单处理、物流跟踪、客户服务等。信息技术的应用使企业能够快速收集、处理和分析来自全球各地的大量数据，以做出更加准确和高效的决策。信息化还帮助企业提高供应链的透明度，降低运营风险，增强与合作伙伴的协同效应。此外，随着电子商务平台和移动商务的发展，信息化也使得跨境电商供应链能够更加灵活地响应市场变化，提升顾客体验，增强其市场竞争力。总之，信息化不仅提升了跨境电商供应链的效率和效益，也为企业提供了持续创新和发展的动力。

（三）复杂性

由于不同国家和地区有着各自独特的市场需求、消费者行为和商业习惯，跨境电商供应链要能够灵活适应并满足这些多样化的需求，这加大了跨境电商供应链管理的复杂性。而且跨境电商供应链的各个环节都需要遵守各国的进出口法规、关税政策、产品标准和知识产权法律，这些法规政策的差异增加了运营的复杂性。此外，跨境电商供应链涉及的物流安排比本土电商更为复杂，不同国家的物流基础设施、运输效率及成本都存在较大差异，这要求企业能够设计出灵活高效的物流方案，以确保产品能够安全、及时地到达消费者手中。同样，跨境支付也涉及不同的货币、支付方式及其相关的风险管理，企业需要有效应对汇率波动、支付诈骗等风险。

（四）透明性

透明性指的是供应链中各个环节的操作、决策过程，以及与之相关的信息能够被清晰地呈现和追踪。透明的供应链有助于增强消费者信任，因为消费者越来越关心他们购买的商品的来源、制造过程、质量控制和物流路径。透明性还能提高供应链的效率，因为当问题发生时，能够迅速定位问题源头并采取措施进行纠正。此外，透明性有助于优化库存管理，减少浪费，并提升供应链合作伙伴之间的协同效应。在跨境电商供应链中实现透明性通常需要依赖于先进的 IT 系统和工具，如区块链、物联网和云计算技术，这些技术能够提供实时的数据追踪和共享，支持决策制定，并增强整个供应链的可视化管理。

第二章　跨境电商供应链管理的核心要素

第一节　跨境电商物流模式及选择

一、跨境电商物流概述

（一）跨境电商物流的概念

跨境电商物流是指以跨境电商平台为基础的，在两个或两个以上的国家之间进行的物流服务。由于跨境电商的交易双方分属不同国家，商品需要从供应方所在国家通过跨境电商物流方式实现空间位置的转移，再在需求方所在国家内实现最后的物流与配送[①]。

具体来说，跨境电商物流包括三个主要阶段：发出国国内段物流、国际段物流和目的国国内段物流。

发出国国内段物流阶段涉及将商品从生产地或仓库运送到出口口岸。在这个阶段，物流服务需要确保商品在国内的运输效率和安全，包括从仓库的存储、包装、内陆运输到关税前的准备工作等。国际段物流是跨境电商物流

---

① 华树春，李玲，郑锴，等. 跨境电商概论［M］. 北京：中国海关出版社，2018.

中最关键的部分，涉及商品的跨国运输。根据不同的需求和成本效益，国际物流可以通过空运、海运或其他运输方式进行。目的国国内段物流是指商品到达目的国后，从进口口岸转移到最终消费者手中的过程。这一阶段涉及清关、国内运输、分拣和最终配送。

（二）跨境电商物流与传统物流的不同

1. 运营模式的不同

跨境电商物流遵循的是"多品种、小批量、多批次、短周期"的运营模式，这与传统物流的"少品种、大批量、少批次、长周期"模式形成鲜明对比。跨境电商物流需求的是快速响应和高度灵活性，以适应多变的国际市场和消费者需求。

2. 物流功能的附加价值不同

传统物流通常集中于基本的运输功能，而附加价值并不明显。相比之下，跨境电商物流的附加价值不仅体现在物品的跨境转移上，还包括提供优质的客户体验和通过降低物流成本提升产品的价格竞争力。跨境电商物流服务还可能包括定制包装、特殊保税区服务、商品的快速清关等。

3. 物流服务的层次不同

传统物流服务通常强调"门到门"和"点到点"的直接运输服务。而跨境电商物流则更强调全球化的服务和物流资源的整合能力。跨境电商物流需要协调和优化全球多个节点的物流网络，包括制定复杂的国际运输路线和合作伙伴网络，以实现全球范围内的高效物流服务。

4. 对信息化和智能化的要求不同

与传统物流相比，跨境电商物流对信息化和智能化的依赖程序更高。跨境电商物流需利用先进的信息技术，如实时数据跟踪、自动化仓库管理系统和智能运输系统，来优化物流流程并增强客户互动。客户可以实时监控其商品的运输状态。

（三）跨境电商物流企业的种类

跨境电商物流企业主要有以下几类。一是在传统交通运输与邮政业中发展起来的跨境电商物流企业，如联合包裹、联邦快递。这些企业利用其广泛的物流网络和专业经验，为跨境电商提供高效的运输和配送服务。他们通常拥有成熟的技术平台和复杂的物流设施，能够处理大规模的国际货物流动。二是由传统零售业中发展起来的跨境电商物流企业，像美国的沃尔玛这样的零售巨头，已经扩展了他们的业务范围，开发自己的跨境物流能力。这些公司通过整合供应链管理，提供从采购到配送的一体化服务，以支持其国际电商业务。三是大型制造或零售企业组建的跨境电商物流企业，如海尔物流和苏宁物流，这些企业通过建立自己的物流部门来更好地控制产品的分销过程，降低成本，并提高服务质量，从而增强在全球市场的竞争力。四是跨境电商企业自建物流体系，如京东等电商平台通过内部开发物流系统，以更好地控制物流链，提供快速、可靠的配送服务，特别是在处理国际订单时，能够直接影响客户满意度和操作效率。五是传统快递企业扩展跨境服务，如顺丰和申通等中国快递巨头，它们通过扩展服务范围，提供跨境物流服务，帮助企业和消费者桥接国内外市场，提升物流效率。六是新兴跨境物流企业，如递四方和出口易等专门为跨境电商市场服务的新企业，这些公司通常依托技术创新提供定制化的物流解决方案，如简化关税处理程序，提供更具成本效益的运输选项和更为灵活的服务模式，以适应快速变化的市场需求。

二、跨境电商物流模式

跨境电商物流的模式多种多样，包括邮政小包、国际快递、国际物流专线、海外仓等。各物流方式间的费用和时效差异较大。

（一）邮政小包

邮政小包是跨境电商物流中一种常见且重要的模式，主要通过国家邮政系统进行，特别适合处理轻量级、小体积的商品跨国运输。

由于邮政系统在全球大多数国家和地区都有邮局和分发网络，邮政小包能够到达偏远地区，这是许多专业物流服务可能无法实现的。此外，邮政在经营过程中享有国家补贴，因此，其向消费者提供的国际货运业务收费相对较低。在处理过程中，邮政小包的操作相对简单。卖家只需根据目的地国家的邮政系统规定，准备好适合国际运输的包装，并完成必要的海关申报和标记。一旦邮政小包被寄出，它会被运往最近的邮政处理中心，进而通过国际邮政网络发送到目的国，最后由目的国的邮政系统完成最后一公里的配送。

由于依赖于标准的国家邮政服务，邮政小包的运输速度通常较慢，可能需要几周时间才能抵达目的地，这对于急需快速配送的消费者而言可能是一个缺点。同时，邮政小包的信息追踪系统相比快递公司提供的通常不那么详细，这可能会给寻求透明和实时物流数据的卖家和买家带来不便。然而，对于运费预算有限且产品特性允许较长运输时间的跨境电商卖家，邮政小包是一个经济实惠的选择。通过不断优化和升级国际邮政合作及服务流程，邮政小包有望在未来继续扮演重要角色，特别是在支持中小企业和发展中市场方面。

（二）国际快递

国际快递是在跨境电商中使用率仅次于邮政小包的物流模式，通常由专业快递公司提供，如 DHL、FedEx、UPS、TNT，这些公司拥有先进的物流技术、广泛的运输网络及高效的清关能力。通过专用的运输和分拣中心，结合航空、陆路和海路的运输方式，能够实现对全球主要市场的覆盖。

使用国际快递服务具有以下优势。第一，商品可以在预定的时间内准确送达，这对于那些需要快速响应市场需求的电商尤为重要。例如，时尚行业的产品往往需要在特定季节或前一季节快速上市，依赖快递服务能够确保这些时效性极强的商品及时到达消费者手中。第二，国际快递服务还提供了全程可追踪的货物追踪系统。从商品离开卖家，到运输过程中的每一个节点，再到最终的收货人，每一步的信息都能被实时更新和监控。这种透明度不仅增加了消费者的信任，也使卖家能够更好地管理库存和配送预期，降低了物流过程中的不确定性。

尽管国际快递带来了众多便利，但其成本相对较高，这可能会增加小型企业和初创跨境电商企业的运营成本。因此，电商平台和卖家在选择快递服务时，需要在成本和服务效率之间做出平衡。

国际快递对比如表 2-1 所示。

表 2-1　国际快递对比

国际快递	DHL	TNT	FedEx	UPS
总部	德国	荷兰	美国	美国
计费重量	在实际重量和体积重量中，取较大者为计费重量	在实际重量和体积重量中，取较大者为计费重量	在实际重量和体积重量中，取较大者为计费重量	同时考虑实际重量和体积重量
跟踪服务	提供，货物运送信息反馈及时	在追踪页面输入 TNT 运单号即可查询	提供，货物运送信息反馈及时	在线包裹追踪，全程监控货件
清关	协助清关或客户自行清关	在西欧国家通关能力强于其他三者，但是价格贵	协助清关	专业清关能力，在运输途中即可开始电子海关清关，日常海关清关自动包括在所有 UPS 空运服务费率中
最大货物	一般每个快件的长、宽、高都不得超过120厘米；对尺寸更大的物品可进行特殊安排	根据服务和目的地，重量和尺寸限制会有所差别	尺寸及重量限制因国家及目的地而异	每件包裹重量上限为 70 千克；每件包裹的长度上限为 270 厘米；尺寸上限为 419 厘米
特点	5.5 千克以下物品发往美洲、英国价格有优势，21 千克以上物品有单独的大货价格	西欧国家通关速度快，发送欧洲一般 3 个工作日可到	整体而言价格偏贵，21 千克以上物品发送到东南亚国家速度快，价格也有优势	到美国速度很快，6～21 千克物品发往美洲、英国有价格优势

（三）国际物流专线

国际物流专线是针对特定的国家或地区设计的跨境专用物流路线，这种模式通过预设的起点、终点、线路、运输工具，以及固定的时间和周期来优化和简化跨境货物运输。该物流模式通常采用包舱运输方式，即集中大量货物在统一的时间内进行运输，然后在目的地进行分发和派送。这种方式尤其适合那些短时间内需要处理大量发货且发货目的地相对集中的跨境电商企业。目前国际物流专线主要航空专线、铁路专线、大陆桥专线、海运专线、多式联运专线等。

国际物流专线具有以下优点。第一，国际物流专线通过固定的路线和时间表，减少了货物在运输过程中的中转和等待时间，从而大大提高了运输效率。第二，国际专线服务通常意味着批量运输，这可以分摊运输成本，相较于零散的小批量订单，能够显著降低每单位商品的物流费用。第三，由于路线和时间表固定，企业可以更准确地预计到货时间，帮助更好地计划库存和销售策略，减少库存积压。第四，国际物流专线服务往往包括优化的清关手续，能够减少因文档准备不当或其他行政问题导致的延误。第五，由于中转点较少，降低了货物在运输过程中损坏或丢失的风险。

国际物流专线的局限性体现在以下几方面。第一，由于路线和时间表固定，专线服务不适合突发的或非标准化的运输需求。第二，建立和维护专线服务需要较高的初始投资，包括与运输提供商的协议谈判、技术系统的集成等。第三，专线服务通常连接特定的出发点和目的地，对于那些需要发送到或从其他地点运输的货物，专线可能不提供服务。第四，国际物流专线服务通常更适合常规和大批量的货物运输，对于需要特殊处理或非标准尺寸和重量的货物，可能不是最优选择。

（四）海外仓

海外仓即海外仓储，是一种在全球电商领域快速发展的物流模式。其运作方式为：企业先在目标市场国家建设或租赁仓库设施，然后将货物提前运输并储存于这些海外仓中，在跨境电商平台上完成销售后，商品直接从这些海外仓库发货至消费者手中。海外仓可以分为自营海外仓和第三方公共服务海外仓。大型的跨境电商企业已占有较大的市场份额，在具备资金和资源的情况下，可以选择自营海外仓。中小型跨境电商企业因资金不充裕、实力较弱、未来市场情况不明确等原因，可以选择第三方公共服务海外仓。

该物流模式具有以下优势。一是能够显著缩短货物配送时间和降低运输成本。由于商品已经位于消费者所在国家或地区，因此，可以迅速响应订单需求，实现更快的配送速度。这不仅提高了客户满意度，也加强了企业的市场竞争力。二是使企业能够更有效地管理库存和应对销售波动。在传统的跨境物流模式中，每一单的处理时间较长，不易适应市场需求的快速变化。而海外仓的存在，使企业可以根据市场动态调整库存水平，灵活应对各种销售情况。三是帮助企业降低了物流和关税成本。商品批量运输至海外仓并统一清关，可以减少单件商品运输和单独清关的成本。这种模式还便于企业优化其供应链管理，通过减少国际运输次数和关税支出，整体降低物流成本。海外仓还存在异国管理困难、建设成本高、库存压力大等劣势。如何管理海外仓、如何准确地掌握海外仓库库存数量等都是跨境电商企业难以完美解决的问题。跨境电商企业选择海外仓物流模式需要支付货物贮存在海外仓的仓储费，以及其他的处理费、服务费等，还需要考虑合理的海外仓库存量，避免滞销及脱销情况发生。

（五）边境仓

边境仓与海外仓类似，区别在于仓库的位置，海外仓在于目标市场国家，边境仓则处于目标市场国的邻国。企业将商品预先储存于目标市场国的邻国，当接收到顾客订单后，商品将直接从这些边境仓库发出，减少跨境清关的时间和复杂度，同时降低物流成本。边境仓的运作依赖于强大的物流网络和高效的库存管理系统，确保快速响应订单需求，同时保持较低的运营成本。

边境仓根据其所处的具体地理位置，可进一步分为绝对边境仓和相对边境仓。绝对边境仓指的是物理上位于两个国家的直接边境线附近的仓库。这种仓库的优势在于可以极大地缩短跨国运输的时间，特别是对于陆路交通便捷的边境地区，可以实现快速的货物转运和配送。相对边境仓则指的是虽然不位于直接的边界线上，但仍然处于邻国中与目标市场相对较近的位置的仓库。这种仓库虽然不享受与绝对边境仓相同的地理优势，但依然比传统海外仓更靠近目标市场，可以提供较快的物流服务，同时依据具体的国家和地区条件可能享有税务或运营成本上的优势。

边境仓模式的优点主要体现在以下几个方面。

（1）减少跨境运输时间

边境仓位于进口国的邻国边境附近，可以显著减少货物跨境后的运输时间，从而加快整体的订单处理速度。

（2）简化清关过程

由于边境仓紧邻两国边界，它可以利用邻国较为便捷的清关流程，有助于简化进口国的清关手续，加快货物流转速度。

（3）降低运输成本

边境仓可以减少长距离的国际运输需求，尤其是对于陆路可直接通达的国家，这样可以在运输成本上实现节约。

（4）提高市场响应速度

商品存放在距离目标市场相对较近的位置，可以更快地响应市场变化和消费者需求，特别是在促销和高需求时期。

（5）优化库存管理

边境仓允许企业根据销售动态调整库存，提供更灵活的库存管理策略，从而减少库存积压和过时风险。

边境仓模式虽为跨境电商提供了诸多便利，但也存在一些明显的缺点。第一，建立和维护边境仓所需的资金投入相对较高，包括土地租赁、仓库建设及人员管理等，这增加了企业的运营成本。第二，边境仓的效率和效果在很大程度上受到两国间贸易政策和关税制度的影响，政策的不确定性可能导致运营成本波动，甚至影响仓库的正常运作。第三，边境仓位于国家边境附近，这会涉及更复杂的物流和供应链管理问题，需要企业在多国法规、文化差异及物流标准中灵活导航。第四，边境地区可能面临更高的政治和社会稳定风险，这要求企业投入额外资源以确保仓库和货物的安全。

（六）保税仓

保税仓是一种特殊的仓储设施，由海关批准设立，用于存放尚未进行海关清关的保税货物。这种仓库通常位于国家的保税区内，允许货物在未正式进入国家市场前进行存储，便于进行进一步的销售或转运。在跨境电商领域，企业利用保税仓的模式可以提前将商品运输并存储在这些仓库中，当消费者通过电商平台下单购买这些商品时，商品可以直接从保税仓发出。由于保税区具有特殊的海关监管优势和地理位置优势，商品通常可以在极短的时间内完成发货和配送，通常情况下，消费者在下单之后的 3 天内就能收到货物。

1. 保税仓的类型

（1）公用型保税仓

公用型保税仓是由我国境内独立企业法人主营仓储业务运营的设施，向全社会提供保税仓储服务。公用型保税仓库的主要特点是开放性和服务性，它允许多家企业利用同一仓库进行货物的存储和管理，不同企业能够共享仓储资源，从而降低各自的物流成本。这种类型的仓库通常设施齐全，配备了先进的仓储管理系统和物流设备，能够处理各种类型的保税商品。公用型保税仓库不仅提供基本的存储服务，还提供货物的分拣、包装、再加工等增值服务，以满足不同客户的需求。由于其高效的运营模式和经济的成本结构，公用型保税仓库在跨境电商物流中发挥着重要作用，尤其适合那些需要灵活仓储解决方案的中小型企业。

（2）自用型保税仓

自用型保税仓是由跨境电商企业自建的，仅供该企业自用。这类仓库允许企业对保税货物的存储和处理有更高的控制度，特别适用于需要特定仓储条件或有大量定制需求的大型电商平台。例如，聚美优品就使用自用型保税仓来管理其跨境供应链，确保快速响应市场需求并保持高效的库存管理。自用型保税仓库的主要优势在于可以完全按照企业的业务需求和操作标准来设计和运营，从而最大化运营效率和商品安全。然而，这种仓库的建设和维护成本相对较高，通常只适合那些货物流转量大且对物流系统有特殊需求的企业。

公用型保税仓和自用型保税仓的比较如表 2-2 所示。

表 2-2　公用型保税仓和自用型保税仓的比较

对比项	公用型保税仓	自用型保税仓
所存货物的供给对象	面向全社会提供公共保税仓储物流服务	存储的货物仅供本企业自用
功能	可以对所存货物开展包装、打膜、印刷唛码、分拆、分级、分类、拼装等简单的加工和增值服务	为特定加工贸易企业供应生产自用的生产性物料、零配件等，不能开展简单加工服务
面积标准	最小面积为 2 000 平方米	对面积不设最低门槛
经营主体经营范围要求	必须具有工商行政管理部门核准的仓储经营权	无须具有仓储经营权
经营主体性质	对经营主体的性质不做特别要求，可以是外贸企业、物流企业或生产型企业等	经营主体只能是加工贸易企业

（3）专用型保税仓

专用型保税仓是为存储具有特定用途或需求特殊处理的商品而设立的，如液体危险品、备料商品、寄售维修商品等。这类仓库根据存储商品的特性设计，具备相应的安全措施和专业设施。例如，液体危险品保税仓库会配备防泄漏和防火设施，而备料保税仓库则侧重于为生产线提供即时的原材料供应。专用型保税仓库提供了高度专业化的服务，确保敏感或特殊商品在保税条件下得到妥善管理。这类仓库对于那些产品种类多样且对存储环境有严格要求的企业尤为重要，它们通过满足特定的物流需求，帮助企业在全球市场中保持竞争力。

2. 保税仓的特征

保税仓的核心特征是实现仓储前置，即在商品还未进行清关进入消费国市场之前，就已经存放在距离目标市场较近的保税区。这种方法通过空间上的位移来换取时间上的节省，从而加快商品的配送速度。

使用保税仓，企业可以选择更经济的运输方式来降低干线运输成本，例如，大批量运输到保税仓然后进行分销，相较于逐件空运，可以显著降低物流费用。此外，保税仓所在的保税区通常提供一系列优惠政策和便利措施，包括在物流、通关、商检、收付汇、退税等方面的支持。这些政策利好可以简化跨境电商的业务操作，加快货物流转速度，降低企业的运营成本。保税仓采用的"保税备货模式"允许企业在消费者下单后直接从保税仓发货，极大地缩短了交货时间，同时消费者仅需承担商品价格和国内物流费用，其他风险和成本则由卖家承担。这种模式降低了消费者的购物风险，提高了客户满意度，有利于企业通过大订单集货降低商品价格。

然而，保税仓也存在一些局限性。例如，保税仓的商品品类往往较为单一，多品种的商品存放在同一保税仓可能导致库存积压。此外，国内的保税仓运营受到国家政策的重大影响，政策的变化可能对跨境电商平台产生重大影响，甚至导致平台运营困难或倒闭。

3. 可以存入保税仓库的货物

保税仓库是专为存放未经过完全海关清关手续的货物而设计的，这些货物存放在保税仓中可以享受关税和增值税的延缓支付优惠，直至它们正式进入消费市场或被再出口。具体可以存入保税仓库的货物类型包括以下几种。

（1）加工贸易进口货物

这类货物是为加工后再出口而进口到国内的，如原材料、组件及部分产品，这些在保税仓库中可以进行简单加工或组装后再进行出口，有效利用保税仓库的加工转口优势。

（2）转口货物

转口货物指的是进口后存放在保税区，计划转运到第三国的货物。这些货物在保税仓库中转储无需缴纳关税和增值税，从而降低了物流成本并提高了转运效率。

（3）供应国际航行船舶和航空器的油料、物料和维修用零部件

这些供应品可以在保税仓库中存储，直到需要为国际航行的船舶或航空器提供补给或维修时使用，免除了税收负担。

（4）供维修外国产品所用的进口寄售的零配件

这些零部件可以在没有支付关税的情况下存放在保税仓，用于维修进口的外国产品，便于进行国际售后服务。

（5）外商暂存货物

外国公司可以将货物暂存于保税仓库中，等待进一步的销售或转运指示，这样可以灵活应对市场需求，同时减少因快速市场变化带来的风险。

（6）未办结海关手续的一般贸易货物

这类货物包括尚未完成进口手续或等待出口手续的货物，保税仓库提供一个场所暂存这些货物，直到完成相关的海关手续。

（七）集货物流

集货物流是跨境电商中一个重要且具有发展潜力的物流模式。这种模式允许将不同来源的商品先运输到一个或多个中心地点，当这些商品达到一定数量或规模时，再通过合作的国际物流公司进行统一的海外配送。

通过集货物流，企业可以减少每次运输的单位成本。因为货物被集中存储和批量发送，运输的频次和需要的资源相对减少，从而实现规模经济。例

如，米兰网在广州和成都设立的仓储中心就是这一模式的体现。商品在这些仓储中心聚集到一定规模后，再通过国际快递服务发送到国外买家手中。同样，大龙网在深圳的操作也遵循了类似的模式，通过集中存储后再进行国际配送，有效地提升了物流效率，减少了运营成本。此外，集货物流还允许企业通过建立战略联盟来共享资源。这种合作模式使得即使是规模较小的电商平台也能通过共同的物流运营中心来利用规模优势，或者通过优势互补来降低整体的跨境物流费用。这种策略的实施有助于中小企业在竞争激烈的市场中保持竞争力，通过集体行动优化成本结构和提高市场响应速度。

尽管集货物流带来了诸多益处，但这种模式也存在一些挑战。最主要的问题是时效性的影响。由于在运输之前需要时间进行商品的聚集和分类整理，这一过程可能会延长整体的配送时间。在现代电商环境中，快速配送是消费者期待的一部分，任何延迟都可能影响顾客满意度和企业的市场竞争力。因此，采用集货物流的企业需要寻找有效的方法来平衡成本节约和配送速度，确保既能提高效率又能满足顾客需求。

（八）第四方物流

在传统的物流模式中，第一方物流通常指的是生产企业自行处理货运和仓储事务；第二方物流则涉及生产企业雇佣运输车队和仓库进行货运和存储，这属于一种功能性服务；第三方物流则提供了供应链的整体管理服务。然而，全球经济的发展和环境的变化，特别是供应链的全球化与复杂化、互联网带来的透明化以及市场需求的个性化，这些因素都使得传统的第三方物流模式无法完全满足现代的需求。为了应对这些挑战，第四方物流模式应运而生。

1. 第四方物流的概念与特点

第四方物流（4PL）是一种创新的物流模式，不同于传统的第一方、第二方和第三方物流。在这种模式下，第四方物流提供商不直接控制资产，而是通过管理供应链中的资源、能力和技术，整合和协调所有供应链活动，为客户提供综合的供应链解决方案。

第四方物流的主要特点如下。

（1）供应链整合者

第四方物流提供商充当供应链的整合者，他们负责整合和优化客户的供应链流程，而不仅是提供传统的运输和仓储服务。

（2）技术驱动

第四方物流极度依赖于先进的信息技术系统来协调和管理供应链活动，包括使用 ERP 系统、云计算、大数据分析和人工智能技术来增强决策过程和提高效率。

（3）非资产拥有性

与第三方物流不同，第四方物流提供商通常不拥有运输工具或仓储设施。他们专注于通过其他第三方物流服务提供商来管理和优化供应链。

（4）客户定制化服务

第四方物流提供商提供高度定制的服务解决方案，根据每个客户的具体需求来设计和实施供应链策略。

（5）战略聚焦

第四方物流更注重于长期的战略合作和供应链的战略规划，而不仅是日常操作的执行。

（6）性能和成本管理

通过有效的供应链管理，第四方物流可以帮助企业降低成本和改善服务性能。这通常是通过优化运营效率和实施最佳实践来实现的。

第三方物流和第四方物流服务的主要内容如图 2-1 所示。

2. 我国发展第四方物流的主要策略

（1）制定发展规划，推行行业标准

随着国内外形势的不断变化，以及物流需求的日益复杂化和个性化，我国物流行业面临着前所未有的发展机遇和挑战。因此，建立一个系统的发展规划和实施行业标准显得尤为关键。

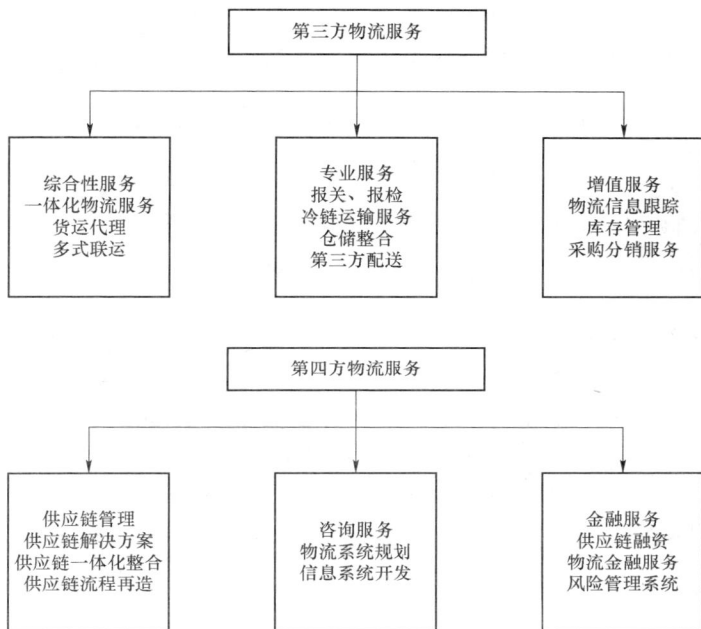

```
┌─────────────────────┐
│    第三方物流服务      │
└─────────────────────┘
```

综合性服务	专业服务	增值服务
一体化物流服务	报关、报检	物流信息跟踪
货运代理	冷链运输服务	库存管理
多式联运	仓储整合	采购分销服务
	第三方配送	

```
┌─────────────────────┐
│    第四方物流服务      │
└─────────────────────┘
```

供应链管理	咨询服务	金融服务
供应链解决方案	物流系统规划	供应链融资
供应链一体化整合	信息系统开发	物流金融服务
供应链流程再造		风险管理系统

图 2-1　第三方物流和第四方物流服务的主要内容

制定发展规划是为了确保物流行业的健康、有序和持续发展。这一规划不仅要基于当前的行业状况和面临的问题进行制定，还需考虑未来的市场趋势和技术革新。规划应当涵盖物流网络的优化布局，如点与面结合的物流园区规划，这不仅能提升物流效率，还能促进区域经济的均衡发展。同时，信息技术的融入是现代物流不可或缺的一部分，因此，规划中还应包括物流信息平台的建设要求，这将极大地提升整个行业的信息透明度和运作效率。此外，物流人才的培养也是发展规划中的一个重要方面。随着物流业务的复杂化和技术化，需要更多专业化、技术化的物流人才来支撑行业发展。因此，建立完善的教育和培训体系，不断提升物流人员的专业技能和服务水平，是推动第四方物流发展不可忽视的一个环节。

在推行行业标准方面，为了解决制造商对于放权给物流服务商的信任问题，必须通过制定一系列具体、明确的行业规范和标准来保证服务的质量和效率。这些标准包括但不限于作业流程的规范化、功能衔接的规范化、方案设计的规范化、业务操作的规范化、意外处理的规范化等。通过这些规范的实施，不仅可以降低物流企业之间的交易成本，提高合作的成功率，还可以提升整个行业的服务质量和运作效率。此外，还需统一技术标准，包括数据信息、设备设施的标准化、质量考核的标准化等。这些标准的制定和实施，将促进物流服务的互操作性和兼容性，特别是在信息技术广泛应用的今天，相互适应的技术标准对于确保物流活动的顺畅进行至关重要。

行业的规范化和标准化不仅对物流企业自身的内部管理、成本控制和服务质量提升有着重要影响，对于维护消费者权益也具有重要意义。消费者可以享受到更加可靠、高效的物流服务，这直接体现了消费者权益的保护。

（2）发展第三方物流企业，为第四方物流的发展提供基础

第四方物流作为物流行业的一种高级形态，其发展离不开第三方物流企业的深度参与和协同。第四方物流供应商主要负责集合第三方物流服务商，并基于有效的信息收集与共享，制定并优化物流业务解决方案，实现行业最优标准，从而更有效地为货主企业服务。实现这一目标，依赖于第三方物流在信息共享和执行指令方面的配合。在供应链管理的结构中，第四方物流担当着管理和整合第三方物流资源的角色，进一步整合社会物流资源。没有第三方物流企业的发展和支持，第四方物流将无法有效执行其管理和整合的功能。因此，加强第三方物流的发展是第四方物流成功实施的基础条件。

目前我国第三方物流正处在关键的发展阶段。虽然国内外许多第三方物流企业已经取得了一定的发展，但与国际成熟的物流市场相比，我国的第三方物流企业在规模和服务能力上仍有较大的提升空间。这些企业需要通过技术创新和服务优化，提高自身的竞争力，为第四方物流的发展提供坚实的基础。政府应当制定相关政策，鼓励物流企业通过技术创新和服务模式创新，提升物流行业的整体水平。例如，政府可以通过税收优惠、资金支持和政策引导，帮助物流企业升级信息技术，优化服务流程，从而为第三方物流的发

展创造更有利的环境。

实际上，发展第三方物流对第四方物流具有多重意义。首先，它能够提供必要的物流基础设施和服务能力，包括仓储、运输、包装、配送等，为第四方物流的运作提供物理和操作上的支持。其次，第三方物流企业的信息系统和技术平台，为第四方物流的信息集成和数据共享提供了可能。只有当第三方物流的信息系统足够健全，才能支持第四方物流在更高层次上的数据分析和流程优化。此外，随着第三方物流服务质量的提升，企业能够更加依赖外包来降低自身的运营成本，从而使得第四方物流能够在更广阔的范围内整合资源，实现成本的进一步降低和效率的最大化。

（3）发展电子商务物流

在当今经济全球化和数字化转型的背景下，电子商务已经成为商业活动中不可或缺的一部分，而物流作为电子商务的基础和核心，其重要性日益凸显。大力发展电子商务物流是实现供应链优化和提升国内物流效率的关键。

一是建立全国性的物流网络。通过全国范围内的物流网络建设，可以确保从一线城市到偏远地区的每一个角落都能享受到高效便捷的物流服务。这种广覆盖、高效率的物流网络，能够有效支撑电子商务的迅速扩张和深入发展。二是加强公共信息平台的建设。公共信息平台能够实现物流信息的透明化和即时共享，减少物流环节中的信息不对称和操作延误。通过公共信息平台，各个物流服务提供者能够在同一平台上进行信息交换和资源共享，从而提高整个物流系统的响应速度和服务质量。三是加强国家政策的支持和引导。政府应当出台更多激励措施，如税收优惠、财政补贴等，鼓励物流企业投资于技术升级和网络建设。同时，政府还应加强对电子商务和物流行业的监管，确保市场的公平竞争和消费者权益的保护。

（4）充分发挥政府职能

为了促进第四方物流的发展，政府需要转变其管理职能，重点关注物流基础设施建设、产业服务和规范工作，以支持和推动整个物流产业的健康发展。

物流基础设施是物流产业发展的根基。建设物流设施所需投资较大且投资回收期较长，因此政府应积极介入。政府不仅应该是资金的主要提供者，还应引导和吸引外资及民间资本共同参与。这不仅可以分散投资风险，还可以利用私营部门的创新能力和灵活性，提升物流基础设施的建设和运营效率。政府可以借鉴国外成功的经验，改革现有的物流设施投资回报机制，通过发行物流建设债券或放宽高科技物流公司的上市条件，为物流基础设施的建设提供更多的筹资途径。

在产业服务方面，政府需要从多个角度入手，为物流企业提供全方位的支持，包括优化物流企业的营商环境，提供税收优惠、土地使用支持等政策措施，以降低物流企业的运营成本和提高其服务效率。政府还应促进物流与高新技术的融合，支持物流企业在信息化、自动化技术上的投资，以提升整体物流业的技术水平和服务质量。

政府应当制定一系列科学且标准化的操作规程和管理制度，加强物流业的法制建设。通过建立健全的法律框架和监管机制，可以有效地规范物流市场的竞争行为，保护消费者权益，同时提升物流服务的透明度和可靠性。此外，政府应支持物流专业教育和在职培训，提高从业人员的专业能力，以适应物流行业的快速发展和技术升级的需求。

三、跨境电商物流模式的选择

（一）跨境电商物流模式选择的原则

1. 适用性原则

适用性原则具体表现为物流模式要与企业自身的实力相匹配。对于实力雄厚的大型企业来说，他们通常具备足够的资源来合作使用技术先进、服务水平一流的物流解决方案。这样的企业可以选择自建物流系统或与顶尖的物流服务商合作，以确保物流服务的效率和质量，从而支撑其全球市场的业务需求。相对地，小型企业在选择跨境电商物流模式时，面临的主要挑战是资源限制，包括资金、人力和技术等方面的制约。这种情况下，适用性原则强调选择成本效益高、操作简便且能提供必要服务的物流模式。第三方物流服务提供商（3PL）是小企业的理想选择，因为它们可以提供灵活的服务，从仓储到配送等一系列物流服务，而无需企业自身进行大规模的资本投入。

2. 专业性原则

专业性原则强调，无论企业规模大小，其物流服务的专业性都必须得到充分考虑和保障，以确保产品能够安全、准确且高效地送达顾客手中。

专业性原则首先体现在对物流服务商的选择上。具备专业物流知识的企业通常拥有高效的物流管理系统、先进的物流技术，以及丰富的操作经验，这些都是确保货物在复杂跨境物流过程中顺利转运的关键。例如，处理易碎品或高价值商品的物流，需要特殊的包装、精确的温控系统或是高安全标准的运输方式，只有专业的物流服务商才能满足这些需求。

对于资金雄厚的大型企业而言，建立自营的物流体系是提升服务专业化的一种方式。这种模式下，企业不仅能够全面控制物流操作的每一个环节，还能根据自身产品特性和市场需求，定制化物流解决方案。自营物流体系的优势在于可以直接应用企业内部的最佳实践，从而提高效率和响应速度，加强对物流质量的管理。对于规模较小的企业，资本和资源的限制使得建立完整的自营物流体系不太现实。在这种情况下，外包物流服务成为一个理想的选择。通过选择专业的第三方物流提供商，小型企业不仅可以利用外部的专业能力和技术，还可以避免巨大的初始投资和运营成本。外包的形式允许小企业专注于核心业务，同时享受到专业物流公司的高效服务。在选择外包服务时，企业应深入调研潜在物流伙伴的业绩记录、技术能力、市场声誉及其在特定领域的专业经验。选择一个与企业需求相匹配的专业物流服务商，可以显著提高物流操作的质量和顾客的满意度。

3. 成本最优原则

企业在经营中追求利润最大化，而物流成本直接影响产品的总成本和最终的利润空间。因此，在保证物流服务质量的基础上，应尽可能地降低成本，包括选择成本效益最高的运输方式、合理配置仓储和分配中心以减少物流支出。例如，通过分析各种运输模式（空运、海运、陆运）的费用和效率，企业可以根据产品特性和市场需求选择最合适的运输方式。此外，利用技术如物流软件来优化路线和库存管理也是降低成本的有效手段。

4. 便于控制原则

物流过程中的每一个环节都可能影响到企业的整体运作效率和客户满意度。因此，企业在选择物流模式时会考虑到对物流过程的控制力，包括能够实时追踪货物位置、调整物流计划以应对突发状况，以及对物流服务质量的监控等。企业可以选择建立自有的物流部门或与专业的第三方物流公司建立紧密的合作关系，以确保对物流活动有足够的控制力。通过增强控制力，企业不仅能更好地保护自己的销售渠道和市场地位，还能确保向客户提供连贯且高质量的服务，最终有助于企业建立起更强大的品牌忠诚度和市场竞争力。

（二）跨境电商物流模式选择应重点考虑的因素

不同的跨境电商物流具有不同的优缺点和使用条件，跨境电商交易方要根据自身交易方向、交易模式和交易品类，选择合适的跨境电商物流模式[①]。

1. 不同交易方向

根据交易方向，跨境电商交易可进一步分为跨境出口交易和跨境进口交易。跨境出口交易与跨境进口交易在物流需求和相关法规、物流效率及成本

---

① 华树春，李玲，郑锴，等. 跨境电商概论［M］. 北京：中国海关出版社，2018.

方面有着明显的区别。

对于跨境出口交易，商品从本国发往国外，企业需要考虑的是如何在保证运输安全和效率的同时，符合目的地国的法规。因此，选择合适的物流模式要能够适应不同国家的进口政策、税收结构及其他规定。邮政小包、专线物流、海外仓、边境仓等物流模式均是合适的选择。而对于跨境进口交易，企业将国外商品引入国内市场。这种情况下，物流模式的选择需优先考虑清关效率和成本效率，因此可以选择邮政小包等物流模式。

2. 不同交易模式

根据交易主体的不同，跨境电商交易可以进一步分为企业对企业（B2B）、企业对消费者（B2C）、消费者对消费者（C2C）。不同交易模式下跨境电商物流模式的选择如表 2-3 所示。

表 2-3 不同交易模式下跨境电商物流模式的选择

交易模式	贸易方向	是否需考虑物流成本	是否需包括时效性	是否需考虑配送便捷性	是否需考虑物流信息反馈	可选择的物流模式
B2B	出口	是	是	是	是	海外仓、外贸企业联盟集货或第三方物流仓储集运
	进口	是	是	是	是	保税区
B2C	出口	是	否	是	否	邮政小包
	出口	否	是	是	是	国际快递
	出口	是	是	是	是	海外仓、专线物流
	进口	是	否	是	否	邮政小包
	进口	否	是	是	是	国际快递
C2C	出口	否	是	是	是	国际快递
	出口	是	否	是	否	邮政小包
	进口	是	否	是	否	邮政小包
	进口	否	是	是	是	国际快递

3. 不同交易品类

第一，考虑产品的体积和重量。以服装服饰和 3C 电子产品为例，这些商品通常体积较小、重量轻，非常适合使用邮政小包、专线物流这类灵活且成本相对低廉的物流方式。这些方式能够有效满足分散的小批量交易需求，同时保证运输成本在可控范围内。此外，这类产品常常需要较快的市场响应，选择快递物流等较快的物流方式可以更好地满足市场需求。然而，对于家居园艺和汽车配件这类体积较大或重量较重的商品，传统的邮政小包或快递物流则可能不再适用。这类商品不仅需要较大的存储空间，而且在运输过程中也需要更多的保护措施以防损坏，因此可以选择专线物流和海外仓等物流模式。专线物流可以提供更为定制化的服务，如保障运输的安全性和时效性。海外仓则通过在目标市场国家或地区预先存储商品，可以大幅降低长途运输的成本和时间，同时也有助于快速响应当地市场的需求变化。

第二，考虑产品的价值和易损性。高价值的 3C 电子产品需要选择更为安全可靠的物流解决方案，以减少运输过程中的风险。这种情况下，采用提供保险和实时跟踪服务的物流模式会更加适宜。对于低价值商品，如一些基本的服装商品，过高的物流成本会直接影响产品的市场竞争力。因此，可以选择邮政小包、专线物流等模式。

第二节　跨境电商供应链金融配套

在跨境电商的供应链中，从原材料采购到产品销售的每个阶段，资金流动都是至关重要的。由于收入和支出之间存在时间差，企业经常面临资金缺口的问题。为了弥补这种缺口，企业通常采取延长支付期限或提供支付折扣的方式。延长账期虽然暂时缓解了下游企业的资金压力，但增加了上游企业的财务困难，导致它们在降低成本而非提升产品质量上花费更多精力，这反过来又会影响产品的整体质量。而支付折扣虽然促使下游企业提前支付，缓解了上游的资金压力，但这种做法往往会导致产品成本上升，增加下游企业的采购成本。这些资金流动问题不仅威胁到供应链的稳定性，还影响整体竞争力。要解决这些问题，就需要将供应链中所有环节联系在一起，为整体注入资金，提升供应链的稳定性和竞争力，供应链金融应运而生。

一、跨境电商供应链金融模式

（一）银行主导的供应链金融模式

1. 应收账款模式

在跨境电商 B2B 出口贸易中，由于外国企业常常要求较长的账期，中国的出口企业在等待进口企业付款的期间内可能会遇到资金短缺，影响其正常运作和生产活动。这种情况下，应收账款融资模式为企业提供了必要的流动资金支持，确保了业务的连续性。

应收账款模式允许出口企业将其对进口企业的应收账款作为抵押或通过销售的方式向银行获得资金。这种方式分为两种形式：质押和保理。质押融资允许出口企业在保留追索权的条件下，将应收账款作为质押物向银行获得贷款。这意味着，如果进口企业未能在约定时间内支付款项，出口企业仍可以向进口企业追讨欠款。保理即出口企业将应收账款无追索权地卖给银行，如果进口企业最终未能支付款项，损失由出口企业承担。

在实际操作中，一旦出口企业与进口企业签订了买卖合同，进口企业通常不会立即支付现金，而是签发应收账款凭证。出口企业在资金紧张时可以选择将此凭证抵押或出售给银行，以获得不超过应收账款账龄的短期融资。进口企业的信誉和支付能力直接影响银行是否愿意接受应收账款融资的申请，因为最终这些应收账款需要转化为实际的现金流。一旦进口企业从最终消费者那里收到款项，它会将这些资金直接转入银行指定的账户，银行随后注销原应收账款凭证，完成这一融资过程。应收账款模式的具体操作过程如图 2-2 所示。

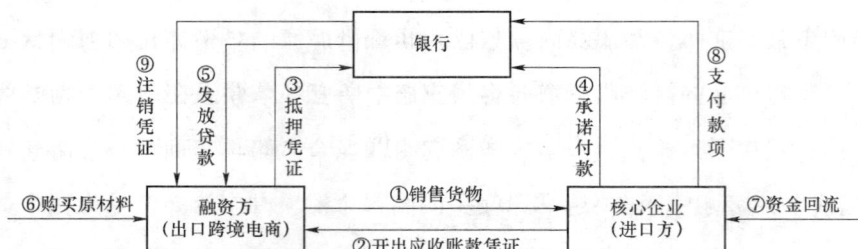

图 2-2　应收账款模式的具体操作过程

2. 预付账款模式

在跨境 B2B 进口贸易活动中，进口商通常需要向海外供应商预支付一部分款项以购买原材料，这个过程常常导致进口商的资金流动性问题，进而可能干扰供应链的顺畅运作。为了解决这一资金挑战，进口企业可以将预付账款所购买的商品或相关权利作为抵押，向银行申请短期融资。实际上，这种预付款融资是基于未来存货的质押融资。在这种模式中，最常见的是保兑仓融资，它涉及四方参与者：进口跨境电商（作为融资请求方）、出口企业（核心企业）、商业银行和第三方物流监管机构。这一模式的具体操作过程如图 2-3 所示。

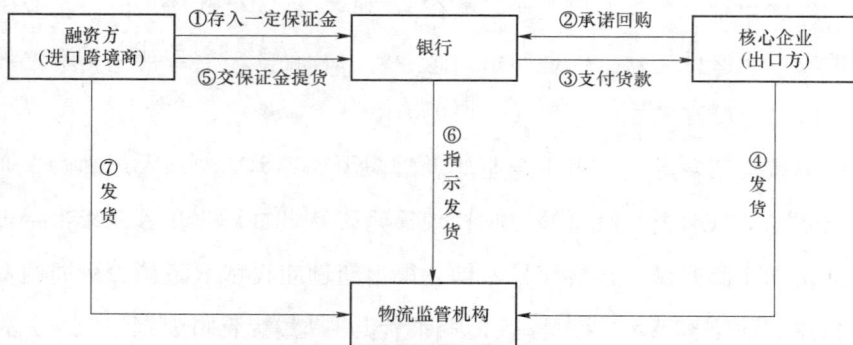

图 2-3　保税仓融资模式的操作过程

在这种模式下，进口企业通过预付一部分款项给出口企业，然后以未来将要收到的商品或权利作为质押物，从银行处获得融资。这样不仅缓解了进口企业的资金压力，还使其能够在较优惠的价格下进行大批量采购，或是通过提前锁定价格来避免未来可能的价格上涨风险。此外，保税仓融资模式能够降低采购成本。进口企业可以享受由于大规模购买而可能获得的折扣，或是通过分批支付和分批提货的方式，有效管理其资金流，从而实现杠杆效应的采购策略。这种方式不仅减轻了对资金的直接需求，还增加了企业运作的灵活性。

与传统的贸易融资相比，银行在供应链金融的预付账款模式中面临的风险较低，主要是因为国外核心出口企业会提供回购承诺。这种回购承诺意味着出口企业保证在特定情况下回购已出售的商品，从而为银行提供了一定的安全保障。因此，银行能够在相对较低风险的情况下提供融资，从而促进整个供应链的资金流动。

预付账款模式的风险主要集中在物流企业的信誉和货物监管上。若物流环节出现问题，可能导致融资企业无法按计划获得预定货物，增加了银行和进口企业的风险。

3. 存货质押模式

存货质押模式提适用于跨境电商供应链中各个环节的企业。这一模式使得跨境电商企业能够利用自己的存货向金融机构申请融资，不同于传统的贸易融资方式，它不依赖于固定资产的多次抵押，而是允许企业将存货直接抵押给银行以获取资金支持。

存货质押融资模式的参与的主体包括银行、物流机构、跨境电商及核心企业。融资方（跨境电商）首先需要将要抵押的存货转移到银行指定的物流机构处。物流机构在接收存货后，会向融资企业出具一份收据。这份收据是企业向银行申请融资的重要依据。为了保障这一过程的安全性，银行会与核心企业签订一个协议，确保在融资企业无法偿还贷款的情况下，核心企业能够回购已经质押的存货，以此来替企业偿还银行贷款。存货质押模式的操作流程具体如图 2-4 所示。

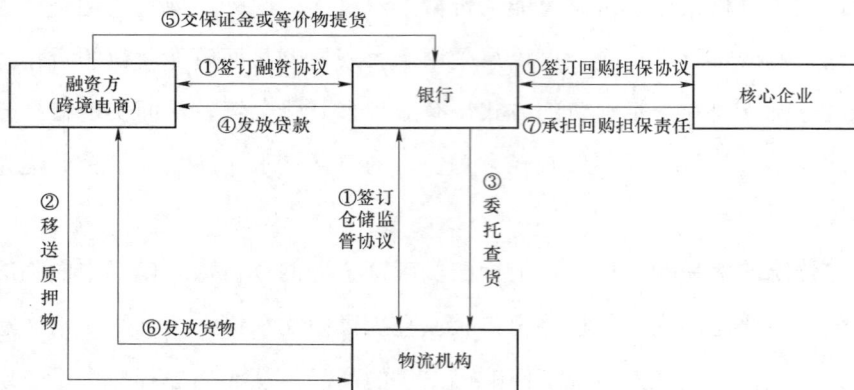

图 2-4　存货质押模式的操作流程

存货质押融资模式分为静态和动态两种形式。静态模式要求企业在提取货物时向银行缴纳一定数额的保证金，这可能增加企业在资金紧张时的负担。而动态模式则更为灵活，允许企业在存货价值超过银行规定的某个限额时随时提取货物。如果未达到这个限额，企业则需要提供一定的保证金或等价物。这种方式不仅减轻了企业的资金压力，而且通过允许用其他存货来替换已质押的存货，帮助企业节省库存空间，降低库存成本。

4. 银行主导的供应链金融模式的比较

银行主导的供应链金融包含三种主要的融资模式，每种模式各有其特点和适用场景。这些融资模式分布在供应链的不同环节，适合不同的融资需求。因此，在选择合适的融资策略时，需要根据具体情况进行适应性调整。同时，这些融资方案也可以互相结合，以优化融资效果。例如，动态存货质押融资可以与应收账款融资相结合，在赎回货物的过程中利用来自其他核心企业的应收账款进行赎回。这种结合不仅提供了必要的融资支持，同时也帮助企业回收了应收账款和货物，有效解决了企业的流动性需求。

银行主导的供应链金融模式的比较如表 2-4 所示。

表 2-4 银行主导的供应链金融模式的比较

融资模式	权力控制	质押物	融资企业位置	物流企业	融资用途
应收账款融资	债权	债权	上游	无	购买下次生产的原材料
预付账款融资	债权	物权	下游	有	购买原材料或货物
存货质押融资	物权	物权	上下游	有	购买原材料或货物

下面以三家公司为例，分析如何根据自身的具体情况选择不同的银行主导的供应链金融融资模式。

A 公司是一家主要从事跨境 B2B 贸易的出口企业，其客户群主要是国外的进口商。这些进口商通常采用赊销方式进行购买，导致 A 公司面临大量的应收账款。为了管理这些应收账款并改善其资金流动性，A 公司可以采用应收账款融资模式。通过这种方式，A 公司可以将未来收到的账款作为抵押向银行或金融机构获得即时的资金支持，从而解决资金周转问题。

B 公司是一家进口跨境电商，经常需要向国外供应商预付货款。由于国外企业要求预付部分货款，这就给 B 公司的资金流带来压力。在这种情况下，预付账款融资模式成为 B 公司的理想选择。通过这种融资方式，B 公司可以利用银行的资金支持来预付货款，确保供应链的顺畅，并且抓住更好的购买条款，如折扣价格或保证供货。

C 公司是一家生产加工企业，拥有大量存货。C 公司可以利用其存货，通过存货质押融资模式来获得所需的资金。在这种模式下，C 公司不需要出售其存货即可获得资金，只需将其部分存货作为抵押。这种方式使得 C 公司能够继续其生产活动而不受到资金短缺的影响，同时也提供了额外的资金来扩展运营或优化生产过程。

（二）企业主导的供应链金融模式

1. 物流企业融资模式

在物流企业融资模式下，物流企业不仅承担了仓储和监管的角色，还替代了银行，向跨境电商（即融资企业）提供全面的供应链金融服务。以保税仓模式为例，物流企业完全取代了银行的功能。如果融资企业无法立即向核心企业支付全部的货款，物流企业依据核心企业的信誉，可以预先垫付这些款项。随后，物流企业会按计划或分批次将货物交给融资企业。其具体操作过程如图 2-5 所示。

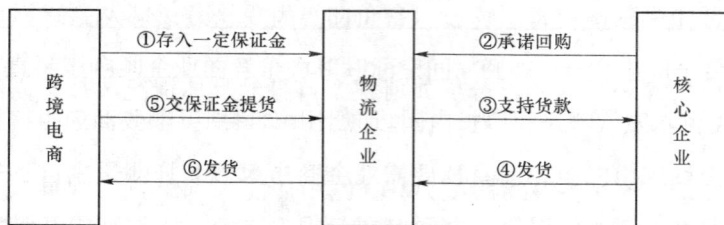

图 2-5　物流企业融资模式

物流企业的资金支持直接与其物流监管职能相结合带来了诸多优势。首先，物流企业通过直接控制货物，能够确保其资金支持的安全性，因为货物本身就作为一种保证。其次，物流企业对货物流转的直接监管降低了潜在的信用风险，如虚假交易或欺诈行为，这些在传统银行融资模式中可能更难以控制。此外，物流企业通过这种融资模式能够提供比传统银行更快速的融资决策和服务。因为物流企业直接参与供应链的各个环节，能够实时监控货物状态和融资企业的经营状况，从而快速响应融资需求，提供个性化的融资解决方案。

然而，物流企业融资模式也面临一些挑战，主要包括资金来源的稳定性和融资成本问题。物流企业需要确保有足够的资金来源来支持其融资活动，同时也要控制融资成本，确保整个模式的经济可行性。此外，物流企业在承担融资职责的同时，必须维持其物流服务的高效和可靠，避免因资金流动问题影响其核心物流业务。

2. 战略关系融资模式

战略关系融资是指核心企业基于与跨境电商（融资企业）保持的长期且

稳定的合作关系而向其提供的金融服务。随着供应链竞争的激化，推动供应链各级企业的发展，以及提升供应商与经销商的质量已经成为核心企业的主要关注点。战略关系融资正是核心企业对跨境电商实施的一种融资方式，其目标是实现双方的共赢发展。

战略关系融资主要包括两种形式：发放贷款和贸易信贷。发放贷款通常针对供应链中的上游供应商。当供应商面临资金压力时，可以向下游的核心企业申请融资支持。核心企业在这个过程中不仅扮演资金提供者的角色，还会主动了解并评估整个供应链的资金流动状况，根据需要发放贷款以保证供应商的稳定运营。这种直接的财务援助不仅提升了供应商的生产质量，还提高了整个供应链的效率和竞争力。贸易信贷主要以延期付款的方式实施，通常针对的是下游的经销商。通过贸易信贷，核心企业允许经销商在未来某个约定的时间内支付货款，这样的安排极大地缓解了经销商的资金压力，使其能够增加订单量，甚至吸引更多的购买者。对于核心企业来说，贸易信贷不仅是一种资金支持，更是一种战略工具，通过它可以扩大市场份额和提高产品的市场渗透率。贸易信贷还带来了正面的外部效应。当经销商从一个供应商那里获得贸易信贷后，其资金状况得到改善，从而能够继续或者增加向其他供应商的订单。

战略关系融资模式的操作过程如图 2-6 所示。

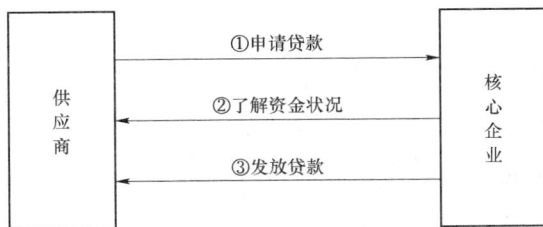

图 2-6　战略关系融资模式的操作过程

与传统的贸易融资相比，战略关系融资更加主动和灵活。在传统模式中，融资通常是上游企业向下游企业提供的一种被动的延期付款支持。相反，战略关系融资从整个供应链的效益出发，通过核心企业主动提供的融资服务，强化了供应链的稳定性和发展潜力。

（三）银行主导和企业主导的供应链金融模式的不同

银行主导和企业主导的供应链金融模式各有其特点和优势，下面从五个方面来探讨这两种模式的不同。

1. 参与方的差异

银行主导的供应链金融模式通常涉及多个参与方，包括商业银行、核心企业、融资企业和物流企业。例如，在预付账款模式和库存质押模式中，四方共同协作以确保资金的有效流转和风险管理。相比之下，企业主导的模式，如物流企业融资和战略关系融资，参与方通常较少，可能只包括核心企业和融资企业，有时甚至省略了银行的参与，简化了交易结构。

2. 主导方的不同

在银行主导的模式中，银行扮演核心角色，负责资金的提供和风险控制，而在企业主导的模式中，如物流企业或核心企业直接介入融资过程。这种模式使得融资活动更贴近实际的商业操作，能够更灵活地响应市场和运营的需求。

3. 信用类型的区别

银行主导的供应链金融依赖于银行信用，这意味着融资的授信和条款严格依照银行的信贷政策。相反，企业主导的模式基于商业信用，这种信用来自于供应链内部企业之间长期的商业关系和信任，更注重双方的合作历史和未来的业务前景。

4. 资金来源的不同

银行主导的模式中，资金主要来源于供应链外部，即银行或其他金融机构的资金池。对于企业主导的模式，资金通常来源于供应链内部，如核心企业的自有资金或内部再融资，这种方式能够减少外部融资的成本和复杂性。

5. 质押物的要求

在银行主导的供应链金融中，融资企业通常需要提供债权或物权形式的质押物来获取资金，以降低银行的信贷风险。而在企业主导的模式中，尤其是战略关系融资，质押物可能不是必需的，因为融资基于双方的商业信任和合作历史。

银行主导和企业主导的供应链金融模式的不同如表 2-5 所示。

表 2-5　银行主导和企业主导的供应链金融模式的不同

融资模式		参与方	主导方	信用类型	资金来源	有无质押物
银行主导		银行、核心企业、融资企业	银行	银行信用	银行、供应链外部	有
企业主导	物流企业融资模式	物流企业、核心企业、融资企业	物流企业	商业信用	物流企业、供应链内部	有
	战略关系融资模式	核心企业、融资企业	核心企业	商业信用	核心企业、供应链内部	无

二、跨境电商供应链金融风险防范

（一）跨境电商供应链金融风险的主要类型

1. 供应链自身风险

供应链自身风险是指因供应链内部复杂性和不确定性导致的各种潜在问题。这种风险主要源于供应链成员，特别是在众多中小企业参与的情况下，这些企业往往管理机制不完善，缺乏足够的风险控制和信用管理系统。随着越来越多的企业加入供应链，如果没有一个健全的管理体系，整个供应链的稳定性就可能受到威胁。此外，供应链自身风险还包括单个企业风险对整个供应链的影响。在供应链金融体系中，各企业之间的联系和相互依赖性极高。一旦核心企业或任何一个链环中的企业出现问题，如财务危机、信用不良，其影响可能迅速扩散至整个供应链，导致供应链效率降低或完全崩溃。例如，如果一个关键供应商由于财务问题延迟交付原材料，可能导致上游的生产企业停工，从而影响整个供应链的运作。核心企业作为供应链的主导者和最大受益者，其承受的风险相对更大。一旦供应链中出现问题，不仅会损害核心企业的经济利益，还可能影响其市场声誉。

2. 信用风险

信用风险是跨境电商供应链金融中最主要的风险之一。这种风险来源于供应链中某一方可能无法按期履行其金融义务，尤其是债务偿还。在跨境电商中，由于参与方可能分布在全球不同的国家与地区，不同的政治、经济环境使得评估和管理信用风险变得更为复杂。例如，一个国家可能突然面临经济危机，导致当地企业资金链断裂，无法按时支付货款。此外，因为供应链各方可能无法完全了解彼此的财务健康状况和信用历史，这种信息不对称也加剧了信用风险。

3. 汇率风险

跨境电商业务通常涉及多币种交易，汇率波动直接影响成本和收益。如果一家企业以美元计价出口商品到欧洲，而欧元相对于美元贬值，则当收到款项时，换算成美元的实际价值可能低于原定价格，从而导致利润减少。反之，如果该企业需要进口材料并以欧元支付，欧元的升值将增加其采购成本。在一些经济不稳定或货币波动大的国家，这种风险尤其明显。

4. 合规与法律风险

每个国家的法律体系、税收政策和进出口规定都有所不同，这些差异可能导致供应链运作中出现法律纠纷或合规问题。例如，某些国家对数据保护有严格的规定，如果跨境电商企业在数据处理过程中未能遵守这些规定，可能会面临高额罚款。同样，不同国家对产品安全和标签的要求也不同，不合规的产品可能被禁止销售甚至引起法律诉讼。

5. 操作风险

操作风险主要包括内部管理失误、技术故障、欺诈行为等多种类型。内部管理失误可能源于不充分的员工培训、管理层决策错误或监督不足。如果一个订单处理系统存在漏洞，可能导致订单重复或遗漏，从而影响客户满意度和企业收入。技术故障如系统崩溃或数据损坏也能直接打断正常业务流程，影响整个供应链的效率。此外，欺诈行为，包括虚报销售、供应商欺诈、数据泄露等，均可造成重大的财务损失和品牌信誉损害。

（二）跨境电商供应链金融风险的防范策略

1. 增加对出口跨境电商的实地授信调查

实地授信调查能够使出口综合服务商直观地观察并了解出口跨境电商的当前经营状态和实际还款能力。这一点尤为重要，因为它直接关系到出口跨境电商是否具备足够的资金流来应对未来的财务义务。通过与企业管理层的面对面交流，服务商可以获取关于企业运营、财务状况及市场定位的第一手资料，这些信息远比仅依靠书面报告更为准确和可靠。除了评估经营和财务状况外，实地调查还包括对出口跨境电商产品的质量标准的检查。通过检查最近生产的产品样本，服务商可以直接验证产品是否符合行业标准和质量要求，从而保障金融服务的质量与安全。

通过这样的实地调查，结合出口跨境电商线上提交的各类资料，出口综合服务商能够全面掌握企业的真实情况。这不仅帮助服务商甄别出那些可能通过伪造信息或掩盖不良状况来试图获取融资的企业，还从源头上防止了信用不良的企业通过不当手段获得资金支持。因此，实地授信调查是确保跨境电商供应链金融安全、有效的关键策略之一，有利于增强整个供应链的稳定性和可持续性。

2. 考察进出口跨境电商贸易背景

一是检查合作初期的贸易合同、报关单和货物提单等文件。这些文件提供了关于合作时长、付款条件和结算方式的宝贵信息，使服务商能够判断这些条件是否符合行业习惯和标准。一个长期的合作关系和符合行业标准的付款条件通常指示着较低的信用风险。二是核对同一笔业务中的报关单、结汇水单和退税单上的信息是否一致，有效地评估贸易的真实性。信息的一致性是判断贸易实际发生并按照报告执行的一个重要标准。任何不一致都可能指示着潜在的欺诈或管理不善，这可能包括虚报出口额以骗取更高的融资等。三是与出口跨境电商的负责人进行交谈，了解进口方的付款记录和是否存在产品质量或货款纠纷，这可以帮助服务商评估未来可能的履约风险。经常发生的质量争议或付款延迟都是潜在的财务风险信号。四是确认进出口双方是否存在关联关系。这是为了排除双方可能存在的恶意串通进行虚假贸易的可能性。五是考察是否存在双向贸易和双方在以往交易中是否有未解决的争议。双向贸易可能隐藏货款互抵情况，而未解决的交易争议可能导致进口方拒绝支付未来交易中的货款。

3. 评估应收账款的质量

出口综合服务商在处理应收账款融资业务时，面临着虚假发票及由此产生的融资风险，这要求服务商必须细致地审查每一笔应收账款的合法性和合规性。具体来说，服务商需要验证应收账款的账期和金额是否与双方之前的交易习惯相符，包括审查历史交易数据以确认新的融资请求是否与既有模式一致。此外，确认交易中的商品是否为双方常交易的产品类型同样重要，这有助于识别出那些可能伴有高风险的非典型交易。贸易合同的详细检查也是不可或缺的，确保合同中对产品质量、数量及结算方式的规定与行业标准和双方的商业实践相匹配，可以大幅降低由于合同不符或交易虚构导致的风险。

4. 利用大数据技术进行企业信息分析

随着数字技术的发展，许多公司已经建立了自己的 B2B 网站，这不仅有助于积累客户数据，还提供了一个平台，通过其可以收集和分析大量与交易活动相关的信息。通过整合自身平台内的数据与通过网络爬虫从互联网上获取的数据，公司可以减少与出口跨境电商之间的信息不对称。这种信息的集成和分析使得公司能够实现对申请应收账款融资的出口跨境电商进行智能筛选，有效识别和排除那些可能涉及欺诈或信用风险的企业。同时，通过大数据分析还可以减少人为操作的干预和相关风险，提高金融服务的效率和安全性。这种技术驱动的风险管理方法在现代供应链金融中变得越来越重要，为传统的金融服务提供了一个强大的支持工具。

5. 制定风险共担合同

在跨境电商供应链金融中，信息不对称和激励不一致的问题往往导致出口跨境电商可能不完全按照应收账款融资合同的条款履行其义务。为了解决这一问题，制定有效的风险共担合同尤为重要，这不仅能够提升合同的执行效率，还能保护所有相关方的利益。

风险共担合同的制定基于激励相容理论，该理论指出，在不能完全观察到对方行为的情况下，各方往往会采取最大化自身利益的行为。因此，通过设计使各方利益一致的合同条款，可以引导出口跨境电商更加积极地履行合同。具体来说，出口综合服务商可以通过调整融资比例，使得出口跨境电商在获得必要的资金支持的同时，也承担一定的风险。此外，为了应对履约瑕疵的风险，出口综合服务商还可以设计包含反转让条款的合同。该合同条款通常规定，在出口跨境电商未能认真履行合同约定的情况下，服务商有权取消融资协议，并要求出口跨境电商退回已经支付的融资本金及利息。一旦出口跨境电商的行为偏离合同要求，就会遭受即刻的经济损失。这样的约束机制显著提高了合同的执行力，降低了因履约不到位而引发的风险。

在实践中，拟定风险共担合同需要综合考虑各种可能的风险因素和业务特性。出口综合服务商需要进行深入的市场和法律研究，以确保合同的合法性及其在不同市场和法律环境下的有效性。同时，合同的设计还需要考虑行业特点和交易习惯，确保合同既能有效地控制风险，又不会过度限制出口跨境电商的业务发展。

6. 建立动态激励机制

动态激励机制将企业的历史还款记录纳入评估体系，使得每次贷款的条件都与企业的过往表现紧密相关。这种做法类似于一个持续的信用评估过程，出口综合服务商通过不断更新的数据来判断企业的信用状况，并据此调整贷款额度和条件。对于那些历史还款记录良好的企业，服务商可以提供更优惠的融资条件，如更高的贷款额度或更低的利率，以此作为对企业良好行为的奖励。

动态激励机制的具体做法有以下三种。一是采用黑名单制度。一旦企业出现拖欠或违反合同的行为，它将被列入黑名单，并失去未来获得贷款的机会。这种做法有效地增加了企业不履约的成本，因为一旦失信，企业不仅在当前服务商处受到限制，其负面记录还可能影响到其在其他金融机构的信誉。二是采用贷款额度的累进制。企业如果展示出稳定的还款行为和良好的财务状况，将可以获得更高的贷款额度。这不仅奖励了企业的良好行为，也鼓励企业继续维持其信用状态。三是弹性制，服务商根据企业所处的实际经营环境对贷款条款进行适时调整。在企业销售淡季，服务商可以适当延长贷款期限或减少还款频率，以减轻企业的财务压力，从而降低违约风险。

第三节　跨境电商供应链信息管理

一、跨境电商供应链信息概述

（一）供应链信息的概念

信息是数据的加工结果，具体而言，它是对数据进行组织和处理后得到的有意义的内容，能够帮助人们理解某些现象或状况，并在此基础上进行有效的决策和行动。

作为连接消费者、零售商、分销商、制造商及供应商的集成网络，供应链信息的产生、传递、处理与应用具有特殊的背景。供应链信息是指在供应链运行中反映供应链上下游主体供需状态和方式的知识[①]。

（二）跨境电商供应链信息的特点

1. 类型众多

跨境电商供应链涉及的信息类型非常广泛，包括但不限于产品信息、物流信息、海关和税务信息、市场数据等。这些信息来自于不同的业务环节，如采购、仓储、配送和客户服务等。多样性的信息类型要求供应链管理系统必须具备处理和整合各种数据的能力，以便有效支持决策制定和业务运营。

2. 信息量大

由于跨境电商需要处理的商品种类繁多，且业务遍及多个国家和地区，涉及的信息量极其庞大。处理这些海量数据，不仅需要强大的 IT 支持系统来

---

① 谢家平，梁玲，宋明珍. 供应链管理［M］. 4 版. 上海：上海财经大学出版社，2021.

存储和处理，还需要有效的数据分析工具来提取有用信息。

3. 时效性强

信息随着存储时间的推移而逐渐失去价值。跨境电商供应链中的信息流管理要求所有合作企业及时收集、加工和使用有关信息。

4. 来源分散

跨境电商供应链信息通常来自多个国家和地区的众多参与方，如供应商、物流服务商、海关等。信息来源的分散性增加了管理的复杂度，要求企业建立健全的信息收集和整合机制，确保信息的准确性和完整性。

5. 共享较难

尽管信息技术的发展已经极大地促进了信息的共享，但在跨境电商供应链中，信息共享仍然面临诸多挑战。不同企业可能由于竞争关系、利益冲突或文化差异，对信息的开放和共享持保留态度。此外，信息安全和隐私保护也是制约信息共享的重要因素。因此，建立信任、制定明确的信息共享协议和使用先进的加密技术是保障信息流顺畅的关键。

（三）跨境电商供应链信息的分类

1. 按功能划分

（1）决策信息流

决策信息流是描述供应链上所有节点企业的关键决策（如生产数量、产品种类、运作成本、产品或服务的质量、市场营销策略及新产品开发）的信息。这类信息的有效流动和共享对于保证供应链的战略一致性和响应市场变化极为重要。决策信息流需要高度的准确性和时效性，因为它直接影响到供应链的效率和反应速度，从而影响企业的竞争力。

（2）监控信息流

监控信息流负责跟踪和监控供应链中的产品和设施的运行状态，包括对生产过程、库存水平、物流状态等的实时数据采集和分析。监控信息流的主要功能是确保供应链操作的顺畅和高效，及时发现和解决可能出现的问题。例如，通过监控生产线的运行数据，可以及时发现设备故障或生产效率下降的问题，并快速进行调整或维修。此外，监控信息流还支持对供应链中的风险进行评估和管理，如通过分析物流数据来预测潜在的延迟或瓶颈。

（3）物流信息流

物流信息流指的是商品从生产到最终交付给客户的全过程中的信息。这种信息流确保商品能够有效地从一个地点移动到另一个地点，涵盖订单处理、运输管理、库存控制、配送跟踪等方面。物流信息流的高效管理对于缩短交货时间、降低运输成本和提高客户满意度至关重要。在跨境电商中，物流信息流还需要处理和遵守多国的关税和进出口法规，确保货物能够顺利过境。

（4）交易信息流

交易信息流包含所有与供应链中各种商业交易活动相关的信息，如订单信息、支付条款、交货条件等。这类信息的安全传输和有效管理对于维护供应链中各企业间的信任和合作关系极为重要。交易信息流的透明可以帮助各方更好地理解市场需求和供应状况，从而进行更有效的生产和库存安排。此外，交易信息流的效率直接影响供应链的现金流，因此，加强其管理可以帮助企业改善财务状况和资金利用效率。

（5）资金信息流

资金信息流是指在供应链中流动的所有资金相关的信息，包括支付、收款、贷款及其他财务信息。有效的资金信息流可以帮助企业优化其资金结构，减少资金占用和财务成本。

2. 按层次划分

信息可以按照其功能层次进行分类，具体分为操作数据信息、战术运营信息和战略决策信息。

（1）操作数据信息

操作数据信息是供应链管理中最基础的信息层次，主要涉及日常运营活动中的具体数据和事实，如订单处理、库存状态、物流跟踪和质量控制。这类信息的实时准确性对于保证供应链操作的顺畅非常关键。操作数据信息提供了供应链中各环节实际运作的即时画面，帮助管理层监控供应链的效率和效果，及时发现并解决运营中的问题。例如，通过实时库存信息，企业可以优化库存水平，防止过剩或缺货的情况发生，保证生产和配送的连续性。

（2）战术运营信息

战术运营信息通常基于操作数据分析得来，用于支持具体的业务目标和改进计划。例如，通过分析不同市场的销售数据和客户反馈，企业可能调整其市场策略或优化供应链结构以提高效率和客户满意度。战术运营信息使供应链能够适应不断变化的市场环境和企业战略，支持更灵活和响应快速的运营模式。

（3）战略决策信息

战略决策信息是供应链信息层次中最高层，关注的是长远规划和战略目标的设定。这类信息涵盖了企业未来发展方向的决策、新市场开拓、新产品开发、合作伙伴关系构建等高层次的管理活动。战略决策信息需要从宏观的视角分析供应链的表现，评估潜在的机会和风险，制定相应的战略来引导企业成长和竞争优势的构建。

二、跨境电商供应链信息共享

（一）跨境电商供应链信息共享的目标

1. 协调管控成本

通过共享关键信息如库存水平、物流成本、生产计划和市场需求数据，企业可以更有效地管理供应链中的资源，避免资源浪费并优化成本结构。例如，当供应链各方共享库存信息时，可以减少过剩库存和缺货情况的发生，因为这些信息帮助企业做出更准的库存补充决策。此外，通过分析共享的运营数据，企业可以识别成本削减机会，如选择更经济的物流路径、改进生产效率或采购成本控制。

2. 优化资产运营管理

跨境电商涉及复杂的物流和大量的资产配置，如仓库、运输车辆和库存商品。通过实时共享这些资产的状态和表现数据，企业能够更好地调配资源，确保资产得到最有效的利用。例如，通过跟踪产品从生产到消费者手中的流转信息，企业可以优化库存水平，减少积压并加速商品周转。此外，资产运营的优化还包括设备维护和升级的时机抉择，这有赖于设备性能数据和使用情况的信息共享，从而预防故障和延长设备寿命，确保运营的连续性和效率。

3. 协同增加收入

通过共享市场动态、客户数据和销售信息，供应链中的企业可以更好地响应市场变化，发现新的收入机会。实时共享的销售数据可以帮助生产企业调整生产计划以满足市场需求的变化，而共享的客户反馈可以指导产品开发和营销策略的优化。此外，通过供应链信息的整合，企业可以发现并利用跨市场或跨区域的销售机会，实现收入的最大化。信息共享还能增强供应链各环节的协作，如联合促销活动和共同市场开拓，进一步提升整个供应链的收入潜力。

4. 减少不确定性

跨境电商供应链管理面临的挑战包括汇率波动、政策变化和市场需求的不确定性。通过在供应链各方之间共享相关的政策、经济和市场信息，企业可以更好地预测和准备应对这些不确定性带来的风险。例如，共享关于供应中断的早期警告信息可以让企业及时调整采购策略，而对于即将变化的贸易政策的共享，则可以帮助企业提前做好市场和运营的调整，从而减轻潜在风险对业务的影响。总之，信息共享使得供应链更加透明，增强了企业应对外部变化的能力，降低了运营的不确定性。

（二）跨境电商供应链信息共享的模式

在跨境电商供应链中，结点企业通常依赖于有限的局部信息来预测需求并根据这些预测作出决策，进而将订单传递给上游伙伴。这些上游伙伴也采用相似的方式，基于自己接收到的局部信息进行订单决策。因此，当任何一个跨境电商供应链结点企业因为需求的不确定性而夸大其订单需求时，往往会导致需求信息在供应链中逐级扭曲并被放大，这种现象通常被称为"牛鞭效应"，是导致跨境电商供应链效率低下的一个主要原因。解决这个问题的有效方法是增强跨境电商供应链中各结点企业之间需求信息的透明度，实现信息的充分共享。

1. 跨境电商供应链信息共享的数据系统关系

为了实现跨境电商供应链中结点企业之间信息的充分共享，首先需要利用网络技术和信息技术在技术层面实现信息网络的物理集成，这是实现信息共享的基础条件。当前，因特网作为连接跨境电商供应链中不同结点企业的电子链接工具，使得企业能够进行各种电子信息的交换、传递和查询。此外，跨境电商供应链中的信息交换通常发生在各结点企业的数据库之间，因此，这些数据库必须具备强大的功能，以支持通过因特网进行快速的信息传递与共享（如图 2-7 所示）。同时，为了确保信息流的透明度和真实性，跨境电商供应链的结点企业间需要建立稳固的合作机制，并维持彼此之间的信任。

如果跨境电商供应链的企业仅在技术层面实现了信息集成而未能建立起有效的相互信任的合作机制，那么这将可能影响整个供应链的运作效率和成效。

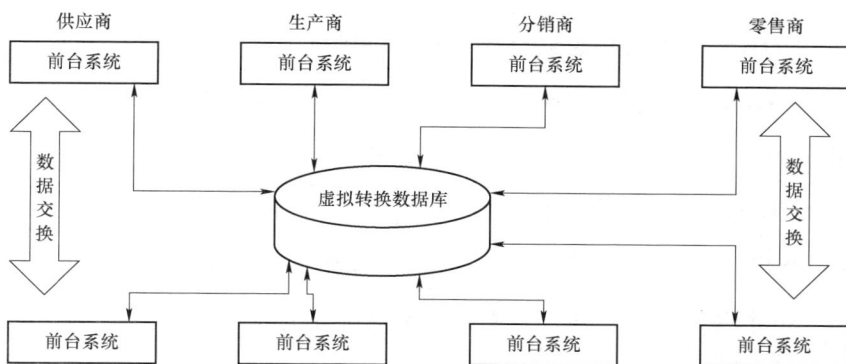

图 2-7　跨境电商供应链企业间信息共享的数据系统关系

2. 跨境电商供应链信息共享模式的功能要求

（1）跨境电商供应链网络管理

创建无缝的信息流，用于管理供应链网络；协助构建供应链，并将其转化为真正的协同电子商务社区；运用电子商业市场基础架构将企业和供应链伙伴链接到全球网络中，并利用中心接如点共享关键信息，避免信息延迟、瓶颈和中断现象[①]。

（2）跨境电商供应链的协同计划

跨境电商供应链的协同计划在网络经济时代尤为关键，因为产品生命周期短，市场需求瞬息万变，客户更期望能根据其独特需求定制产品。要应对这些快速变化的市场需求并维持高客户满意度，同时不积压大量库存，跨境电商供应链需要采用一种动态网络方式来管理变化的和适应性强的复杂信息流。通过执行协同供应链计划，实现内部与外部供应链活动的同步。这种协同计划使得供应链能够实时执行基于计划和订单驱动的供应链活动，从而更迅速、更高效地将新产品推向市场。

（3）跨境电商供应链的实时执行

在跨境电商供应链中，实时执行是确保产品按照预定条件准时、准地、

---

① 谢家平，迟琳娜. 供应链管理［M］. 2 版. 上海：上海财经大学出版社，2013.

准确交付的关键。实时信息共享能够支持供应链中的协同采购、协同生产和协同履约等关键活动。实时执行功能的成功依赖于先进的信息技术系统，如云计算和物联网，这些技术能够确保信息的快速流通和处理。

（4）跨境电商供应链的协调管理

跨境电商供应链的协调管理是对整个供应网络中的流程、存货、资产和合作伙伴进行综合管理。通过对供应链性能进行全面评估，包括定义、监控、评价及报告关键评估指标如存货天数、交货表现、订单周期时间或生产率等，企业能够获得关于如何提升业务流程和提高效率的重要洞见。同时，这种协调管理还帮助企业优化资产利用，确保各环节的协同效果，进一步提升整个供应链的响应速度和市场竞争力。

三、跨境电商供应链信息集成

（一）跨境电商供应链信息集成的概念

跨境电商供应链信息资源通常分散在各企业的计算机系统中，这些系统往往具有异构性，即它们在数据格式和信息操作方式上存在差异，这就需要进行数据信息集成。跨境电商供应链信息集成的目标是通过技术手段将这些不同格式和存储方式的信息进行转换和标准化，以实现统一的数据格式和交换方式。

具体来说，跨境电商供应链信息集成是指到将分散在全球各地、不同系统中的数据信息，通过网络连接起来，进行数据的传输与交换。这种集成不仅是技术上的链接，更是业务流程和数据流的整合，使得信息能够在供应链的各个环节之间自由流动，从而支持更高效的决策制定和供应链管理。通过实现信息的集成共享，跨境电商可以更好地协调各个供应链节点，优化资源配置，减少延误，提高响应速度，最终达到降低成本和增强市场竞争力的目的。

（二）跨境电商供应链信息集成的特点

1. 来源唯一性

在处理跨境电商的数据时，面对的挑战包括数据的复杂性和多样性。为了确保数据的准确性和一致性，关键是将数据归类处理，并由指定的结点企业或部门负责数据的输入和校对，避免重复输入的问题。这种做法不仅保证了信息来源的唯一性，也明确了责任归属，极大提高了数据处理的准确度和可信度。此外，这种集中管理方式有助于维护数据的一致性，为跨境电商的供应链管理提供了稳定和可靠的信息基础。

2. 流速快捷性

在跨境电商供应链中，信息的流动速度至关重要，因为供应链的效率直接依赖于信息传输和处理的速度。信息必须快速而准确地在企业内部及其合作伙伴之间传递，以确保所有相关决策都基于最新的数据。快速的信息流通使得供应链能够迅速响应市场变化，优化库存管理，减少生产延误，提高客户满意度。

3. 实时响应性

信息交换过程的实时性保证了任何时刻输入的数据都能迅速更新并存储于共享数据库中，随时可供授权人员访问和查询。这种实时信息流动使供应链中的管理人员能够基于统一的数据来源做出一致的决策，从而减少由于信息源差异导致的决策矛盾和错误。

4. 网络化传递

网络化传递特性描述了信息在跨境电商供应链中的传递方式。随着供应链活动，如采购、生产、分销及决策管理越来越依赖于电子和网络技术，信息流动采取了网络化的形式。这种方式不仅加快了信息的传递速度，还增强了供应链各环节间的协同作用，提高了整体的操作效率和响应速度。

5. 标准化协议

由于供应链中各企业使用的系统软件和应用软件存在异构性，共享的信息必须转化为标准格式，并遵循统一的传输协议。这种标准化处理确保了不同系统间信息交换的兼容性和有效性，为跨境电商的运营提供了支撑。

6. 多路径查询

多路径查询是指管理人员可以根据不同的业务需求，通过多种查询路径访问共享数据。这种灵活的查询机制极大地增强了信息的可用性和适用性，使管理者能够根据不同的业务视角（如按产品、客户或销售渠道）进行数据分析，从而更有效地识别问题并制定应对策略。

（三）跨境电商供应链信息集成的要求

1. 网络互联性

为了实现跨企业的供应链信息管理，信息集成必须基于互联网技术。这意味着跨境电商供应链管理的信息架构应当建立在 TCP/IP 等网络协议上，使得不同企业之间能够以低成本进行有效的协作和协调。通过互联网连接，企业能够实现全球范围内的无缝数据交流和资源共享。

2. 异构兼容性

鉴于供应链涉及的企业可能地理上分布广泛，且系统多样，供应链信息技术架构需要兼容不同的软硬件和数据格式。这种异构兼容性确保了不同系统之间的无缝整合，无需每个参与方都采用统一的技术标准。

3. 封装与集成

跨境电商企业往往拥有现有的信息系统（如 MRP、ERP），这些系统中储存了大量重要数据。新的信息系统必须能够封装这些遗留系统并将它们集成到新的应用中，以利用现有资源并扩展其功能。

4. 重构性和重用性

跨境电商供应链信息系统需要具备高度的可重用性和可重构性，以适应业务的变化。当业务需求发生改变时，系统应能够进行相应的调整，以较少的资源投入满足新的集成要求，从而提高系统的灵活性和成本效率。

5. 集成难度低

支持跨境电商供应链管理的信息技术架构应基于广泛认可的工业标准，以简化实现和维护过程。此外，系统应屏蔽内部应用的实现逻辑，专注于业务流程与接口的优化，从而减轻系统实施及维护的负担。

6. 商务电子化

以电子商务为核心，通过集成和协同的方法，可以更容易地在供应链中实现信息的集成和动态连接。这不仅优化了信息流，还提高了整个供应链的响应速度和市场适应性。

（四）跨境电商供应链信息集成的模式

1. 基于 Intranet 的内部信息集成

Intranet 作为组织内部使用互联网技术建立的内部网络，主要利用 Web 浏览器界面作为信息服务的手段，为企业内部各部门间的信息访问提供了一个平台。这种内部网络的迅速发展得益于互联网技术的普及和进步，特别是万维网的兴起，它基于服务器/浏览器模式，能够实现信息的双向流动，加之 Java 语言的引入，使得网页技术进入了一个以交互式、动态信息服务为主的新时代。

实施 Intranet 的主要目的是使信息共享不受时间、地点和设备配置的限制。通过这种基于 Intranet 的集成信息平台，企业员工和合作伙伴可以方便地访问和共享企业信息，无论他们身处何地。这种平台具备以下优点。

（1）灵活性

Intranet 不仅可以独立组网，还可以接入 Internet 成为其一部分，提供更广泛的网络连接性，从而支持跨地域的信息流动和协作。

（2）兼容性

以万维网为基础的 Intranet 在协议和技术标准上的公开性，支持跨平台的网络建设。这种兼容性确保了不同技术背景下的系统能够无缝集成，为信息的集成和共享提供了强大的支持。

（3）开放性

Intranet 的开放性不仅能够将企业内部孤立的信息系统联结起来，实现企业间的信息交流和资源共享，还可以便捷地接入全球信息网络，实现全球范围内的信息交流。

（4）通用性

Intranet 支持多种信息格式，包括图文、音频、视频等，使得跨境电商企业能够在内外部进行全方位的事务处理、经营销售和信息发布，满足多样化的业务管理和信息交换需求。

（5）简易性

采用如 TCP/IP、HTML、万维网等一系列标准协议和技术的 Intranet，使得系统的构建和扩展成本低，操作简单，易于维护和更新。

2. 基于因特网的异构系统集成

基于因特网的异构系统集成模式通过将企业信息网络与国际互联网对

接，形成所谓的 Internet/Intranet 模式。在这种模式下，跨境电商可以通过高速数据专线将结点企业连接至 Internet 的骨干网络，而路由器则将这些结点企业与 Intranet 相连。这样，Intranet 内的主机或服务器可以为企业内部各部门提供必要的数据存取服务。计算机系统既可以作为 Internet 的一个节点，也可以作为 Intranet 的一部分，它们之间的具体范围和权限由服务范围和防火墙定义。在这种模式中，按照系统的功能范围可以分为以下三部分。

（1）内部信息交换系统

建立在 Intranet 之上的数据库服务器主要用于存储企业的基础数据和业务处理数据，而应用服务器则作为 Web 服务器与数据库服务器之间的中间接口，处理数据交换。这种内部信息系统支持企业内部所有部门的业务流程，并成为企业内部信息共享的主要平台。

（2）外部信息交换系统

外部信息交换系统主要通过 Web 服务器实现，使企业能够利用 Internet 与不同地域的分销商、分支机构和合作伙伴进行沟通。此外，企业还可以通过网络进行电子贸易，包括售前、售中和售后服务，以及金融交易等。这一层的工作通过企业外部的 Internet 信息交换来完成，强调了企业与外界的信息交流和客户关系管理的重要性。

（3）信息系统的集成

跨境电商需要在内部系统之间设立信息交换的数据接口，以实现独立的信息处理系统之间的信息交流。以往各部门信息系统之间由于系统结构、网络通信协议和文件标净的不统一而相对孤立。通过采用 Internet 的标准化技术，企业可以统一各部门的信息系统结构、通信协议和文件标准，从而以更方便、成本更低的方式集成各类信息系统，将企业内外部的信息环境集成为一个统一的平台。

3. 实现企业自适应的 SOA 架构

实现企业自适应的服务导向架构（Service-Oriented Architecture，SOA）

是一种信息技术框架，旨在提高企业系统的灵活性和响应能力。通过 SOA 架构，企业可以将业务流程分解成独立的服务单元，这些服务单元可在网络中发布、查找和绑定，从而使不同的应用程序可以共享和重用这些服务。这种架构特别适合那些需要快速适应市场变化和技术进步的跨境电商企业，因为它能够支持快速的业务重组和 IT 系统的灵活调整。

SOA 架构在跨境电商供应链中的应用主要体现在其能够促进不同系统和组件之间的互操作性和灵活性。具体来说，SOA 通过提供一套可以互相操作的服务来实现这一目标。每个服务都是自包含的，并执行具体的业务功能，如订单处理、库存管理、客户关系管理等。这些服务可以跨不同的技术平台和组织边界使用，使得企业可以更快速地响应外部环境变化，如市场需求的波动或供应链中断等。使用 SOA 架构的主要优势是它支持"松耦合"系统。在这种架构下，各个服务之间的依赖性降低，使得单个服务的更改或替换不会对整个系统产生广泛影响。这对于跨境电商企业来说尤其重要，因为它们需要在不同国家和市场之间快速调整业务策略和运营模式。例如，如果一个特定市场的法规变更需要调整订单处理流程，SOA 架构允许企业只修改相关的服务，而不需要重构整个系统。此外，SOA 架构通过其重用性降低了开发和维护成本。由于服务的通用性，相同的服务可以在多个业务流程中使用，无需重复开发。这不仅减少了开发时间，而且提高了 IT 投资的回报率。例如，一个用于信用检查的服务可以被订单处理、客户注册等多个业务流程共享。

在实施 SOA 架构时，企业还能够利用现代中间件技术，如企业服务总线（ESB），来管理服务之间的通信和数据交换。ESB 作为一个中介层，可以处理不同服务之间的数据转换和协议转换，确保信息在不同服务间流动时的安全性和准确性。这对于管理跨境电商中的复杂数据流和维护高级别的数据安全性尤为重要。

第三章　跨境电商供应链管理的基本业务

第一节　跨境电商供应链的采购管理

采购是企业为支持其日常运营和生产活动而获取必要商品和服务的过程，是供应链管理中一个很重要的环节，为实施有效的供应链管理提供基础。为了确保供应链系统的无缝连接并提升供应链企业间的同步运作效率，必须正确认识采购的重要性，强化采购管理。

一、供应链管理环境下的采购理念

（一）以用户需求订单来驱动采购

在传统的采购管理模式中，采购部门可能缺乏对生产实际进度的跟进，采购计划往往基于固定的订货点和周期，这种方式容易导致库存水平与实际需求脱节。例如，过量库存会增加企业的存储成本，而库存不足则可能导致生产中断，影响企业的生产效率和客户满意度。相较之下，以用户需求订单来驱动采购的模式使采购活动更加主动和精确。采购部门通过实时的客户订单信息来调整采购量，能更好地掌握需求的动态变化。这种方式使得供应商能够直接参与到生产信息的共享中，增强了整个供应链的应变能力和效率。

通过这种模式，供应链各方的信息协同得以增强，信息失真和延误的问题得到了有效缓解。

（二）以外部资源管理为工作重点

过去，采购部门通常被视为企业内部的辅助部门，其核心工作集中在与供应商的价格谈判和进行商业交易活动上，这往往会导致采购决策仅基于价格考量，忽视了供应商与企业之间更深层次的合作潜力。而在以价格为主导的采购模式中，虽然可能短期内减少成本，但长期来看，可能会牺牲供应的稳定性和质量，限制了企业在动态市场中的响应能力和灵活性。供应链管理环境下的采购理念强调通过建立稳定而多层次的供应商网络，充分利用企业外部资源，不仅是为了成本控制，还是为了整个供应链的效率和响应能力。在这一理念指导下，采购不再是单一的交易行为，而是变成了一种资源整合和协调的策略活动。采购部门的角色转变为外部资源管理者，其关键任务是通过与供应商的紧密合作，利用其生产能力和创新潜力，共同提高整个供应链的性能。

（三）事前与过程控制的采购管理

在供应链管理环境下，采购管理的理念已从传统的交易导向转变为更注重事前与过程中的控制。这种转变体现在采购活动不再是一系列孤立的环节，而是一个需要持续协作、充分沟通和深度信任的整体过程。在这种管理模式下，采购不仅关注成本和交易效率，更强调在整个采购过程中实施有效的控制，包括从需求方案的制定开始，到生产过程中的持续监控，直至产品交付的每一个步骤。通过需方委派专人直接参与供方的生产计划制订和质量管理，双方可以实现信息的即时共享和对生产活动的共同控制。这种做法不仅帮助采购部门实时了解和响应供应商的需求，还允许双方在生产过程中即时调整和优化操作，确保产品的质量和供应的稳定性。此外，过程控制还意味着采购部门可以与供应商一起，对产品的质量、数量和交货期进行实时监控和调整。这种过程中的控制机制有助于及时发现并解决生产中的问题，避免成本的无谓增加和供应的不必要延误。同时，通过联合计划和协调作业，双方可以简化采购订货流程和货物验收作业，进一步降低运营成本，提高采购效率。事前与过程控制的采购管理理念使得供应链各参与方能够更有效地协作，从而实现总成本的优化和总效率的最大化。这不仅提高了供应链的竞争力，也增强了应对市场变化的能力，最终实现供应链的同步化运营和整体性能的提升。

（四）从买方主动向买卖互动转变

传统的交易采购是买方主导采购业务，订货购买的主要风险都由买方承担，订货采购业务主要由买方完成，采购工作效率极低。供应链采购实现了从买方主导向买卖互动的观念转变，采购订货与补货变成了买方与卖方共同的事。而供应商的主动更富有效率和效益，因为这不但为采购方省去了采购环节，而且可以根据采购方提供的市场需求信息及时调整自己的生产与进货计划，从而实现了供需双方的双赢。

（五）与供应商双赢的合作伙伴关系

传统的交易关系往往是建立在单纯的买卖行为上，供应商与买方之间缺乏足够的信任和沟通，导致信息封锁和保密行为普遍存在，这种关系很难解决供应链中的全局性和战略性问题。例如，供应链的牛鞭效应就是由于信息不对称和操作决策上的局限性导致的库存和供应波动，这不仅增加了供应链成本，也降低了整体效率。在基于伙伴关系的供应链采购中，供应商和需求企业不再是简单的买卖关系，而是成为战略伙伴。这种伙伴关系通过增强双方的沟通和协调，共同参与和信息共享，使得双方能够更有效地协作，减少误解和冲突，提高供应链的透明度。通过这种开放的交流，双方可以更好地理解对方的需求和约束，共同优化供应链的操作，如共同制定库存策略、协调生产计划、调整交货时间等，以减少不必要的库存并提高响应速度。此外，双赢的合作伙伴关系还能显著降低交易成本和风险。当双方均认识到通过合作可以共享资源、技术和市场机会时，交易过程中的摩擦和成本自然降低。供应商能够通过稳定的订单获得更可预测的收入，而需求方则因供应商的高度协作而获得成本效益和市场竞争力的提升。因此，这种合作关系不仅有助于解决具体的供应链问题，还能促进双方在长期合作中实现持续的改进和创新，从而提升整个供应链的品质和效率。

二、采购的基本流程

采购的基本流程如图 3-1 所示。

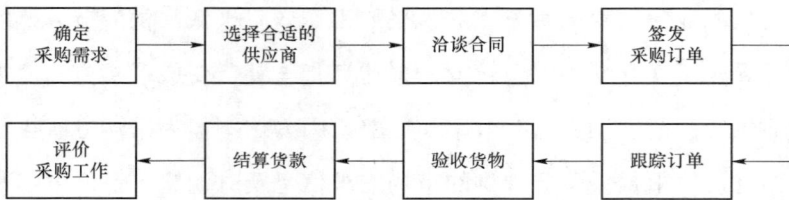

图 3-1　采购的基本流程

（一）确定采购需求

确定采购需求就是要确定采购什么、采购多少、采购时间等。具体地说，跨境电商企业的生产部门会根据生产需求或客户要求，结合当前的库存情况，对所需物资的类型、数量及必要的安全库存水平进行精确计算，然后提出采购请求。相关管理部门会根据既定的审核流程对这些采购请求进行审批，审批通过后将采购需求汇总至采购部门。随后，采购部门会根据这些汇总信息确定最终的采购计划，采购计划通常包括进行市场调研、分析潜在供应商、选择合适的采购方法、确定支付方式等。这样的流程控制有助于防止随意采购和盲目采购，确保采购活动的科学性和合理性。

（二）选择合适的供应商

1. 供应商选择的标准

（1）供应商的实力

跨境电商企业需要评估潜在供应商的生产能力、技术水平、交货能力和产品质量，以确保他们能满足企业的需求标准和交货期要求。

（2）供应商的成本效率

在选择供应商时，跨境电商企业应寻找那些能提供最佳成本效益的供应商，同时确保不牺牲产品质量和供应的可靠性。这往往需要企业采购团队具备良好的谈判技巧和对国际市场变动的敏感度。

（3）供应商的合规性

供应商需要遵守目标市场的法律法规，包括产品安全标准、进口限制、环境法规等。因此，跨境电商在选择供应商时，必须确保供应商能够完全符合相关的法规要求，这不仅可以避免潜在的法律风险，也能增强消费者对电商品牌的信任。

（4）供应商的技术和创新能力

在快速变化的跨境电商行业，供应商的创新能力可以帮助电商企业保持竞争优势。因此，与那些能提供新技术和独特材料的供应商合作，可以为电商企业带来新的市场机会和更高的市场份额。

2. 选择供应商的方法

（1）定性选择评价法

这里讨论两种常见的定性选择评价法：直观判断法和协商选择法直观判断法。直观判断法是一种依赖于个人经验和直觉的供应商选择方法，通常是采购人员基于以往的交易经验、市场知识，以及对供应商历史性能的了解，来进行供应商的选择。这种方法的优势在于操作的简便性和快速性，特别是当需要快速做出决策时，直观判断可以为采购人员提供一种非常直接的选择途径。协商选择法是指由采购单位选出供应条件较为有利的几个供应商，同他们分别进行协商，再确定合适的供应商的方法。协商选择法特别适用于那些技术要求复杂或者定制化需求较高的采购情况，这在跨境电商中尤为常见。通过与供应商的直接对话，双方可以更好地理解彼此的需求和能力，从而达成更为合理的合作协议。此外，这种方法也有助于建立长期的供应关系。

（2）定量选择评价法

定量选择评价法为企业提供了一种基于数据和具体标准的方法来评估和选择供应商，下面主要介绍评分法、考核选择法及作业成本法（ABC 法）。

1）评分法

评分法通过为供应商的各个评价指标设定分值，使得供应商选择过程更加系统化和标准化。在跨境电商领域，这种方法尤其有用，因为它允许采购团队根据供应商的性能对不同的因素，如价格、质量控制、交货时间和服务水平进行评分。采购团队列出所有重要的供应商评选因素，并为每个因素设置一个分值范围，供应商在每个标准上的表现都会被赋予相应的分数。通过汇总每个供应商的得分，采购团队可以清晰地看到哪些供应商在总体上表现最优，从而做出选择。

2）考核选择法

考核选择法是一种在对潜在供应商进行全面和深入调查后，通过严格的评估和比较来选定供应商的方法。根据选择供应商的具体目的和标准的不同，可以将供应商调查分为初步调查和深入调查两个阶段。初步确定的供应商还要进入试运行阶段进行考察，试运行阶段的考察更实际、更全面、更严格。在这个阶段，各种评价指标如产品的合格率、准时交付的频率和量、交货的错误率和损坏率、成本水平、信誉度、合作程度等都将被细致考察。当选定供应商之后，应当终止试运行期，签订正式的供应商关系合同。进入正式运行期后，就开始了比较稳定正常的物资供需关系运作。

3）作业成本法

作业成本法是指通过计算和比较不同供应商的总成本来选择供应商的方法，该方法不仅考虑产品的直接成本，还考虑因质量不达标、供应延迟等因素引起的间接成本。在跨境电商中，这种方法尤其重要，因为供应链的每一个环节都可能对最终产品的成本和销售效率产生重大影响。虽然实施作业成本法可能需要较高的前期投入，但它提供的成本信息更加准确和有价值，有助于企业从总成本的角度做出最优的供应链决策。

（三）洽谈合同

在跨境电商中，洽谈合同的复杂性尤为突出，因为它涉及不同国家与地区的法律、文化和市场差异。有效的合同洽谈可以保护企业免受不可预见的供应风险，同时也保证了供应商和购买方之间的权利和义务明确，对双方都是有益的。

合同洽谈的关键要素主要有以下几方面。

第一，采购价格和数量。合理的价格和数量协商可以帮助企业实现成本优化，同时保证有足够的库存应对市场需求。企业需要基于市场研究、历史数据和未来预测来确定这两个参数，确保它们既能满足生产需求，又能适应市场价格波动，从而在保持竞争力的同时，也保障供应链的稳定性。

第二，产品质量。合同中要制定明确的质量检验标准和合格标准。在跨境交易中，因质量问题引起的退货或更换不仅成本高昂，而且影响供应链效率。

第三，交货和物流。在跨境电商中，合同必须明确交货的时间框架和物流安排。有效的物流协议可以降低运输过程中的延误风险，确保产品能够及时到达目的地。此外，还需要考虑各种国际贸易规则和进出口限制。

第四，支付条款。支付条款具体涉及支付方式、货币类型、信用条款等。跨境电商需要考虑不同国家的货币波动和可能的金融风险。

第五，法律合规与风险管理。合同应包括关于合规性的条款，确保所有交易都符合相关国家的法律和国际贸易规则。此外，合同中应明确双方在面对不可抗力事件时的权利和义务，以及其他潜在风险的应对措施。

在跨境电商环境下，进行有效的合同洽谈需要具备良好的沟通能力和谈判技巧。企业应该利用详细的市场研究来支持其洽谈立场，同时保持灵活性，以适应快速变化的市场条件和供应商的具体情况。合同洽谈不仅是协商经济条款的过程，更是建立长期合作关系的基础。

（四）签发采购订单

在完成合同签订之后，企业需要通过详细的采购订单向供应商明确传达购买计划和具体需求。编写采购订单时需格外注意，确保准确填写每个条款，特别是关键词汇的选择，应确保表述简明扼要且清晰无歧义。订单内容应包括订单编号、下单日期、供应商的全名及地址、购买商品的规格和数量、价格、质量要求、交货时间和地点、包装要求、运输方式、检验程序、支付条件，以及索赔的条款和标准，这些信息的详尽与准确是确保供应商能够按照客户要求进行生产和交货的关键。此外，发送给供应商的订单副本也应同时分发给公司的会计部门、物料管理部门和接收部门，并且要妥善保存订单的原件以备日后参考。

（五）跟踪订单

在跨境电商供应链中，由于涉及的地理距离较长，运输节点较多，订单跟踪变得尤为重要。采购人员需不断监控供应商的生产进度和产品的运输状态，确保订单能够按计划执行，从而保障货物能够按时到达仓库，满足企业的生产需求。订单跟踪过程中要与供应商定期沟通，通过电子邮件、ERP 系统或专门的供应链管理软件实时更新生产和发货状态。此外，使用 GPS 追踪技术或与物流服务提供商合作，实时监控货物的运输路线和地点，对于应对突发情况、调整物流策略，以及预防和减少潜在的损失尤为重要。一旦发现供应链中存在的任何问题，如生产延误、运输中断，采购人员可以及时采取措施，如启动备用供应计划或调整生产安排，确保供应链的连续性和企业运作的不受影响。

（六）验收货物

验收过程必须严格按照订单条款进行，包括对产品的规格、数量、质量、包装等进行仔细检查。验收团队应详细记录检验过程和结果，任何与订单不符的情况都应立即报告，并详细记录以便日后追踪。若发现货物存在损坏或质量问题，应及时与供应商联系，明确责任，根据合同条款处理索赔事宜。有效的验收流程不仅保证了企业能够接收到符合标准的产品，也为可能的法律纠纷提供了证据保障。

（七）结算货款

在货物经过验收并满足所有标准之后，接下来的步骤是进行货款的结算。这一过程由结算部门负责，其责任是核对采购订单、收货报告、发票等关键文件，确保所有信息一致且正确。一旦确认所有细节都正确无误，便可进行货款的支付。

（八）评价采购工作

完成货款支付后，要对整个采购活动进行综合评价。例如，考察各个供应商的履约情况，询问客户的满意程度，客观评价供应商供应的商品和服务等。通过对这些方面的详尽回顾，企业可以收集关键的反馈信息，总结出宝贵的经验教训，从而在未来的采购过程中实现更高效的管理和优化。

三、跨境电商供应链采购的形式

（一）自主采购

自主采购是指跨境电商企业直接与海外供应商进行交易，而不通过任何中介或代理商。自主采购实现了对采购过程的直接控制和管理。企业可以根据自身的具体需求和市场变动，直接与生产商或供应商沟通，调整订单数量、交货时间、产品规格等关键参数。这种直接沟通减少了信息传递过程中的误差和延迟，使企业能更快速地响应市场变化和客户需求。此外，自主采购还能有效降低采购成本。通过省去中间环节，企业可以避免额外的代理费用和中介成本，直接从源头获得更优惠的价格，这对于价格敏感型的跨境电商尤其重要，直接影响到企业的竞争力和利润空间。例如，一个电商平台直接从国外的原材料供应商处购买原料，相比通过国内进口商采购，成本可大幅降低。

在进行自主采购时，跨境电商企业需要对目标市场的供应商进行全面的评估，包括其生产能力、信誉、质量控制标准、交货能力等。此外，由于涉及国际交易，跨境电商企业还需熟悉国际贸易规则、关税政策和跨国物流操作，这些都是自主采购中不可或缺的能力。

自主采购也具有一定的风险和挑战。首先，由于缺乏中介机构的参与，企业需要自行承担更大的风险管理责任，如供应商选择错误或交易过程中的法律风险。此外，文化和语言差异也可能成为沟通的障碍，增加交易的复杂性。因此，企业进行自主采购时，必须建立一套有效的风险评估和管理机制，确保采购活动的安全和效率。

（二）外包采购

外包采购是指跨境电商企业将采购活动或其部分环节委托给外部专业公司执行。这不仅可以利用外部资源的专业优势，还能让跨境电商企业集中精力于核心业务，从而提升整体运营效率和市场竞争力。

采用外包采购的跨境电商企业没有独立完成采购决策的能力，致力于借助外部合作伙伴的专业能力来管理复杂的供应链需求。这些外部合作伙伴通常是具有全球采购网络和资源的大型供应链管理公司，能够为电商企业提供从供应商管理到物流和库存控制的全套服务。通过外包采购，跨境电商企业可以利用合作伙伴的地缘优势和规模效应，优化产品成本和供应链效率。外包采购还能够有效降低企业的运营成本。通过将采购活动外包给专业机构，企业可以减少对内部资源的需求，例如，减少采购部门的人员规模或者减轻相关的管理和培训负担。此外，专业的采购服务提供商通常能够通过规模采购和优化的供应链管理为企业争取到更优惠的价格和条件，这对于成本敏感的跨境电商尤为重要。外包采购还可以提升供应链的灵活性和市场响应速度。专业的采购服务公司通常具备强大的市场分析和适应能力，能够快速应对市场变化和供应链中断。通过外包采购，跨境电商企业可以更快地调整其产品和服务，以满足不同市场的需求。

跨境电商企业的采购外包通常可以划分为在岸外包和离岸外包两种主要形式。在岸外包是指外包商与其外包供应商来自同一个国家，因而外包工作在国内完成。也就是说，中国企业如果在国内选择外包供应商，则属于在岸外包。相反，离岸外包指外包商与其供应商来自不同国家，外包工作跨国完成。通过离岸外包，企业可以利用全球资源，选择成本最优化的供应链解决方案，从而大幅降低生产成本。例如，很多美国和欧洲的电商企业会选择将客户服务、数据处理、产品制造等环节外包给印度、菲律宾等成本较低的国家，以利用这些国家较低的人工成本和成熟的供应链基础设施。

外包采购也存在一定的风险。如果外包合作不够紧密或者沟通不畅，可能会导致供应链中的信息失真或执行上的误差，从而影响整个供应链的效率和响应能力。此外，依赖外部供应链管理公司也可能使企业在某种程度上丧失对供应链的直接控制，特别是在质量控制和供应商选择方面。为了克服这些挑战，与外包供应商建立基于信任的合作关系至关重要。这需要企业在选择外包合作伙伴时进行全面的考察，包括其市场声誉、服务质量、以往的业绩记录和专业能力。

（三）B2B 在线采购

在现代跨境电商供应链管理中，B2B 在线采购已成为一种越来越普遍的采购模式，这种模式通过互联网平台连接买家和卖家，实现业务间的交易和供应链协作。B2B 在线采购具有以下优点。

1. 采购时间短

在线采购平台中详细列出了众多供应商的信息，企业可以通过简单的搜索和筛选功能迅速找到符合自身需求的供应商。此外，订单处理流程也由线下的多步骤操作转变为线上直接下单，大幅缩短了从寻源到下单的时间。

2. 采购成本低

在线平台通过集合大量供应商竞争，提供了一个透明的价格环境，企业可以直接比较不同供应商的报价，选择性价比最高的选项。这种竞价机制不仅降低了商品的单价，也减少了企业在寻找供应商和谈判价格过程中的时间和金钱成本。此外，对于小型企业来说，B2B 在线采购平台使得联合采购成为可能，即多个小规模买家共同采购以达到较大批量，享受规模经济带来的成本优势。这一点对于那些资源有限但需要保持成本效益的小企业尤为重要，它们可以利用在线平台获得与大公司相似的采购条件。

3. 采购范围大

传统的寻找供应商过程往往受限于地理位置和信息获取渠道，而在线采购平台打破了这些限制，使企业能够接触到全球的供应商。这种广泛的供应网络不仅增加了供应商的数量，也极大地扩展了产品种类和服务的选择范围。企业可以根据具体需求，从全球范围内寻找最合适的供应商，无论是寻求成本最低的解决方案，还是寻找具有特定技术或质量优势的供应商。

4. 采购的公平性和透明度高

在一个开放的在线平台上，每一个供应商的详细信息包括供货周期、产品质量、客户评价等都是公开可见的，这种信息的透明度极大地降低了因信息不对称造成的采购风险，帮助采购企业做出更为明智的决策。同时，透明的市场环境促使供应商持续改进自身的产品和服务，以维持在竞争激烈的市场中的地位，从而整体提升市场的服务质量和效率。

尽管 B2B 在线采购具有许多优势，但企业在利用该模式时也面临一些挑战。例如，虽然在线平台提供了广泛的资源，但企业仍需投入时间和努力来确保所选供应商的质量和可靠性。此外，依赖于在线交易可能增加网络安全风险，因此，企业必须采取强有力的网络安全措施来保护其数据和交易安全。

第二节　跨境电商供应链的库存管理

库存管理是跨境电商供应链管理中非常重要的一部分，优化跨境电商供应链库存管理已经成为供应链企业发展过程中必不可少的环节。

一、库存的概念与分类

（一）库存的基本概念

库存通常指企业为满足生产需求、销售需求或为了保证供应链的连续性而储存的各种物品。这些物品可以是原材料、在制品、半成品、成品或相关消耗品。在跨境电商中，库存不仅是物理商品，也包括在多地点的分布式仓库中管理的商品，这些商品可能分布在全球不同的地点，等待在合适的时机进行销售或进一步加工。

库存的主要功能包括以下几点。第一，事务性功能。库存的存在确保了生产和销售活动的连续性。它允许企业在供应和需求之间建立缓冲，从而平滑生产过程和市场的波动。第二，预防性功能。库存可以用作对抗供应中断、物流延误和不确定性需求的保护措施。第三，经济性功能。通过批量购买和制造，库存可以帮助企业实现成本节约。购买大批量物料通常可以享受价格折扣，同时降低单位运输成本。

（二）库存的基本分类

1. 根据生产过程分类

按生产过程进行分类，库存主要可以分为以下三种类型：原材料库存、在制品库存和成品库存。原材料库存是指企业为生产活动购买的、尚未投入生产过程的所有基本物料和组件。在制品库存指的是已经开始生产但尚未完成的产品，这些产品已经通过一部分生产流程，但还未成为最终产品。成品库存是指已经完成生产并准备好销售给消费者的最终产品。

2. 根据库存所处的状态分类

根据库存所处的状态分类，库存可以分为在库库存和在途库存。在库库存指的是存放在企业自己的仓库或第三方物流仓库中的物料和产品。这类库存已经完成了所有的运输过程，并且已经可供立即使用或销售。管理在库库存的关键在于确保库存水平与企业的运营需求相匹配，避免过度积压和资金占用。对于跨境电商来说，精确的在库库存管理不仅可以提高仓库空间的使用效率，还可以确保快速响应市场需求，从而提升客户满意度和订单履行速度。在途库存通常指的是已从生产地或供应商处发出，正在运输过程中，但尚未到达企业仓库的库存。这类库存尚未可用于销售或生产，但它是供应链管理的一个重要组成部分，特别是在涉及长距离国际运输时。在途库存的管理对于跨境电商尤为重要，因为运输时间的长短直接影响库存周转率和客户订单的履行时间。有效管理在途库存可以帮助企业减少供应链中的不确定性，通过更好的物流规划和运输方式选择，提升整体供应链的效率和成本控制。

3. 根据存货目的分类

根据存货的目的，库存可以被分类为经常库存、安全库存、促销库存、投机性库存和季节性库存。

经常库存，也称周转库存，是企业为了满足正常生产运营和市场需求而持有的库存。这类库存的大小通常取决于市场的平均需求、生产批量、运输成本、资金和仓储空间限制、订货周期长度、商品特性等因素。安全库存是为了应对需求波动和供应链中的不确定性（如延迟交货）而设立的库存。它的主要目的是作为一个缓冲，以防止在需求预测失误或供应中断时出现缺货情况。在跨境电商中，由于面临更大的供应链不确定性，安全库存的管理尤为重要。促销库存是为了支持特定的营销活动而额外持有的库存。在产品促销期间，由于价格优惠等因素，通常会预期到销售量的显著增加。因此，企业会提前增加库存量以确保能够满足这种短期内增加的需求。投机性库存是基于价格波动预期而额外持有的库存。企业可能会预购一些如金属、能源或其他原材料的大宗商品，预期这些商品的价格将上涨，从而在未来以更高的价格出售，实现利润。这种类型的库存承担了一定的市场风险，需要谨慎管理，以避免造成财务损失。季节性库存是为了应对具有明显季节波动的产品需求而建立的库存。例如，冬季的取暖设备或夏季的冷却产品。对于这些季节性需求高峰的商品，企业需要提前计划并增加库存，以确保在需求高峰期能够及时供应。

二、库存管理在跨境电商供应链中的作用

由于跨境电商供应链涉及多个国家和地区，这些地区在地理位置、政策法规、市场需求及文化习惯上存在巨大差异，因此，精确高效的库存管理变得尤为重要，主要体现在以下几个方面。

第一，跨境电商的库存管理通过精准的需求预测和库存控制，有效减少了因库存过剩或缺货引起的成本损失。通过数据分析和市场趋势预测，企业可以准确判断各个市场的需求波动，从而调整库存水平，确保在不同市场的供需平衡。例如，通过分析某地区节假日的消费习惯，企业可以提前调整该地区的商品库存，以满足节日期间的消费高峰。

第二，库存管理的高效执行还能增强供应链的响应速度和灵活性。在跨境电商中，由于供应链长、物流时间不确定，库存管理的优化能够有效缩短订单处理时间和提高客户满意度。通过建立更紧密的供应商关系和改进供应链信息透明度，企业能够快速响应市场变化，及时调整供应链策略。

第三，库存管理还助力于降低供应链运营成本。通过避免过量库存和减少积压，企业可以显著降低在仓储、保险及过时商品处理上的花费。

三、跨境电商供应链库存管理策略

传统的供应链库存管理常常是各自为政，各供应商与客户各持自己的库存并分别执行各自的库存控制策略。这种做法常导致需求信息发生扭曲，进而产生了所谓的"牛鞭效应"。为了解决这一问题，不同性质的核心企业引入了若干先进的库存管理策略，下面进行详细介绍。

（一）供应商管理库存

1. 供应商管理库存的概念与特点

供应商管理库存（Vendor Managed Inventory，VMI）是供应商等供应链上游企业根据下游客户的生产经营情况和库存信息等，对下游客户的库存进行管理与控制的方法。其运作流程如图 3-2 所示。

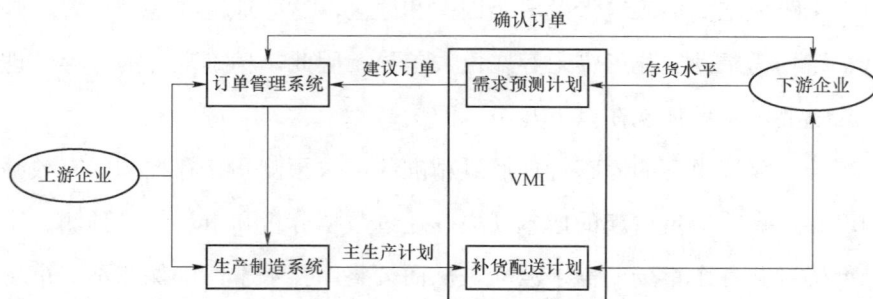

图 3-2　VMI 系统运作流程图

供应商管理库存具有以下特点。

（1）合作性

这种模式要求供应商和客户之间建立密切的合作关系，共享库存水平和销售数据等关键信息。在相互信任的基础上，双方通过合作来优化整个供应链的库存管理。信任是实施 VMI 成功的前提，而紧密的合作则是确保供应链高效运作的保障。这种合作关系使得双方可以更好地应对市场变化，减少库存积压和缺货情况，从而提高整体供应链的响应速度和灵活性。

（2）互利性

VIM 关注的是供应商和客户如何通过协作来降低双方的库存成本。这不仅是简单的成本分担，而是通过优化库存管理来减少整个供应链的总成本。例如，供应商可以通过减少过剩库存和提高库存周转率来降低成本，而客户则可以通过降低库存水平来减少资金占用和仓储费用。通过共享风险和利益，VMI 帮助双方实现了成本效益的最大化。

（3）互动性

由于信息的实时共享，供应商可以快速对客户的库存变化做出反应，及时调整补货策略以应对市场需求的波动。这种互动性能有效降低由于信息滞后导致的库存成本。供应商需要对客户的销售动态保持敏感，以便快速响应可能的市场变化，从而确保库存水平既不过高也不过低，优化库存的整体管理效率。

（4）协议性

实施 VMI 通常需要双方在观念上达成共识，并通过明确的协议来规定各自的职责和义务。通过这种明确的契约关系，能够提高操作的透明性和可行性，从而提高双方的信任度和合作效果。

2. 供应商管理库存的实施方法

（1）构建用户情报信息系统

在跨境电商供应链中，供应商管理库存的成功很大程度上依赖于对用户需求的精确掌握。为此，构建一个高效的用户情报信息系统是至关重要的。该系统的主要目的是收集和分析来自下游客户的详细信息，如库存水平、销售数据、市场趋势等。用户情报信息系统的建设首先需要集成所有与用户需求相关的数据，将分销商或零售商的需求预测和分析功能纳入到供应商的专用系统中。通过这种方式，供应商可以实时更新客户需求的变化，从而更加精准地进行库存补充和调整。其次，该系统还需要具备高度的灵活性和扩展性，以适应不同市场和地区的特定需求。例如，在假日销售高峰或特殊促销期间，系统应能快速调整对数据的处理和分析，以支持供应商做出迅速响应。

（2）构建销售网络管理系统

要想最终实现该项管理政策，供应商还需构建起完善的销售网络管理系统，以确保自身的产品需求信息和物流信息的通畅性。一是要优化商品的分类与编码标准化问题。通过标准化的分类和编码，供应商能够减少处理订单时的错误，快速响应市场变动。标准化的编码系统可以帮助自动识别和处理国际间的订单，减少因编码不一致造成的混淆和延误。二是要确保商品条码的唯一性与可读性。条码系统使得商品在整个供应链中的追踪变得可能，从生产到客户手中的每一步都可以被准确记录。条码的可读性确保了在物流处理过程中信息的快速传递，减少了物流错误和货物延误的可能。三是对原有ERP系统或MRP系统进行拓展，以便构建一个全方位的销售网络管理系统。这种拓展不仅提升了系统的处理能力，还增加了对新兴市场和不同销售渠道的支持。通过全方位的销售网络管理系统，供应商能够有效管理跨境业务中的复杂性和不确定性，从而提高整体供应链的效率和响应能力。

（3）构建合理的合作协议

跨境电商供应链中的供应商、分销商和零售商应通过充分的协商制定合理的合作协议，以便明确库存管理的关键参数（如最低库存水平和再订货点等）与库存信息的交换方式。合作协议需要明确界定跨境电商供应链各方的责任和权利，具体指定哪一方负责监控库存，如何共享数据，库存补充的决策权限属于谁，以及在库存水平不符合预期时采取的措施。通过这些明确的条款，供应链各方可以在遇到库存问题时迅速且有效地采取行动。此外，合作协议中还应包括库存信息的传递方式，实现库存数据的实时更新和传递，确保所有相关方都可以即时访问到最新的库存信息，从而做出快速反应。

（4）变革组织结构

为了有效实施供应商库存管理策略，供应商还需要进行内部组织结构调整，创建一个全新的职能部门，专门负责跨境电商的库存控制、补给和售后服务等关键职能。该部门的建立旨在将库存管理的各个方面集中起来，以提高效率和效果。

3. 供应商管理库存策略适合的适用情形

一是当零售商或批发商没有足够的技术支持或基础设施来有效管理他们的库存时。在这种情况下，供应商接手库存管理可以显著提高库存精确性和操作效率。供应商利用其先进的技术系统，可以优化库存水平，确保产品供应与需求之间保持平衡，减少缺货或过剩库存的情况发生。这样，零售商或批发商可以集中资源于销售和客户服务，而非库存管理。

二是当制造商比零售商或分销商拥有更强大的市场洞察力和信息处理能力时。制造商的市场优势使其能够更准确地预测市场需求，从而更有效地管理库存。例如，制造商可以根据市场趋势、消费者行为和季节性需求的变化，调整生产和供应量，以避免过剩或库存不足的问题，从而提高整个供应链的反应速度和效率。

三是直接存储交货的比例较高时。这是因为制造商直接向终端客户或零售店铺发货，可以更有效地规划物流和运输。这种模式减少了中间环节，使制造商能够更直接地控制产品的分配和库存水平，从而提高物流效率，降低运输成本。直接交货也有助于制造商更快地响应市场变化，优化供应链管理，并提高客户满意度。

（二）联合库存管理

1. 联合库存管理的含义

联合库存管理（Joint Managed Inventory，JMI）是一种由供应链上游和下游企业共同分担权力、责任和风险的库存管理模式。该模式把供应链系统管理集成为上游和下游链两个协调管理中心，库存连接的供需双方均参与库存计划的制订，实现了供应链的协调和同步运作，有效地减少了由供应链各环节间的不确定性及需求信息失真所引起的库存波动。联合库存管理的流程如图 3-3 所示。

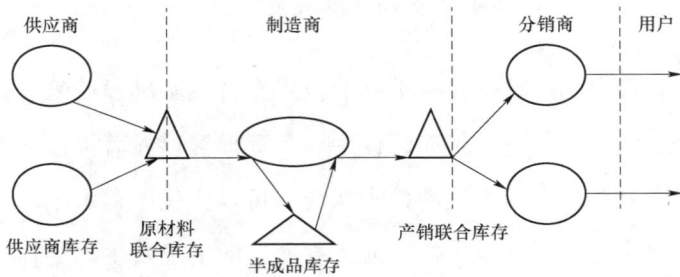

图 3-3　联合库存管理的流程

2. 联合库存管理的具体模式

（1）集中库存控制模式

集中库存控制模式旨在通过将分散在不同供应商处的库存集中到核心企业的仓库来优化整个供应链的库存管理。这种模式下，所有相关的库存都由核心企业统一管理和控制，而供应商的产品直接存放在核心企业的原材料库中。这种模式有以下优点。

第一，减少库存点和降低成本。通过集中库存，可以减少整个供应链中库存点的数量，从而节省仓库设立和维护的费用。此外，较少的库存点还意味着更少的仓储作业费用和库存持有成本，从而有效减少了整个系统的总库存费用。

第二，提高物流和工作效率。集中库存模式简化了物流环节，减少了从多个供应商到核心企业的物流操作，降低了物流成本。同时，由于减少了物流环节的复杂性，整个供应链的工作效率得到提升。

第三，便于统一管理和调度。将库存集中到核心企业，核心企业能够更方便地进行物资供应、取用和管理，可以根据生产需要统一调度资源，实现库存的有效控制和使用，保障生产运作的连续性和高效性。

第四，为科学的供应链管理创造条件。集中库存为实施供应商管理库存、连续补货、快速响应、准时化供货等供应链管理实践奠定了基础。这种模式促进了供应链各环节的紧密合作和信息共享，为实现更加科学和高效的供应链管理创造了有利条件。

（2）无库存模式

无库存模式，也称为准时化供货模式（Just-In-Time，JIT）。在这种模式下，核心企业不设原材料库存，实行无库存生产。供应商的成品库和核心企业的原材料库都取消，供应商与核心企业实行同步生产、同步供货，直接将供应商的产成品送上核心企业的生产线。无库存模式具有以下优点。

第一，成本最低效率最高。由于几乎消除了库存，相关的存储、管理和资本占用成本都大大降低，使得整个供应链的成本控制达到最优。同时，因为物资供应直接对接生产需求，整个供应链的运作效率极高。

第二，减少空间需求。在无库存模式下，核心企业和供应商都不需要维护大量的存储空间，从而能够节省空间相关成本，如租金、维护费用等，并可以将这些资源更多地投入到生产活动中。

第三，提高生产响应性。无库存模式下，供应链的反应速度非常快，能够迅速适应市场变化和生产需求的波动，从而提升企业对市场变化的响应能力和竞争力。

第四，促进供应商和核心企业的紧密合作。实施无库存模式需要供应商和核心企业之间有高度的协作和信任，这种紧密的合作关系可以促进双方更深层次的交流和协调，从而优化整个供应链的性能。

3. 跨境电商联合库存管理的实施方法

（1）构建合理的协调管理机制

为了有效实现联合库存管理，必须要建立合理的协调管理机制，确保供需双方在全面合作的基础上明确各自的目标与责任。具体应从以下几个方面着手。

第一，构建合理化的联合库存管理模式。供需双方需基于互惠互利的原则确定共同的合作目标，明确双方在执行过程中的具体职责和责任。例如，哪一方负责供应链中特定产品的库存决策，如何处理紧急补货情况等。

第二，构建相应的协调控制方法。联合库存管理中心作为协调角色，需要采取清晰的控制策略来调整和优化库存，包括如何在不同需求商之间合理分配库存、定义安全库存水平、设定库存的最大与最小量及进行精确的库存预测等。具体控制方法涉及制定详细的操作规程，如库存回转速度的目标、库存持有成本的限制及库存调整的频率和规模。这些控制方法应基于对市场需求的详细分析，以及对历史数据和未来预测的理解。通过这种方式，可以在保持供应链灵活性的同时，减少因库存波动带来的经济损失。

第三，构建专门的信息沟通渠道或者信息共享系统。在跨境电商的联合库存管理中，为了增强整个供应链中需求信息的一致性和稳定性，减少由于重复预测引起的需求扭曲，建立专门的信息沟通渠道或者信息共享系统显得尤为重要。通过整合扫描技术、条码技术、电子数据交换技术等，利用互联网的优势在供需双方之间建立一个定制的信息沟通渠道，从而提高需求信息的透明度和获取的及时性。

第四，建立利益分配与激励机制。利益分配与激励机制能够合理地分配由于库存优化节省的成本和带来的利润，同时为参与管理的企业提供足够的激励，以增强他们的合作性和减少机会主义行为。利益分配机制需要考虑各方的贡献和承担的风险，确保每一方都在从中获得相应的回报。激励措施则可能包括奖金、优先权利、改进的合作条件等，以鼓励企业持续参与并优化库存管理。

（2）发挥两类资源计划系统的基本作用

在跨境电商的联合库存管理中，为使联合库存管理的作用充分发挥出来，还应加强对当前比较成熟的两类资源管理系统的应用，即 DRP 系统与 MRP 系统。

DRP 系统主要应用在产品联合库存协调管理中心。DRP 的核心功能是优化成品或配送中心的库存管理，通过预测和调度分销网络中的商品流通，确保产品按需供应。这个系统能够在跨境电商的复杂环境中，协助管理者监控和调整跨国界的产品流，从而减少运输和储存成本，同时保证满足不同市场的需求。

MRP 系统则主要应用于原材料库存协调管理中心。MRP 专注于制造环节，通过精确计算原材料需求、计划采购时间和数量，以及调度生产活动，来优化库存水平和生产效率。在跨境电商中，MRP 能有效处理多来源、多目的地的原材料流动和供应问题，确保生产线的顺畅运作，避免因原材料短缺或过剩造成的损失。

这两种系统的联合应用能够确保从原材料的采购到成品的分销，整个供应链的每一环节都能得到有效的管理和优化，从而大大提高跨境电商的库存管理效率和市场响应速度。

（3）建立快速响应系统

快速反应系统的建立是为了最大化地减少供应链中从原材料到用户的处理时间和库存水平，从而提高整个供应链的运作效率。快速响应系统强调的是速度和灵活性，以应对市场需求的快速变化和短窗口的供货周期。在跨境电商环境下，快速响应系统可以通过实时数据分析、自动化的订单处理和高效的物流管理来实现。例如，系统可以实时跟踪库存状态、市场需求和物流情况，自动调整订单量和发货计划，快速响应市场变动。此外，快速响应系统还可以集成高级分析工具，预测市场趋势和消费者行为，从而在产品还未过剩或缺货前就做出调整。通过建立快速响应系统，可以减少跨境电商供应链的库存积压，避免资金冻结，同时加快市场反应速度，提高客户满意度。

（4）引入第三方物流

在跨境电商中，联合库存管理的有效实施可以通过引入第三方物流系统（TPL）来实现。第三方物流，亦称为物流服务提供者，承担着产品运输、订单处理、库存管理等职责，为企业提供全面的物流支持。该方法具有以下优点。

第一，将库存管理等物流任务外包给专业的第三方物流，可以显著减少企业在物流设施、人员培训及系统维护方面的投入。由于规模效应，第三方物流能够以更低成本提供服务，这直接减轻了企业的财务负担。此外，通过优化运输路线和库存水平，第三方物流能够进一步降低过剩库存带来的成本。

第二，企业通过将非核心活动如物流外包，可以更加专注于自身的核心业务。这种分工明确的策略不仅提高了运营效率，还能增强企业在核心领域的竞争力。

第三，第三方物流通常掌握大量的市场动态和物流信息，企业可以通过与第三方物流的合作，获得这些宝贵的信息资源，帮助自己更好地理解市场需求和调整策略。

第四，对于跨境电商企业而言，第三方物流为企业提供了快速进入国际市场的途径。通过利用第三方物流的国际网络，企业可以轻松拓展至新的市场，无需自己从头建立物流基础设施。

第五，第三方物流还可以作为供应与需求双方的协调中心，通过取消双方独立的库存，增加整个供应链的敏捷性和协调性。

利用第三方物流实施联合库存管理如图 3-4 所示。

协调库存中心主要负责建立供应链的协调管理机制。第三方物流企业的核心职能包括管理从供应方到需求方的整个物流过程，特别是对联合仓库的管理。此外，第三方物流企业需要保证与供应方和需求方之间的信息流畅交流。最后，第三方物流企业需与协调库存中心协商交易规则，并定期与协调库存中心就各项行为进行协调。这些交易规则的制定由协调库存中心负责。

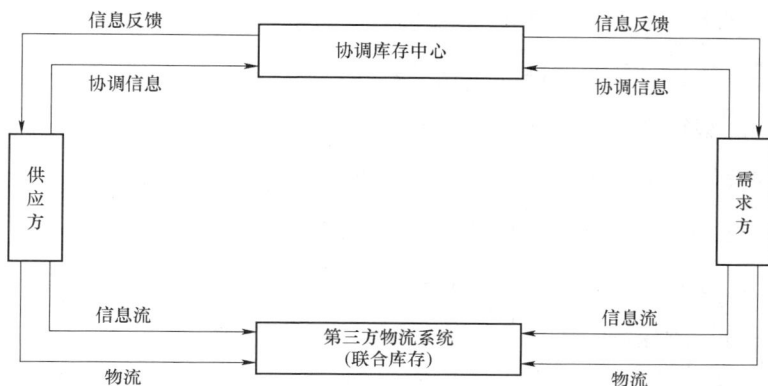

图 3-4　第三方物流管理库存

第三节　跨境电商供应链的网络管理

一、跨境电商供应链网络设计

跨境电商供应链网络设计是指企业根据当前经济状况的评估和未来预测来制定如何在接下来的几年内构建其全球供应链网络的过程。网络设计对于供应链的性能至关重要，因为它决定了供应链的整体结构，定义了在市场等条件变化时供应链网络运营所必须遵循的物理约束。一个合理的供应链网络设计对于提高企业及其供应链网络的运营效率和盈利能力具有根本性影响。因此，优化供应链网络的设计是进行有效供应链管理的核心，也是企业实现长期发展的必然要求。

（一）跨境电商供应链网络的构成

跨境电商供应链网络通常由以下几部分构成：供应物流网络、生产物流网络、销售物流网络和逆向物流网络。

供应物流网络致力于解决选择合适的供应商、实现快速供应方式及有效库存管理的问题，以保证原材料、零部件、燃料和辅助材料等的稳定供应。生产物流网络则关注于生产过程中物料的流动和存储，确保物料流动路径和流量配置得当，以及存储问题得到妥善处理。销售物流网络的目标是确保企业的产品能够经济高效地送达到目标顾客。这涉及选择合适的分销网络模式和运输路线，以提供最佳的客户服务，确保产品按需快速送达。而逆向物流网络则处理供应、生产和销售活动中产生的废料、废品、多余产品，以及维修产品的回收和处理，强调环保和经济效益。整个供应链网络由多个关键节点组成，包括供应商、制造商、仓储配送中心、零售电商、顾客等，这些节点通过协调合作，共同支持跨境电商的整个物流过程，从而形成了一个高效、灵活响应的供应链网络体系。

（二）跨境电商供应链网络设计的影响因素

1. 企业竞争战略

企业的竞争战略在跨境电商供应链网络设计中起着决定性作用，它直接影响着企业如何配置其全球供应链以达到战略目标。企业的竞争战略指导其如何构建供应链网络以最大化其战略利益。对于那些重视市场响应速度的企业，他们的供应链网络设计通常优先考虑如何快速响应市场变化，即便这样做可能会增加成本。如西班牙服装零售商 Zara 选择在成本相对较高的葡萄牙和西班牙设立生产设施，而不是成本更低但距离消费市场较远的地区。这使得 Zara 能够迅速适应欧洲时尚市场的快速变化，从而保持其市场领先地位。相反，那些采用成本领先战略的企业，如富士康和伟创力这样的电子制造服务提供商，他们的供应链设计则侧重于最小化生产成本。这通常意味着选择在成本较低的国家设立生产设施，即便这些设施可能远离其主要市场。

跨国供应链网络允许企业根据不同国家的设施所能提供的优势来支持其战略目标。以瑞典的时尚零售巨头 H&M 为例，该公司出于成本考量，选择在亚洲进行大部分的生产活动，而将剩余部分放在欧洲。通常情况下，亚洲的生产活动集中在制造成本较低的标准时装和童装，而欧洲的生产则专注于快速响应市场需求，尤其是那些高端且设计变化多端的时装。这种在亚洲和欧洲之间的生产设施布局，使得 H&M 能够在保持成本效益的同时，也确保了对市场变化的快速响应，从而在效率和成本控制之间找到了平衡。

2. 技术

生产技术的特点对跨境电商供应链网络的战略布局产生重要影响。当生产技术能够实现规模经济时，企业可能倾向于建立少数几个大规模的生产设施来降低单位成本。如果生产技术支持高度个性化的产品制造，那么在多个地区建立小型、灵活的生产单位可能更为合适，以适应不同国家和地区对产品的特定需求。

以惠普公司为例，其在温哥华的工厂生产的通用打印机在运输到欧洲和亚洲市场后，会在当地的分销中心或代理商处添加符合当地需求的变压器、电源插头和说明书，这种延迟定制策略不仅满足了区域市场的具体需求，还有效降低了成本。再如，数字印花技术在泳装面料的生产中使得即使是较小的订单也能控制成本，这种技术的应用使得在多个地点设置生产设施变得经济可行，进而支持了供应链网络的分散化布局。这些例子展示了如何根据生产技术的特性来优化跨境电商供应链结构，以提高效率和市场竞争力。

3. 成本

成本会随着供应链网络设施的数量、布局及产能配置的变化而变化。在构建供应链网络时，企业必须考虑库存成本、运输成本和设施成本这三个主要成本要素。

（1）库存成本

增加设施数量通常会导致库存水平上升，进而增加库存成本。企业为了降低库存成本，经常会选择合并设施，以减少设施数量并减少整体库存投资。

合并设施可以减少多点存储带来的冗余成本，但同时也可能增加某些产品的运输成本，因此，企业需要在库存和运输成本之间找到一个合理的平衡点。

（2）运输成本

运输成本包括将原材料运入设施和将成品运送到客户手中的成本。例如，亚马逊在其供应链网络设计中通过增加仓库数量来减少最终产品送达顾客的距离和成本。尽管这种策略提高了响应速度并降低了单件运输成本，但也可能导致批量采购的运输成本增加，因为分散的仓库意味着较小的批量采购。

（3）设施成本

设施成本包括固定成本和变动成本。固定成本如建设和租赁费用在短期内不会因货物流量变化而改变，而与设施运营相关的可变成本则会随着处理量的变化而变化。通过设施合并和优化，企业可以实现规模经济，降低固定和可变成本。合并设施可以减少总体设施维护成本，提高设施运营效率。

综合考虑库存、运输和设施成本，企业可以设计出最优化的供应链网络，以实现成本最小化和服务最大化。

4. 宏观经济

宏观经济因素包括税收、关税、汇率及其他经济因素。这些外部经济条件的变化直接影响企业如何在全球范围内布局其生产设施和物流网络。因此，企业在进行跨境电商供应链网络设计决策时必须考虑这些因素。

（1）关税和税收减让

关税，即跨国边界时需缴纳的税费，对于企业在哪里设置生产设施这一决策至关重要。对于高关税国家，企业通常有两种选择：放弃进入该市场或在国内建厂以避免昂贵的进口税。这导致了生产设施在全球的分散布局，每个地点的生产规模相对较小。然而，随着世界贸易组织的建立和区域贸易协定的签订，全球关税水平逐渐降低，企业得以在国外建立生产基地而不必承担高额关税，使得它们可以优化和集中其制造和分销操作。如今，降低关税使得企业能够减少制造基地数量，同时扩大剩余基地的产能。

税收减让，即国家或地区为促进某特定区域的发展而提供的税收优惠措施，也极大地影响了企业的供应链设施布局。不同国家和地区的税收优惠政策不尽相同，这些政策旨在吸引企业在经济发展较缓慢的区域进行投资。对很多公司而言，这些税收激励措施常常是他们确定供应链设施最终位置的关键决定因素。

（2）汇率和需求风险

汇率波动同样是一个重要的宏观经济考虑因素，特别是对那些生产基地和主要市场货币不同的国际公司而言。汇率变动可以显著影响成本结构和利润率。企业必须设计灵活的供应链网络，以适应汇率变化带来的影响，例如，在不同国家分散生产活动，或者通过金融工具来对冲汇率风险，保护企业免受负面经济影响。

此外，全球经济环境的波动，如不同国家的经济增长率变化，也会影响供应链网络的设计。在经济增长快速的市场，企业需要增加投资，扩大当地的生产和销售网络，以捕捉快速增长的市场潜力。相反，在经济衰退的地区，企业需要调整或缩减投资以应对下降的市场需求。

5. 政治

政治因素在跨境电商供应链网络设计中起到了至关重要的作用。企业在选择设施位置时，通常会优先考虑政治稳定的国家。这是因为政治稳定性通常意味着更为健全和可预测的经济贸易政策、清晰而坚实的法律体系，以及更少的政治干预，这些都是商业运营中极为重要的因素。在这样的环境中，企业可以较为安心地投资和建厂，不必担心政治动荡带来的突然政策变动或是投资损失。然而，政治风险的不确定性和难以量化的特性意味着在供应链决策中，企业往往需要依靠主观的分析和判断，包括对国家政治历史的了解、对当前政治局势的评估，以及对未来政治发展趋势的预测。虽然这些分析可能基于不完全信息，但它们对于避免未来可能的风险至关重要。

6. 基础设施

良好的基础设施，包括可靠的交通网络、充足的能源供应和高效的通信系统，是企业在某一地区布局设施的重要前提。在供应链网络设计过程中，企业需要评估多个基础设施相关的要素，如劳动力的可获得性、交通枢纽的接近度（包括铁路、机场和港口）、高速公路的便捷性、交通拥堵状况等。例如，尽管印度市场对于手机配件的高关税可能吸引国际企业进入该市场，但印度在基础设施方面存在的不足，如产业集群的缺乏和相关技术及生产线的局限性，可能增加企业的设厂和运营成本。此外，基础设施的不足还可能影响企业在生产和分销过程中的效率，导致更高的物流和维护成本。因此，在设计全球供应链网络时，除了考虑潜在的市场机会，企业还必须仔细分析目标区域的基础设施水平，确保这些地区的设施能够支持其业务需求和增长目标，从而在全球市场中保持竞争力。

7. 竞争性因素

企业在决定设施选址时不仅要考虑自身的战略需求，还需要分析竞争对手的策略、规模和地理布局。选择设施的位置时，企业需要判断究竟该接近还是该远离竞争对手的选址，这主要取决于企业间的正外部性与市场的分配。正外部性指的是多个企业选择靠近彼此的地点而共同受益的情况，例如，多家零售店选择聚集在同一个购物中心，借此共享客流的增加。同时，竞争对手的聚集也可能带动一个地区基础设施的发展和完善。在没有这种正外部性的情况下，企业通常会寻求通过远离竞争对手来最大化自己的市场份额。特别是在价格竞争激烈且运输成本由消费者承担的情况下，选择地理上远离竞争对手的位置成为获取市场优势的一个策略。

8. 顾客因素

如果企业的目标市场是那些对响应时间敏感的顾客，那么供应链网络的设施就需要尽可能地靠近顾客。这种情况下，企业可以在一个区域内设置多个门店，以确保顾客能够方便快捷地访问。反之，如果企业的目标顾客群体更关注成本而非速度，那么供应链设施可以设立在距离顾客较远的地方，因为顾客愿意为了较低的价格前往较远的地点购物。

（三）跨境电商供应链网络的设计过程

跨境电商供应链网络的设计过程可以分为以下四个阶段。

1. 明确企业供应链战略

设计供应链网络的第一阶段是明确企业的供应链战略，具体说明供应链应该由哪些环节构成，应该具备哪些功能，这些功能是内部执行还是外包，以便有效支持企业竞争战略的实现。随后，管理者需要对全球市场的竞争动态进行预测，识别出每个市场中的主要竞争者。此外，管理者还需评估企业可利用的资本资源，并决定是否通过现有设施的优化、新设施的建设或是设施的共享合作来推动企业的成长。基于对企业竞争战略的理解、对竞争环境的分析，以及对资源限制的认识，管理者将做出关键的供应链决策。这些决策将确定供应链网络需要具备的核心能力，以确保它们可以全面支撑企业的竞争战略。这样的供应链设计不仅响应当前的业务需求，还能适应未来市场变化，确保企业在竞争中保持优势。

2. 明确区域设施配置

在跨境电商供应链网络设计过程中，第二阶段的核心任务是明确区域设施配置，这包括决定设施的地理位置、主要功能以及预期产能。第二阶段的分析可以从以下几个方面入手。

首先，进行各国市场的需求预测是设施配置决策的基础，需要对每个市场的需求规模进行评估，并分析需求在全球范围内的一致性或差异性。如果不同国家间的客户需求较为一致，可能支持在少数几个地点集中建设大型设施。这种集中布局有利于实现规模经济，降低单位成本。相反，如果各国的需求存在显著差异，更分散的、地区性的设施布局将更为合适，这样可以灵活应对地方市场的特定需求，并减少跨区域运输成本和复杂度。接下来，管理者需要评估生产技术在规模经济或范围经济方面的潜在效益。例如，如果生产过程中规模经济明显，那么建立较少但产能更大的设施可能更为经济。反之，如果规模经济的效益不明显，针对每个市场拥有独立的供应源可能更适合。此外，管理者还必须考虑与区域市场相关的需求风险、汇率风险、政治风险等。这些因素对供应链的稳定性和效率有重大影响。地区关税、特殊产品要求、税收优惠政策，以及进出口限制也是决策时需要细致考虑的重要方面。同时，了解每个地区的竞争环境、竞争对手的布局及市场的响应时间要求，将进一步影响设施的地理位置选择。

3. 选择合适的地点

在跨境电商供应链网络的设计过程中，第三阶段的关键任务是在预定区域内选择一系列合适的地点。这些地点的选择要多于实际需要建立的设施数量，以便为下一步的详细选择提供足够的选项。选择地点时，必须考虑该地区的基础设施是否能支持企业的预期生产和运营需求。

一是需要评估地点的硬件设施是否充足，这包括供应商的接近性、运输服务的可用性（如接近主要公路、铁路、港口和机场）、通信设施的发展水平、公共事业（如水电供应）以及仓储设施的条件。二是评估软件设施，如该地区是否有足够的熟练劳动力、劳动力的培训和转换能力，以及当地社区对工商业活动的接受程度和支持情况。这些因素共同决定了一个地点是否适合成为企业的供应链节点，不仅影响生产效率，也影响运营成本和企业在当地的可持续发展。

4. 选择布局区位

跨境电商供应链网络设计的第四阶段的目标是从之前选定的潜在地点中

挑选出最终的设施布局位置，并为每一个选中的设施配置相应的产能。

管理者在这一阶段需要综合考虑多种因素，如每个地点的成本效益分析、预期的边际效益、市场访问便利性、物流成本，以及潜在的设施运营成本。此外，还需考虑市场需求的特点和变动性，确保所选地点能够最大化整个供应链的总利润。例如，选择那些能够有效连接生产地和主要市场，同时考虑成本和效率平衡的地点。此阶段的决策对整个供应链网络的效能和成本控制有着直接的影响，因此，决策过程中还会涉及模拟各种场景的成本和收益，以保证决策的科学性和前瞻性。

二、跨境电商分销网络设计

跨境电商分销网络是制造商与最终消费者之间传递信息和产品的通道。跨境电商分销网络的设计对跨境电商供应链在顾客服务水平和运营成本方面有重要影响。

（一）跨境电商分销网络的概念及分类

1. 跨境电商分销网络的概念

跨境电商分销网络是指借助互联网和信息技术使产品从生产商传递到终端消费者的过程。这种基于互联网的分销网络不仅拥有传统分销网络的基本功能，还具备为顾客提供产品及促销信息、帮助顾客进行产品选择和下单的功能。在消费者选定产品后，能完成交易手续和在线支付的结算功能，以及无形产品的网上直接配送和有形产品的仓储、运输、订货控制和订单处理等配送功能。

2. 跨境电商分销网络的分类

跨境电商分销网络可以分为两种主要类型：直接分销网络和间接分销网络。

（1）直接分销网络

直接分销网络允许生产者直接通过互联网将产品销售给消费者。这种模式的核心特征是生产者与消费者之间没有中间商，从而减少交易的整体成本，并提供更大的价格竞争力。在直接分销网络中，企业通常拥有自己的电子商务网站，消费者可以直接在这些网站上浏览产品信息、进行选择和订购。网站需要集成电子支付系统，以便顾客可以在线完成支付。为此，企业需要与网上银行、信用卡公司或其他电子支付服务机构进行合作。一旦顾客完成订单和支付，企业利用物流配送系统将商品转移到顾客手中并提供售后服务，完成商品的交易。

（2）间接分销网络

间接分销网络是指跨境电商企业通过提供网络商品交易平台（第三方交易平台）来销售商品的方式。该平台利用先进的通信和计算机软件技术，将商品的供应方、购买方及金融机构紧密结合在一起，使跨境电商企业能够为顾客提供一系列服务，包括提供市场信息、处理商品交易、执行货款结算、安排物流配送等。通过这种方式，跨境电商企业能够满足顾客的各种需求，确保交易的便捷性和高效性。

（二）跨境电商分销网络的特点

1. 商品交易更加广泛

在传统的分销网络中，商品交易受到地理和时间的限制。然而，随着互联网技术的发展，这一模式已被根本改变。互联网打破了物理界限，使得企业能够突破传统的时间限制，实现 24 小时全天候、全周无休的全球销售。这种无时无刻的可访问性，为企业提供了无限的市场拓展机会，并使得商品交易从地域局限性中解放出来，达到真正的全球化。此外，广泛化的商品交易也意味着企业可以通过互联网迅速进入新市场，而无需建立物理的销售点或本地代理，降低了市场扩展的成本和难度，使小型和中型企业也能利用电商平台，以较低的成本进入国际市场。企业通过互联网，不仅能够扩大其商品的可达范围，还能提高其市场的竞争力，由于能够更广泛地与不同地区的消费者接触，从而更好地理解和满足这些消费者的需求。因此，商品交易的广泛化不仅为企业提供了增长和扩展的机遇，还通过全球范围内的市场接触，增强了企业对消费者行为的洞察，这在传统分销模式中是难以实现的。

2. 分销功能更加协同

在传统分销网络中，各项功能难以协同。例如，顾客可能通过一种媒介了解到产品信息，但需要通过另外一个渠道进行购买。而在跨境电商模式下，从产品推广、客户接触、交易处理到物流配送及售后服务，所有这些功能都可以通过单一的电子商务平台实现协同操作。电子商务平台通过集成化的服务，实现了信息的即时更新和共享。这种一体化的运作模式不仅提升了运营效率，还改善了客户体验。顾客可以在一个平台上获取产品信息，下单购买，跟踪订单状态，并接受售后服务，这种无缝的服务体验是传统分销网络难以提供的。此外，电子商务平台还允许通过数据分析来优化存货管理和客户关系管理。平台可以根据实时数据调整库存量，预测市场趋势，从而更有效地满足市场需求并减少库存积压。这种数据驱动的决策支持系统，增强了企业对市场动态的响应能力，优化了整个供应链的管理。

3. 信息内容更加多样

跨境电商分销网络中，生产者不仅能够向消费者提供详尽的产品信息，如品牌介绍、规格型号、价格和促销活动，还能利用互联网平台发布更多形式的内容，如用户评价、产品视频演示、使用指南，这些都有助于消费者做出更为明智的购买决定。

4. 渠道功能趋向内部化

在传统分销网络中，一个产品从制造商到最终消费者的过程中，可能需要经过多个中间商、分销商及零售商。这些中间环节不仅增加了商品的流通成本，也延长了供应链，影响了效率。然而，在跨境电商分销网络中，大部分交易活动如产品信息的展示、订单处理、货款结算、售后服务等均可在一个交易平台上完成。这不仅减少了成本，也加快了反应速度，使企业能更快地响应市场变化和消费者需求。

5. 系统运行更加高效

跨境电商分销网络发布的产品信息传播速度极快，覆盖面更加广泛，消费者可以迅速了解到最新的产品和促销活动。与传统分销网络相比，跨境电商分销网络能够更加灵活和及时地更新产品信息和调整价格策略，从而有效满足顾客的需求。

（三）跨境电商分销网络设计的影响因素

1. 企业特性

企业特性在跨境电商分销网络设计中起着决定性的作用。企业的信誉、资金状况、生产能力等因素共同决定了它应该选择什么样的网络设计结构，以及它对分销网络的控制程度。

企业的信誉建立在其历史业绩和市场行为的基础上，信誉好的企业更容易获得消费者的信任，同时吸引更多的合作伙伴。这种信任促使企业能够构建一个更加稳固和广泛的分销网络，从而在全球市场上迅速扩张。资金状况则直接影响企业扩建或维持分销网络的能力。资金充裕的企业可以选择建立自有的分销网络，或者通过投资高科技的物流解决方案来提升分销效率。这样的企业通常能够承担更高的前期投资，以换取长期的市场竞争优势。相反，资金紧张的企业可能更倾向于采用简化的网络结构或与其他企业合作，通过共享资源来减少成本。企业的生产能力也是影响分销网络设计的重要因素。只有当企业的生产能力能够满足市场需求的高峰时，才能确保分销网络的畅通无阻。生产能力不足可能导致供应链中断，影响企业的市场信誉和客户关系。因此，企业在设计分销网络时必须考虑生产能力与市场需求之间的平衡。

2. 顾客特性

顾客特性对跨境电商分销网络设计的影响显著，决定了分销网络应如何配置以最有效地满足不同市场需求。

在规模庞大或消费者分布范围较广的市场，企业可以设计较长的分销路径，依靠众多的分销商和零售商来确保产品从生产地顺利传递到消费者手中。例如，多个不同区域的消费者如果对某一产品需求量大，企业就需要通过地理上分布广泛的分销网络来满足这一需求，确保每个区域都能及时供货。相反，对于那些购买量小的消费者，分销渠道需设计得更短，以便快速满足这种高频率的需求。在这种情况下，如果通过长分销链条，可能会导致响应速度慢，增加库存和物流成本，从而提高销售成本。

此外，顾客的购买习惯也会影响跨境电商分销网络的设计。对于那些日常需求频繁的普通消费品，如食品、日用品，企业通常利用批发商和零售商构建一个密集的分销网络，使产品能够迅速且方便地到达消费者手中。这种类型的分销网络强调覆盖面广和便利性，以满足大量消费者的日常需求。对于高价值商品或奢侈品，如珠宝、汽车，消费者在这类产品的购买上往往愿意投入更多的时间和精力，因此，分销网络可以是更加分散且专注于提供高质量的客户体验。在这种情况下，分销网络的设计重点在于增强品牌形象和提供个性化服务，而不仅是物理上的产品供应。

3. 中间商特性

中间商特性（如市场覆盖范围、声誉、管理能力、态度）直接影响着分销网络的效率。

中间商的市场覆盖范围越广，其接触的潜在顾客就越多，这直接扩大了企业产品的可达性和市场影响力。大型中间商通常拥有广泛的销售网络和丰富的资源，这些都有助于快速将产品推广至更广的市场。因此，在设计分销网络时，企业往往倾向于选择那些能够提供广泛市场覆盖的中间商，以期最大化产品的市场渗透率。

声誉好的中间商能够增强消费者对企业产品的信任感。企业在设计分销网络时，应优先考虑那些能够维护或提升自身品牌形象的中间商，应避免与那些声誉较差的中间商合作，以免负面影响扩散到自身品牌。

管理能力是另一个关键因素，特别是中间商的销售团队管理能力。一个有效率的销售团队不仅能提升销售成绩，还能在市场中快速应对各种挑战。企业在评估中间商时，应重点考察其管理团队的专业性和执行力，这直接关系到分销效率和市场响应速度。

中间商的态度也极具重要性，包括其对业务的进取心、信心和热情。积极主动的中间商更能有效地推广产品，并在面对市场挑战时展现出必要的灵活性和创新能力。具有这些特质的中间商往往能更好地与企业合作，共同推动分销策略的实施。

4. 产品特性

针对不同的产品要设计不同的分销网络结构，以促进产品销售。

对于物理性质不稳定的易腐商品，如新鲜水果，分销过程中的时间要尽可能短。因此，这类产品通常采用直接分销或尽可能简化的分销网络，因为任何延迟或不当处理都可能导致产品损坏，进而影响产品质量和消费者满意度。而对于体积庞大或重量大的产品，如建筑材料或软饮料，这些产品的运输成本往往较高，不适宜长距离运输。因此，这类产品的分销网络设计往往需要考虑运输距离的短化，以及尽量减少在运输过程中的转运次数，以降低成本和潜在的运输风险。技术含量高的产品，如高端电子设备，不仅要求分销网络能够提供必要的物流支持，更重要的是要确保高质量的售后服务。这类产品常常涉及复杂的安装、维护和修理服务，因此，制造商会倾向于选择那些能够提供这些服务的经销商，或者采用直接分销的方式，以便更好地控制服务质量和顾客满意度。对于高价值产品，因其价格昂贵且市场需求量相对较小，通常采用集中型直接分销通路，将产品集中在少数几家能够提供高标准服务的大型经销商手中。这样不仅可以保护品牌形象，还能确保顾客在购买过程中获得高质量的购物体验。而日用品如香皂和洗发水等价值相对较小的商品，由于市场需求广泛且频繁，这类产品更适合采用密集型间接分销通路。通过大量的零售点进行广泛分销，可以确保产品覆盖广泛的市场，满足不同消费者的需要。

5. 竞争者特性

竞争对手的分销网络对企业的分销网络设计产生重要影响。企业可以采用"积极竞争"或"标新立异"两种竞争手段，选择与竞争对手相同的分销网络，或者回避竞争对手，采用不同的分销网络。如果企业认为自己的产品在品质、价格或品牌认知度上具有足够的竞争力，可以采用与竞争对手相似的分销网络。然而，当面对具有绝对市场优势的竞争对手时，企业可以采用与其完全不同的分销网络，以区别于竞争对手，并吸引寻求新鲜体验的消费者。

6. 环境因素

环境因素具体包括社会文化环境、经济环境、政策环境等，这些因素构成了企业在全球市场上运作的大背景。对于跨境电商来说，充分理解和适应环境因素是确保其分销网络有效运作的关键。

社会文化环境影响消费者行为和购买决策。不同地区的消费者由于文化背景、社会风气、道德观念及意识形态的不同，其消费习惯和偏好也会有明显差异。企业在设计分销网络时，必须考虑社会文化因素，确保其产品和营销策略与当地消费者的文化偏好相匹配，从而更有效地推广其产品。

经济环境直接影响企业的运营成本和消费者的购买能力。一个地区的经济发展水平、产业结构、资源分配、经济周期等都会对企业的分销网络设计产生影响。在经济繁荣的地区，消费者的购买力通常较强，企业可以选择更密集的分销网络，以覆盖更广泛的市场并提供更高级别的客户服务。在经济较为落后的地区，企业应该简化分销网络，降低成本，同时调整产品线以适应当地市场的支付能力。

政策环境也会对跨境电商分销网络的设计产生重要影响。一些国家通过税收优惠、补贴等政策吸引外国投资，一些国家则可能出于保护本土产业的考虑，对外商投资设置较高的门槛，一些地区可能对某些类型的商品征收高额关税或实施严格的进口限制，这些政策都将直接影响企业分销网络的设计。因此，企业在进入一个新市场之前，必须详细研究当地的政策环境，以确保其分销策略能够符合当地法规并实现成本效益。

环境因素通常表现出稳定和变化两种倾向：一方面，环境因素的稳定性要求企业适应其中的关键元素，如社会价值和文化传统，这有助于企业建立信誉、形成良好的形象并赢得市场份额；另一方面，环境因素也在不断变化，这些变化速度快慢不一，既包括渐进的变化也包括突发的变化。通常，企业难以掌控环境的突变，但环境的持续变化中存在一定的趋势。通过保持敏锐的洞察力，企业及其分销网络成员可以识别这些趋势，并从中找到成长的机会。因此，在设计分销网络时，应留有适当的调整空间，以适应未来可能的环境变化。

（四）典型的跨境电商分销网络模式

1. 工厂国内仓储发货

这种分销网络由两个主要参与者构成：跨境电商企业和国内工厂。跨境电商企业承担订单接收和客户服务的职责，而国内工厂负责产品的生产、仓储和最终的发货。在具体操作中，当国外顾客在跨境电商平台上下单购买产品时，该订单会直接传送到与电商合作的工厂。工厂依据订单需求，从国内仓库中取货并负责后续的打包和国际物流安排，直接将商品发送到顾客手中。这种模式省去了中间环节，从而显著缩短了产品从生产到交付顾客手中的时间。工厂国内仓储发货模式的产品流和信息流如图 3-5 所示。

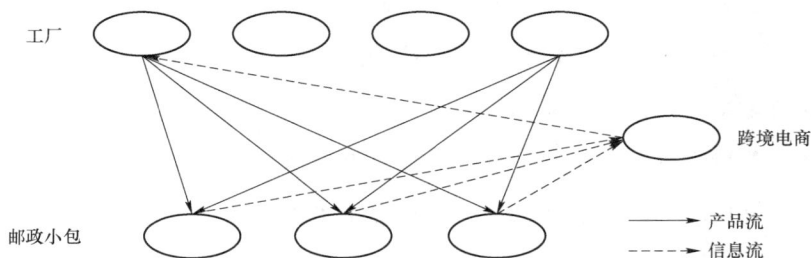

工厂

跨境电商

邮政小包

产品流
信息流

图 3-5　工厂国内仓储发货模式的产品流和信息流

工厂国内仓储发货模式特别适用于两种情况。一是自身就可以进行跨境电商活动的工厂。这些工厂通常拥有完善的生产和仓储系统，能够直接与国外消费者进行交易。这种直接销售的方式可以让工厂更好地控制产品质量和库存，同时也能直接收集市场反馈，快速响应市场变化。二是跨境电商与工厂有明确的分工合作关系。分工合作可以让各方发挥自身优势，跨境电商利用其在线平台和市场营销能力吸引国际顾客，而工厂则利用其生产和物流优势确保产品质量和发货效率。

2. 跨境电商国内仓储发货

在这一模式下，跨境电商企业将来自多家工厂的商品集中存放在自己的国内仓库中，在接收到国外顾客的订单后，直接从这些国内仓库发货至顾客。具体过程如下。首先，跨境电商与多家工厂建立供应链关系，采购各种商品，并将这些商品运输到国内仓库。这些仓库通常位于物流节点的优势位置，以便实现高效的国际配送。其次，跨境电商企业通过其在线平台接收来自世界各地顾客的订单。一旦订单被确认，便从国内仓库中拣选相应商品，进行包装，并安排国际运输。最后，商品通过国际物流服务商送达至顾客手中。

跨境电商国内仓储发货模式的产品流和信息流如图 3-6 所示。

跨境电商国内仓储发货模式适用于以下几种情形。第一，适用于那些产品种类繁多且销售量大的跨境电商。由于这种电商平台通常涉及多种产品和多个供应商，集中存储可以显著降低仓储和物流成本，同时简化库存管理。通过在国内集中仓储，电商能够更有效地控制库存水平，减少因库存过剩或短缺而产生的风险。第二，适用于需要快速响应国际市场需求的跨境电商。在全球市场中，顾客期望能够尽快收到产品。通过国内仓库直接发货，可以减少从订单接收到发货的时间，提高顾客满意度。第三，适用于那些拥有较强供应链管理能力的电商。管理一个或多个国内仓库，需要高效的物流和库存管理系统来确保库存准确、配送高效。跨境电商平台必须具备强大的技术支持，以实现仓库管理的自动化，包括库存跟踪、订单处理和物流调度。

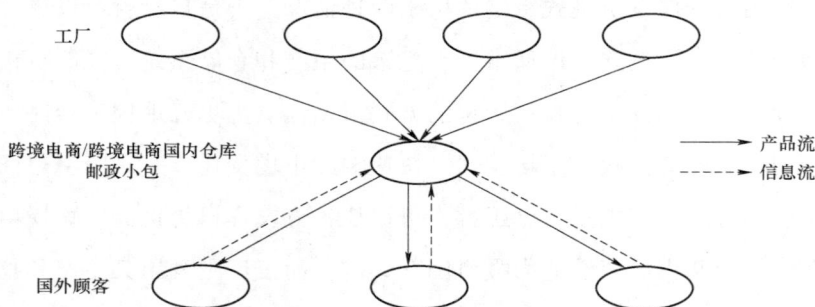

图 3-6　跨境电商国内仓储发货模式的产品流和信息流

3. 工厂或跨境电商海外仓储发货

该模式是指将库存存放在工厂或跨境电商设立的海外仓库中，利用线上平台接收订单，并直接从海外仓库向国内或国际顾客发货。在具体实施中，工厂或电商首先需要在目标市场国家或地区设立海外仓库。这些海外仓库不仅作为存储产品的地点，还充当发货中心，以确保订单能够得到迅速处理和配送。一旦顾客通过电商平台下达订单，相关产品便可以直接从最近的海外仓库中取出并快速发货，大幅度提高了物流效率和顾客的购物体验。

这种分销网络尤其适合那些产品生命周期短、市场反应时间要求高的商品。例如，时尚行业的产品往往需要快速对市场的变化做出反应，通过海外仓库可以确保新款式迅速上市并满足不同地区顾客的需求。对于重量较重或体积较大的商品，如家具、大型电器，海外仓储发货可以大幅度减少长途运输的物流成本和潜在的运输风险。对于试图扩展国际市场的企业来说该模式也非常合适。通过在关键市场设立仓库，企业可以更有效地管理供应链，减少关税负担，并提高对当地市场的服务响应速度。例如，一个美国的跨境电商如果计划扩大到欧洲市场，通过在欧洲设立海外仓库，不仅可以减少跨国运输的时间和成本，还可以利用当地的物流和配送服务来提升顾客满意度。实施这种模式需要重点考虑海外仓库的选址、库存管理、物流合作伙伴的选择等问题。

工厂或跨境电商海外仓储发货模式的产品流和信息流如图 3-7 所示。

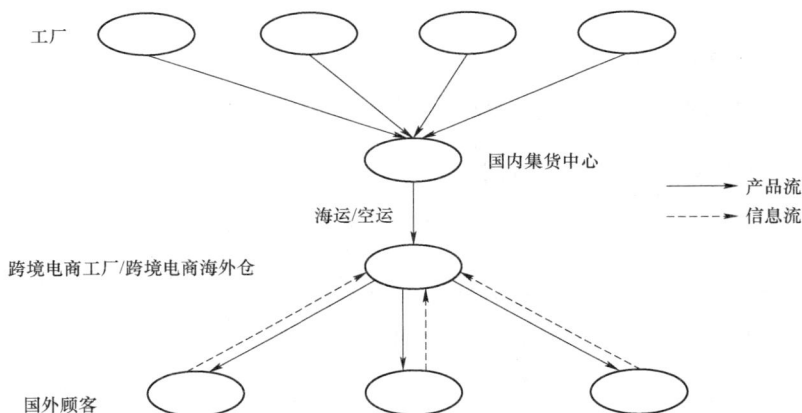

图 3-7　工厂或跨境电商海外仓储发货模式的产品流和信息流

4. 工厂或跨境电商海外仓储加线下

在工厂或跨境电商海外仓储加线下模式中，产品库存常放于海外工厂或跨境电商的海外仓内，跨境电商平台有实体店铺，顾客可以通过网络或电话方式下单。完成订单后，顾客有两种获取商品的方式：一是直接前往电商指定的实体店或提货点自行提取商品；二是选择通过跨境电商平台安排的邮政或快递服务，由实体店将商品直邮至顾客手中。对于自提的订单，所需商品将从海外仓库根据需求转运至相应的提货点，确保顾客能在就近的位置领取其购买的产品。实施这种模式要注重实体店的地理位置选择、店面运营和人员管理。

工厂或跨境电商海外仓储加线下模式的产品流和信息流如图 3-8 所示。

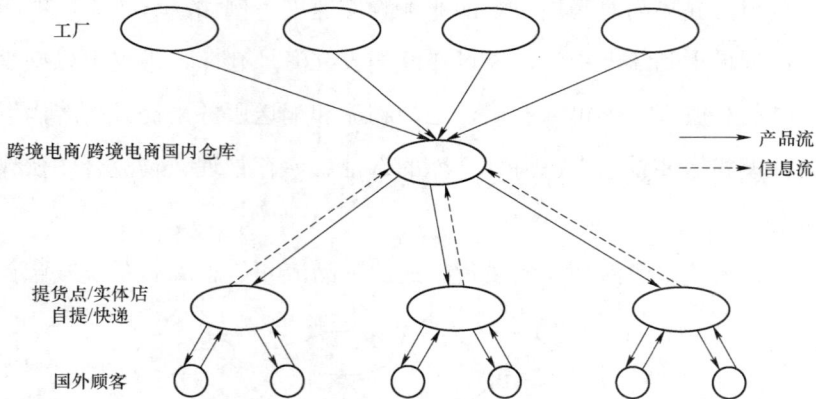

图 3-8　工厂或跨境电商海外仓储加线下模式的产品流和信息流

该模式适用情形有以下几种。

第一，高价值或高需求的商品销售。对于价格较高或需要试用体验的商品，如电子产品、家用设备等，顾客可能更倾向于在实体店内亲自体验产品后再作决定，或者对这类商品进行高级别的售后服务。

第二，快速消费品的销售。对于需要频繁购买的日用品，顾客更喜欢线上下单后在附近的实体店快速提取，这样既方便又能即时满足需求。

第三，提供复杂产品的定制服务。某些产品可能需要在购买前进行定制或详细说明，实体店提供了一个理想的环境来展示这些产品的多样化并提供个性化服务。

第四章　跨境电商供应链绩效管理

第一节　跨境电商供应链绩效管理概述

一、相关概念界定

（一）绩效

从管理学的角度看，绩效是衡量一个组织及其成员是否达成既定目标的重要标准，包括个人绩效和组织绩效两方面。个人绩效关注的是个体在职业角色中的表现，包括其工作成果的数量、质量、完成这些工作的效率等。组织绩效反映一个组织在一定时间内的成就，包括组织达到其既定目标的程度、资源利用的效率、组织整体的市场竞争力等。组织绩效建立在个人绩效实现的基础上，但个人绩效的高低并不直接决定组织绩效的优劣。这是因为组织绩效是多方面、多层级的综合体现，需要个人绩效在各个岗位上协同并对组织的共同目标作出贡献。同时，组织的策略、文化、管理制度等因素也会对组织绩效产生重要影响。

绩效是指个人或组织在一定时期内的投入与产出状况。投入包括物质资源投入（如人力资源、财务资源、时间资源）和精神资源投入（如员工的情感、情绪、热情和忠诚度），产出指的是完成工作的数量、质量及效率等①。

（二）绩效管理

绩效管理是指为确保员工的工作行为和产出与组织目标一致，并推动个人及组织共同成长而进行的一系列活动过程。有效的绩效管理能够提高组织和员工的工作效率，促进管理层和员工之间的沟通，增强团队合作。

（三）供应链绩效管理

供应链绩效管理是指在整个供应链中实施的一系列管理活动，包括对供应链内各环节和过程的监控、评估和改进，旨在提高供应链的效率、效益和竞争力，以确保供应链活动与企业的整体战略目标一致，并最终实现成本最小化、效率最大化，以及顾客满意度的提高。

二、跨境电商供应链绩效的影响因素

（一）外部因素

1. 行业

跨境电商的供应链绩效受到行业本身特性的深刻影响。首先，不同行业的产品特性、市场需求波动都存在显著差异，这些因素直接影响供应链的运作效率。在产品特性方面，各行业产品的生命周期、技术复杂度及客户需求不同，这决定了供应链的灵活性和响应速度需求。例如，电子产品行业由于技术迭代速度快，需求预测困难，要求供应链能迅速适应市场变化。相较之下，日常消费品行业可能更注重供应链的成本效率和大规模分销能力。在市场需求波动方面，季节性波动、市场趋势或消费者偏好的改变要求供应链系

---

① 王桂朵，于晓胜，齐云英．供应链管理［M］．北京：中国财富出版社，2016.

统能够灵活调整生产计划和库存管理。例如，在时尚行业，设计师需时刻关注市场动态，供应链需能快速反应以追赢单季热门商品，而在医药行业，则需注重保障长期稳定供应，对突发事件做出迅速响应。其次，不同行业的法规和标准也会对跨境电商供应链绩效产生影响，它们规定了企业应该如何配置资源、设计流程及执行操作，进而直接影响供应链成本结构、风险管理及市场接入策略。例如，环境法规要求企业在生产和物流过程中减少对环境的影响，这会促使企业采用更环保的包装材料和节能的运输方式。贸易法规和关税政策直接决定了跨境电商供应链的成本和物流效率。总体而言，遵守行业法规和标准不仅是企业合法运营的基础，更是提升供应链绩效、建立市场信誉和获取竞争优势的关键。企业需要持续监控法规变化，灵活调整供应链策略，以确保在全球市场中的可持续发展。

2. 竞争者

竞争者的战略变化、技术创新、产品与流程更新、人力资源管理等方面的动作都会对其他企业产生深远影响。例如，如果一个竞争者实现了更高效的供应链管理，降低了成本并提高了客户满意度，那么其他企业也需要探索新方法来优化自己的供应链，以防止市场份额流失。此外，竞争对手在特定领域的突破，如通过技术创新提升物流效率，也会促使其他企业加快技术革新和应用，以维持其市场竞争力。因此，跟踪和分析竞争者的动向，不仅可以帮助企业识别潜在威胁，还可以揭示新的市场机会和潜在的改进领域，从而有助于企业及时调整其战略方向和运营模式，优化供应链结构，提升整体绩效。

3. 技术

技术对跨境电商供应链绩效的影响首先体现在对产品（服务）及信息流管理上，进而直接提升绩效。现代技术，如 AI、机器学习、大数据分析，有利于产品的设计与开发，以及服务水平的提高，从而更精准地满足市场需求，提高供应链绩效。同时，技术在信息流管理中的应用能够优化内部流程，提高跨部门和跨组织的协作效率，使信息及时准确地传递，减少延误和错误，从而提高整体供应链的响应速度和适应能力。其次，先进技术的应用在绩效测评方面同样起到了重要作用。传统上，跨境电商供应链绩效的测评可能因为数据收集和分析的复杂性而受限。而技术的进步，特别是在数据收集和分析技术方面，使得实时数据收集和分析成为可能。这不仅可以为企业提供即时的绩效反馈，还能辅助企业深入了解各环节的效率和效果，识别瓶颈和改进点。通过这些技术，企业能够实现更精细化和动态的绩效管理，及时调整策略和流程，持续优化供应链，最终促进在供应链绩效的持续提升。

4. 客户

客户需求是影响供应链绩效的重要因素。随着市场的日益细分和消费者偏好的多样化，客户对产品的个性化需求日益增长。个性化需求意味着供应链必须具备更高的灵活性和响应速度，以适应快速变化的市场需求，并提供定制化的产品和服务。这种需求变化要求供应链从原材料采购、生产、仓储到物流配送的每一个环节都能够快速调整和响应，这无疑会增加供应链的复杂性和运作成本。此外，现在的消费者越来越注重产品的附加值和成本效益，供应链不仅要在保证产品质量和创新上下功夫，还需不断寻求降低成本的方法，如通过优化物流路径、采用更经济的原材料或提升生产效率。供应链企业需要在增强客户满意度和控制成本之间找到平衡点，这对供应链的策略规划提出了更高的要求。

5. 经济和社会因素

经济和社会因素通过影响市场需求、运营风险等，间接或直接地作用于跨境电商供应链的各个环节，最终影响供应链绩效。第一，一个国家或地区的经济环境直接影响市场需求的强弱和消费者的购买力。经济增长时期，消费者支出倾向增加，市场需求旺盛，供应链需加速产品供应，提升物流效率以满足市场需求，从而提高整体绩效。相反，在经济衰退期，市场需求减弱，供应链需调整产能，控制库存，避免过剩，这要求供应链具有较强的适应性和灵活性。第二，政治环境的稳定性也是影响供应链绩效的关键因素。政治环境稳定的国家通常具有更可预测的政策环境，企业可以在此基础上制定长远的供应链战略。而政治环境不稳定可能导致贸易政策频繁变动，关税和进出口限制不确定，增加跨境电商供应链的运营风险和成本，从而影响供应链绩效。第三，不同地区的社会文化背景影响消费者偏好和购买行为，跨境电商企业需要深入理解目标市场的文化特点，以调整产品策略和营销方式，使产品符合当地消费者的期望和价值观。此外，社会文化差异也会影响与当地供应商和客户的沟通与合作，企业需建立跨文化的沟通能力和合作机制，以促进供应链各环节的协同，降低沟通成本，提升供应链的整体绩效。

（二）内部因素

1. 运作流程

供应链的运作流程包括产品设计、原材料采购、生产加工、库存管理、物流配送等多个环节，会对供应链绩效产生直接影响。运作流程的效率直接关联供应链成本和响应速度。流程中的任何瓶颈或低效环节都会导致整体供应链响应缓慢，成本增加，客户满意度降低。有效的流程设计应确保各环节顺畅衔接，减少不必要的等待和处理时间，提高整体速度，减少成本。运作流程的灵活性和适应性也对绩效至关重要。市场需求和外部环境的变化要求供应链能够迅速调整运作流程，以适应新的条件。灵活的流程可以快速适应市场变化，减少因不确定性带来的风险和损失，进而提高供应链绩效。

2. 角色

跨境电商供应链中的企业规模大小不同，各企业在链中所具有的地位和作用也不同，这些都会影响供应链的运作和供应链绩效。不同角色的企业对供应链营运的绩效评价不同，例如，在供应链伙伴中，制造商注重交货质量和交货的可靠性，而地区分销商注重产品品种、类型和价格，当地分销商注重产品送货速度、服务水平等，如图 4-1 所示。

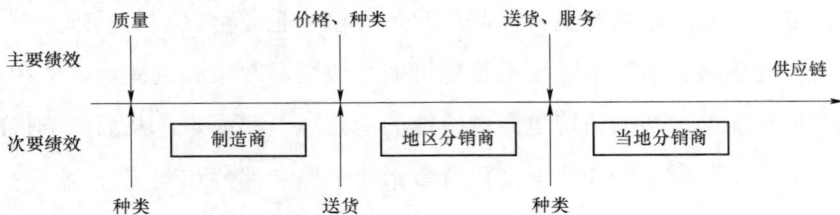

图 4-1　供应链各环节对运作绩效的要求

3. 伙伴关系

供应链合作伙伴关系决定了信息的流通效率、协作的深度和广度，以及资源的整合能力，进而显著影响供应链的整体绩效。

第一，良好的伙伴关系能够促进供应链企业间的信息交流更加顺畅和高效。在跨境电商供应链中，信息的及时共享对于应对市场变化、缩短产品上市时间、优化库存管理等方面至关重要。当供应链各环节能够实时共享需求预测、库存水平、物流状态等信息时，整个供应链能够更加灵活地响应市场变化，减少冗余库存，加快响应速度，从而提高绩效。

第二，良好的伙伴关系还有助于协同作战，共同应对市场和运营风险。在面临原材料价格波动、贸易政策变化等外部风险时，伙伴之间可以通过共享风险信息、协调应对策略来共同降低潜在的不利影响。此外，良好的合作关系还能促进技术和知识的交流，帮助伙伴共同进步，提高整个供应链的技术水平和竞争力。然而，如果供应链中的企业缺乏合作意识，信息交流不畅，各自为政，那么供应链的协同效率将大打折扣。信息孤岛现象会导致需求预测不准确，库存管理失效，甚至导致供应链断裂。

第三，缺乏信任和合作的伙伴关系还会增加交易成本和合作风险，降低整体的运作效率和效益，供应链绩效就不可能提高。因此，跨境电商企业应积极建立和维护良好的供应链伙伴关系，通过信任、共享和合作来提升供应链的整体效能和响应市场变化的能力，实现绩效的持续提升。

4. 组织结构

清晰、灵活的组织结构具有以下特点：一是能够促进信息流通，加强部门间的协作，快速响应市场变化，提高供应链决策和执行的一致性；二是能够适应外部环境的变化，快速调整内部资源和流程，以应对跨境电商环境中的各种挑战和机遇；三是可以快速集成新的技术和业务流程，以应对新兴市场的需求或应对供应链中断的风险。总的来说，这样的组织结构能够促进跨境电商供应链整体绩效的提高。

三、跨境电商供应链绩效管理的过程

完整的跨境电商供应链绩效管理流程包含以下四个步骤：制订跨境电商供应链绩效计划、执行跨境电商供应链绩效、评估跨境电商供应链绩效，以及对跨境电商供应链绩效进行反馈。这四个步骤紧密相连并相互影响，对于提高供应链绩效管理效果至关重要。跨境电商供应链绩效管理的过程具体如图 4-2 所示。

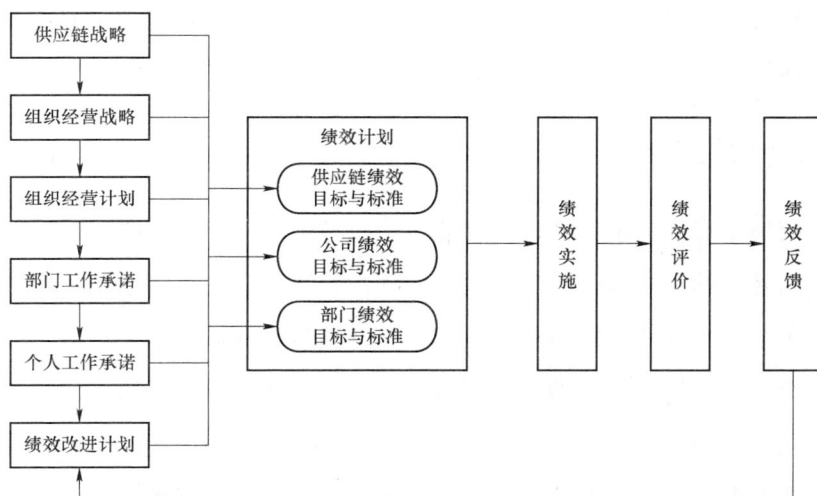

图 4-2　跨境电商供应链绩效管理的过程

（一）跨境电商供应链绩效计划的制订

跨境电商供应链绩效计划制订是确保整个供应链高效、有序运行的关键。在制订跨境电商供应链绩效计划时，主要围绕两个核心任务展开，即确定供应链企业的绩效目标和设定合理的评价周期。确定供应链企业的绩效目标是跨境电商供应链绩效计划制订的重中之重。在确定绩效目标时，供应链企业间需要进行充分的沟通和协商，确保各方对目标的理解一致，并能够在实践中形成合力。此外，绩效目标还应具有挑战性和可实现性，既能激发供应链企业的积极性和创新力，又不会因目标过高而导致难以实现。

设定合理的评价周期是跨境电商供应链绩效计划制订的另一项重要任务。评价周期的设定应考虑跨境电商业务的周期性和波动性。例如，跨境电商可能受到节假日、促销活动、季节性需求等多种因素的影响，导致业务量呈现明显的波动。因此，评价周期不宜过长也不宜过短，过长可能导致绩效反馈不及时，影响供应链的及时调整；过短则可能因数据不足而难以准确评估绩效。合理的评价周期应根据跨境电商业务的实际情况进行设定，既要能够反映供应链的长期发展趋势，又要能够捕捉短期内的波动变化。同时，评价周期还应与绩效目标相匹配，确保在评价周期内能够收集到足够的数据来评估供应链企业是否达到了预定的绩效目标。

（二）绩效实施

在跨境电商供应链绩效计划确立之后，各供应链企业随即按照计划开展工作，这便是跨境电商供应链绩效的实施。跨境电商绩效实施在整个供应链绩效管理过程中处于中间环节，也是供应链绩效管理循环中耗时最长、最关键的一个环节，这一环节的成效直接决定了供应链绩效管理的整体效果，因此，绩效实施的质量对于供应链绩效管理的成败具有举足轻重的影响。

跨境电商供应链绩效实施包括以下两个方面的内容。第一，跨境电商供应链成员间持续的绩效沟通。由于跨境电商涉及多个国家和地区，供应链成员之间的沟通显得尤为重要。绩效沟通不仅包括定期的工作汇报和进度更新，更重要的是在出现问题时能够迅速响应、及时调整。通过有效的沟通，供应链成员能够共享市场信息、了解客户需求、预测市场趋势，从而制定更为精准的运营策略。第二，对供应链成员数据、资料、信息的收集与分析。跨境电商供应链涉及的数据种类繁多，包括订单数据、物流数据、库存数据、销售数据等。通过对这些数据的收集和分析，供应链企业能够了解自身的运营状况，发现潜在的问题和风险，进而制定改进措施。同时，数据分析还有助于供应链企业预测市场需求，优化资源配置，提高运营效率。

在跨境电商供应链绩效实施的过程中，还需要特别注意以下几点：一是要确保数据的准确性和实时性，避免因数据错误或延迟而导致决策失误；二是要关注供应链的协同性和灵活性，确保各成员之间能够紧密配合、快速响应市场变化；三是要注重供应链的可持续性发展，通过优化运营方式、降低环境影响等方式提高供应链的长期竞争力。

（三）绩效评价

1. 跨境电商供应链绩效评价的目的

跨境电商供应链绩效评价的目的主要有两个：一是对绩效计划的实施成果进行评估，判断其是否在各种约束条件下达到了预定的目标；二是分析绩效计划与实际结果之间的差距及造成这种差距的原因。在跨境电商中，这种差距可能源于多国市场的文化差异、物流体系的复杂性、汇率与关税的波动等多种因素。通过深入分析这些原因，供应链企业可以更加准确地识别问题所在，为后续的绩效改进提供有力的依据。

2. 跨境电商供应链绩效评价的重点

（1）供应链合作关系

跨境电商供应链效率低下，往往并非源于供应链企业自身的能力不足，而是源于企业间缺乏必要的合作。在跨境电商供应链中，上下游企业之间如果缺乏有效的沟通机制，计划、采购、生产、供应等环节往往各自为政，过度关注自身利益，这会导致一系列负面后果。例如，供应链库存不断上升，生产进度滞后，市场反应变得迟缓，甚至产品质量问题频繁发生，这些后果都会给相关企业带来巨大的经济损失。因此，在进行跨境电商供应链绩效评价时，必须特别关注企业间的合作情况，以预防和解决这些问题，确保供应链的顺畅运作。

一要关注供应链企业的信息共享水平。跨境电商供应链涉及多个国家和地区，信息共享的及时性和准确性尤为重要。高效的信息共享能够降低沟通成本，提升响应速度，促进供应链各环节的紧密配合。跨境电商企业应建立统一的信息平台，实现数据共享，提升供应链整体运作效率。

二要关注企业间收益分配。在跨境电商供应链中，由于不同国家地区的经济差异、税收政策等因素，企业间收益分配变得更为复杂。合理的收益分配机制应充分考虑各企业贡献，确保各方利益得到保障，从而激发合作积极性。

三要关注供应链风险分担。面对复杂多变的国际市场环境，跨境电商供应链风险无处不在。企业应共同制定风险应对策略，明确各自责任和义务，共同承担风险，减少损失。同时，建立风险预警机制，及时识别和应对潜在风险，确保供应链稳健运行。

四要关注供应链合作机制。跨境电商供应链企业应建立长期稳定的合作机制，明确合作目标和规则，加强沟通和协调，共同解决问题。同时，不断完善合作机制，适应供应链发展的需求，提升合作效率和水平。通过有效的合作机制，促进供应链企业间的紧密合作，共同推动跨境电商的繁荣发展。

（2）供应链运作

供应链上的每个企业都会对本企业的业务流程进行评价，因此，供应链绩效评价应该更多地关注供应链整体流程，主要包括两方面。一是关注供应链企业内部的流程是否符合跨境电商供应链要求。供应链企业内部的订单处理、库存管理、物流配送等环节需紧密配合跨境电商的快速响应和多元化需求，避免流程中的浪费和多余环节，以实现整体运作的效益最大化。二是关注企业间的协作是否协调，过程是否合理，是否存在风险等。下游企业的数据如何传递到上游企业，如何保证传递信息的完整性、安全性和保密性，如何保证接收者在第一时间接收数据，等等，都是评价企业间协作的内容。企业的内部流程优化和企业间的紧密协作促进了供应链运作的平稳与高效。然而，在供应链的实际运作过程中，内外部环境是经常变化的。面对这些变化，供应链中的企业应当通过合作共同应对，而非单打独斗。因为通过协作，供应链能够更有效地应对挑战，并在某些情况下，单凭单个企业的力量是无法妥善处理的。因此，在跨境电商供应链绩效评价中，应重点关注供应链整体在应对各种变化时所展现出的能力，以及在评价周期内实际应对效果。

（3）供应链组织

供应链的运作、企业间的合作关系都是建立在供应链组织基础之上的。因此，在进行供应链绩效评价时，必须密切关注供应链组织的有效性，以确保其能够为整体供应链的高效运作提供有力支撑。

一是关注组织结构的合理性。合理的供应链组织应明确每个企业的角色和责任，明晰各方权利义务；应注重信息透明度，避免信息扭曲，确保决策的准确性；应避免供应链长度过长或过短等。如果组织结构不合理，必然导致供应链运作效率低下，成本上升。

二是关注供应链组织的柔性。供应链组织的柔性指的是在市场需求、供应条件或外部环境发生变化时，供应链能迅速适应变化、调整策略的能力。跨境电商供应链需要具备在产品种类、供应模式或销售网络变化时快速响应的能力，以便及时满足不同市场的需求，抓住新的商机。此外，供应链组织的柔性还体现在能够有效处理突发事件，如供应中断、政策变动等，确保供应链的连续性和稳定性。为此，供应链组织结构应设计为可扩展和可调整的，以便于引入新的合作伙伴、调整生产销售策略，或对接不同市场的特定需求。通过增强供应链组织柔性，跨境电商可以更好地适应国际市场的复杂性和不确定性，提升客户满意度和市场竞争力。

三是持续评估节点企业。管理者总是希望供应链上的企业都是最优的，但是，随着全球市场的发展变化，个别企业可能无法跟上市场的节奏或适应供应链的演进，导致整个链条效率下降。因此，需要对节点企业进行持续的绩效评估，从而发现需要改进的或者必须舍弃的企业，为企业的发展、供应链的优化或重构提供参考。

（四）绩效反馈

跨境电商涉及多个国家和地区的运营，供应链环节复杂多变，任何一个环节的疏漏都可能影响整体绩效。因此，及时、准确的绩效反馈对于跨境电商企业而言至关重要。绩效反馈首先要进行数据的收集和分析，包括订单处理速度、物流成本、客户满意度等各项关键绩效指标的数据。通过对这些数据的深入分析，供应链管理人员可以了解当前供应链的运作状况，识别存在的问题和瓶颈。基于数据的分析结果，供应链管理人员可以制订针对性的绩效改进计划。例如，针对物流成本过高的问题，可以优化物流路径、提升物流效率；针对客户满意度低的问题，可以改进产品质量、提升客户服务水平。通过不断的反馈、分析和改进，跨境电商企业可以逐步优化供应链运作，提升整体绩效水平，进而在激烈的市场竞争中保持领先地位。

第二节　跨境电商供应链绩效评价方法

一、基于平衡记分卡的绩效评价

（一）平衡记分卡的内涵

平衡记分卡是在 1992 年由罗伯特·卡普兰和大卫·诺顿提出的一种绩效衡量模型。该模型通过建立一整套财务与非财务指标体系，从财务角度、客户角度、内部运营角度和创新与学习角度对企业的经营绩效和竞争状况进行系统、全面、综合的评价[①]。

平衡记分卡框架如图 4-3 所示。

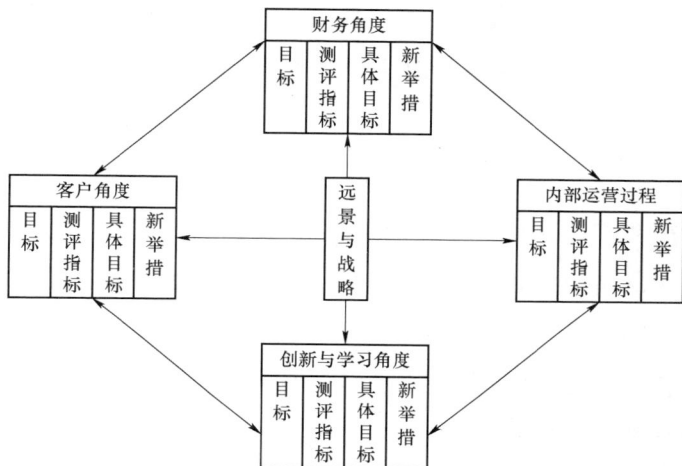

图 4-3 平衡记分卡框架

基于平衡记分卡的跨境电商供应链绩效评价可以从以下四个角度进行。

1. 财务角度

在平衡记分卡中，财务指标如成本控制、边际收益率、现金流优化、收益及资本回报率等，不仅衡量跨境电商供应链操作的成本效益，也反映了其盈利能力和资本效率。通过这些财务指标，企业能够评估跨境电商供应链操作对总体财务表现的贡献，并据此做出战略调整，优化资源分配。

2. 客户角度

跨境电商供应链管理的关键目标之一是确保供应链中每个成员能够获得持续稳定的收益。为了实现这个目标，有效的客户管理至关重要，必须深入了解客户的需求，并且评估自身在满足这些需求上的表现如何，力求在适当

---

① 安维，孙健升. 现代企业管理［M］. 2 版. 北京：中国金融出版社，2010.

的时间和地点，以合适的价格和方式，将恰当的产品或服务交付给目标客户，从而增加客户价值并提升服务的柔性和可靠性。为了衡量这一目标的达成程度，平衡记分卡给出了两种绩效评价方法：第一种是企业为达到客户所期望的服务效果而采用的评价指标，主要包括市场份额、客户保有率、客户获得率、客户满意度等；第二种是针对这些主要指标进行逐层细分，做出评分表。

3. 内部运营角度

与传统绩效评价方法相比，平衡记分卡不仅关注于单一部门或过程的效率提升，而是从整个价值链的角度，综合考虑如何通过优化内部流程来满足投资者和客户的需求。平衡记分卡提出的绩效属性包括基于质量、时间、柔性和成本的评价。质量导向的评价关注产品和服务是否符合质量标准，能否减少缺陷率；基于时间的评价则着重于流程效率，如减少生产周期和加快交付速度；柔性导向的评价衡量供应链对市场变化的适应性，如能否快速响应客户定制需求；成本指标评价则关注在提高效率的同时如何控制或降低运营成本。通过这样的全面评估，供应链可以更全面地把握内部运作的状况，实现持续的改进和优化。

4. 创新与学习角度

虽然基于顾客需求和内部业务流程的评价指标能够帮助确定公司在竞争中必须优先考虑的关键因素，但是，企业的长期增长和繁荣还依赖于其持续的产品创新、为顾客创造更多价值，以及提升运营效率。这些目标的实现依托于组织在创新和学习方面的能力。因此，与创新和学习相关的评价指标成为企业关注的焦点，这些指标鼓励企业关注能够支持未来成功的核心要素，包括人才发展、信息技术系统的升级、市场创新策略等。

（二）平衡记分卡的实施流程

第一，转化组织战略远景。让跨境电商供应链的所有成员包括管理层、合作伙伴、供应商等，对组织的战略远景有一个清晰的共识。通过工作坊、战略会议等方式，帮助每个企业成员理解供应链的长期目标及其个人或部门在实现这些目标中的作用。

第二，沟通与联结。让跨境电商供应链的所有成员在组织中向上及向下沟通战略远景与策略，并将策略与自身的的目标联结起来。平衡计分卡使组织内各阶层都了解组织长期的战略和策略，也让个体的目标与组织长期战略保持一致。

第三，规划与设计指标。在设计指标时，需要评估各指标的相关性和影响力，确保它们能够全面反映供应链的绩效并推动战略目标的实现。

第四，反馈与学习。不断评估供应链操作的实际表现与既定目标之间的差距，并根据反馈调整战略和操作。反馈机制应该使组织能够快速响应市场变化，适应新的客户需求和技术进步，从而持续提高供应链的整体效率和效果。

（三）平衡记分卡的优点

基于平衡记分卡的跨境电商供应链绩效评价方法的优点主要体现在以下几个方面。

一是平衡记分卡通过财务、客户、内部流程和创新与学习四个维度的综合评估，为跨境电商供应链提供了一个全方位的绩效分析框架。这种多维度的方法不仅关注供应链短期的财务成绩，而且强调长期的能力建设，这使得供应链操作不仅能够支持当前的业务需求，还能适应未来市场的变化。

二是通过将长远的战略目标分解为具体的操作指标，使得供应链每个成员企业的工作都直接促进整体战略的实现。

三是通过跟踪关键性能指标，使组织能够识别并解决制约效率的瓶颈问题，从而不断提升服务质量和操作效率。

四是通过平衡记分卡，供应链各方能够共享战略目标和绩效结果，增强了不同部门甚至跨国团队之间的沟通和协作。在跨境电商供应链中，这种增强的沟通非常关键，因为它涉及多元文化背景和不同的业务实践。

二、基于 SCOR 模型的绩效评价

（一）SCOR 模型的概念与特点

供应链运营参考（Supply Chain Operations Reference，SCOR）模型，是一种广泛用于衡量和改进供应链性能的管理工具。这个模型由供应链理事会在 1996 年开发，旨在提供一个统一的框架，帮助企业理解、评估和比较其供应链效率。

SCOR 模型具有以下特点。

1. 标准化

SCOR 模型提供了一种标准化的语言和格式，帮助不同的组织在全球范围内讨论、比较和改进供应链操作。SCOR 模型中的性能指标是全球公认的，无论是在亚洲、欧洲还是美洲，企业都可以使用相同的标准来衡量供应链效率。这种标准化不仅使得企业内部各部门之间的沟通更加顺畅，而且促进了与外部供应商、客户及合作伙伴之间的协作和理解。

2. 流程集成

SCOR 模型涵盖了从供应商的供应商到客户的客户的所有业务活动，包括计划、采购、制造、交付和退货五大核心管理过程。计划过程帮助企业预测需求、优化库存水平和制订生产计划；采购过程管理原料的采购和接收；制造过程涵盖生产活动；交付过程确保产品准确、及时地到达客户手中；退货过程处理退货和回收问题。这种全面的流程视角不仅增强了流程之间的协同效应，还提高了应对市场变化的灵活性和响应速度。

3. 多层次结构

SCOR 模型是分层的，包括三个层次：战略层、战术层和营运层，每一

层都关注供应链的不同方面。在战略层，企业制定长远的供应链战略和目标；战术层关注中期的资源配置和流程设置；营运层则处理日常的运营决策。这种分层架构使企业能够在不同的层面上制定和实施策略，确保各层策略的一致性和互相支持。

（二）使用 SCOR 模型评价跨境电商供应链绩效的意义

使用 SCOR 模型评价跨境电商供应链绩效具有重要意义，主要体现在以下几个方面。

一是跨境电商涉及多国市场，其供应链管理复杂，涉及的法规、文化、经济环境差异大。SCOR 模型提供了一套标准化的评价框架，使跨境电商供应链企业能够在全球范围内统一评价标准，对不同地区的供应链性能进行公平、一致的评估。这种统一性对于确保供应链管理策略的全球一致性和比较分析具有重要价值。

二是应用 SCOR 模型不仅可以评价现有的供应链绩效，更重要的是可以通过评估发现问题并对其进行持续改进和优化。对于跨境电商来说，由于涉及的复杂性较高，持续的供应链优化可以帮助企业降低成本、缩短交货时间、提升客户满意度，从而增强在竞争激烈的市场中的竞争力。

三是促进跨境电商供应链风险管理。跨境电商供应链面临着多种风险，包括货币波动、关税变化、政治不稳定等。SCOR 模型的应用可以帮助企业识别和评估这些风险对供应链绩效的潜在影响，进而制定有效的风险管理和应对策略。这种系统性的风险评估和管理对于确保供应链的稳定运行至关重要。

四是促进跨部门和跨组织协作。在跨境电商环境中，供应链的各个环节常常需要多个部门和外部合作伙伴的协同作业。SCOR 模型通过提供共同的框架和语言，促进了不同部门和组织之间的有效沟通与协作。这种协同作业能力的增强可以提高整个供应链的效率和响应速度。

（三）使用 SCOR 模型进行跨境电商供应链绩效评估的步骤

1. 确定评估范围和目标

首先，跨境电商供应链企业需要决定是对整个供应链进行全面评估，还是仅关注特定的几个流程。选择评估整个供应链可以提供一个全面的性能视角，但这需要投入更多的资源和时间。而集中于特定流程可以更深入地分析和优化那些流程。其次，跨境电商供应链企业要根据自身业务的特点和市场需求来定义评估的具体目标。这些目标应是明确和可量化的，如提高交付可靠性的百分比、降低整体供应链成本的具体数值或增加响应市场变化的速度。通过设定具体的目标，企业能够更有针对性地收集数据、分析绩效和实施改进措施。

2. 映射现有供应链

一是流程映射。使用 SCOR 模型的流程模板，绘制出当前供应链的详细流程图，包括关键活动和决策点。二是识别参与者。标明所有参与这些流程的内部部门和外部伙伴。

3. 选择和定义性能指标

根据 SCOR 模型，选择与其评估目标直接相关的性能指标。例如，如果目标是提高交付可靠性，相关的性能指标包括准时交货率和订单履行周期时间等。清晰定义每个性能指标的计算方法、数据来源、数据收集频率、负责该指标的责任人等，确保这些指标的定义一致性和准确性。

4. 数据收集和分析

（1）收集数据

收集的数据应涵盖与选定的性能指标直接相关的各种类型，包括以下几种。

① 历史数据。这些数据提供了供应链过往性能的见解，有助于分析长期趋势和周期性波动。

② 实时数据。实时监控供应链操作可以帮助企业迅速响应突发事件，优化即时决策。

③ 预测数据。利用历史和当前数据预测未来的供应链需求和表现，帮助企业提前做好准备，调整策略。

数据的收集渠道包括内部系统如 ERP（企业资源计划系统）、CRM（客户关系管理系统）、供应链管理平台，以及外部数据源，如市场研究报告和行业数据库。

（2）数据分析

数据分析阶段利用统计工具和软件，如 Excel、R 语言或专业的数据分析软件，对收集到的数据进行深入分析。主要目的如下。一是识别趋势。分析数据趋势帮助了解供应链绩效随时间的变化情况，例如，订单履行率是否有提升，库存周转率是否优化等。二是发现问题点。通过数据深入挖掘，识别供应链中的痛点，如延迟交货的根本原因，库存过剩或不足的问题区域。三是揭示改进机会。基于数据分析结果，找出潜在的改进机会，如流程优化、成本节约点、供应链协同提升等。

5. 评估供应链绩效

一是根据收集和分析的数据，评估供应链的当前绩效水平。二是与标准或目标比较，将实际绩效与 SCOR 模型的行业标准或企业自身设定的目标进行比较，确定差距。

6. 识别改进机会

在完成供应链的绩效评估后，企业需要根据收集和分析的数据识别出供应链操作中的问题。针对识别的问题，制定具体的改进方案，如重新设计流程、技术升级、调整合作方式。

7. 实施改进措施

一是制订行动计划。行动计划应详细列明实施的具体步骤、所需资源、责任分配及时间表，需要足够详尽，以确保每个参与者都明确自己的任务和责任。此外，计划应具有灵活性，以适应实施过程中可能出现的变化。

二是执行行动计划。执行行动计划时，关键在于确保所有参与方的协调一致和进度监控。执行过程中需要定期的进度审查和调整会议，以确保项目按计划进行。此外，还需建立通畅的沟通和问题快速解决机制，提高执行效率。

8. 持续监控和优化

改进措施实施后，需要通过新的或更新的性能指标持续监控其效果。这不仅能够帮助企业验证改进措施的效果，还能及时发现新的或未被完全解决的问题。

三、标杆管理绩效评价法

（一）标杆管理的内涵

标杆管理法是指以那些出类拔萃的企业作为基准，将本企业的产品、服务、管理措施等方面的实际状况与之进行定量评价和比较，分析这些企业标杆达到优秀水平的原因，并在此基础上选取改进的最优策略[①]。

绩效标杆作为一种衡量企业竞争力的工具，可以分为三种类型：战略性标杆、操作性标杆和支持活动性标杆。

战略性标杆关注的是企业或供应链的整体市场战略与其他组织的比较。

---

① 卢松泉. 供应链管理［M］. 郑州：河南科学技术出版社，2009.

这种类型的标杆不是简单地寻找"最好"的策略，而是寻找"最适合"的策略。在进行战略性标杆时，重点是全面了解自身供应链及其所处的市场环境，确保所比较的战略能够真正适应自身的业务环境和长远目标。通过分析其他组织在类似市场条件下的成功或失败，企业可以更好地确定自己的市场定位，调整或重新设计业务战略，以提高市场响应速度和竞争力。

操作性标杆着眼于企业日常运营中的具体职能和流程。这种标杆通过比较与业内最佳实践，寻找那些能够在不同职能领域（如生产、采购、物流）实现最优绩效的方法。操作性标杆的实施帮助企业识别关键流程中的改进空间，引入创新的操作技术或方法，从而提高操作效率和减少浪费。

支持活动性标杆集中于企业的支持功能，如人力资源、财务、IT、后勤。这种标杆的目标是通过提高这些支持活动的成本效益来增强企业的竞争优势。通过比较和实施行业内部最有效的支持活动策略，企业能够控制和减少间接费用，防止不必要的成本增长。实施这类标杆可能涉及优化财务报告系统、采用更高效的人力资源管理工具或改进 IT 基础设施。

（二）标杆管理绩效评价法的实施步骤

1. 明确标杆的内容

从改进和提升跨境电商供应链绩效的角度出发，首先明确供应链及其结点企业的核心任务。这些任务实际上是跨境电商供应链成功的关键因素。接下来，对这些核心任务进行详细分解，这不仅有助于更好地理解任务的结构和组成，而且便于对问题如成本、效率等进行具体的量化分析和审视。例如，如果供应链的一个关键任务是缩短交货时间，那么这个任务可以进一步细分为改进订单处理流程、优化物流、配送网络等子任务。最后确定标杆管理的具体内容，使用因果分析法来识别和分析各项任务中可能存在的问题、挑战和机遇。

2. 选择标杆供应链

确定了标杆管理的具体内容后，下一步是选择合适的标杆供应链进行比较学习。在选择标杆供应链时，主要遵循两个原则。第一，所选的标杆供应链应该具有卓越的业绩和经济效益，且在其所属行业内被公认为最佳实践的领导者。第二，标杆供应链应与本企业的供应链或其链上企业具有相似的特点。这种相似性是选择标杆的重要条件，因为只有当两者在某些关键方面相似时，才能确保学习和改进的实际可操作性和有效性。标杆的选择可以在同一行业内进行，也可以跨行业进行，关键是找到那些在类似环节或职能上展现出优秀管理实践的供应链或结点企业。遵循这两个原则，企业不仅能够清晰地定义改进的方向和焦点，还能找到合适的学习对象，从而有效地借鉴和实施行业内的最佳实践，推动自身供应链管理向更高水平的发展。

3. 收集资料和数据

标杆管理绩效评价法很大程度上依赖于准确、全面的数据收集。数据为企业提供了与其他组织进行比较的基础，帮助企业客观评估自身在行业内的位置。数据收集的广度和深度直接影响标杆分析的有效性和实施改进措施的精确性。

主要的数据来源包括以下几种。第一，政府统计部门提供的宏观经济数据、行业发展趋势等信息。第二，咨询公司提供的深入的市场分析、竞争对手分析以及行业最佳实践。第三，行业协会提供的行业标准、行业统计数据以及会员企业的经验分享。第四，客户反馈提供的对服务和产品质量的评价，反映市场需求和满意度。第五，从标杆供应链或企业中的雇员的直接经验可以提供内部流程和实践的见解。

有效的数据收集方法包括以下几种。第一，访谈。与行业内的专家或企业高层进行深入访谈。第二，座谈会。组织行业内多方参与的座谈，以收集多角度的意见和信息。第三，问卷调查。设计针对性的问卷，广泛收集行业内外的数据。第四，实地考察。直接访问标杆企业或供应链节点，观察并学习其操作流程和管理实践。通过这些方法，企业可以收集到丰富的定量和定性数据，为后续的分析比较奠定坚实基础。

4. 分析存在的差距

对收集的数据进行分析比较，即可找出本供应链与目标供应链在绩效水平及管理措施和方法上的差距。

具体的分析方法主要有两种。一是定量分析。即利用统计工具对收集到的数据进行量化分析，找出数值上的差异。二是定性分析。即对策略和流程进行描述性的比较，理解差异背后的原因。

5. 制定绩效的目标

在标杆管理过程中，制定绩效目标是关键一步，它依据之前的差距分析来确定企业应追求的具体绩效标准。这些目标不仅指向业界的最佳实践，也反映了企业改进的方向。为了确保这些目标的实际可行性和有效性，制定目标时必须考虑到以下四个方面的客观条件差异。

（1）经营规模的差异及由于规模经济而造成的效率差异

不同企业的经营规模会直接影响其生产和运营的成本结构。大规模生产往往能够实现规模经济，降低单位成本，增加市场竞争力。在设置绩效目标时，中小企业如果盲目追求大公司的绩效标准，可能会因忽略规模经济的效应而制定出不切实际的目标。因此，目标设置应与企业的实际规模相匹配，并考虑如何通过增大规模或优化运营来接近或达到行业最佳水平。

（2）管理哲学及管理观念上的不同

企业的管理哲学和文化背景对其业务战略和操作方式有深远影响。在学习标杆企业的管理实践时，企业需要考虑自身管理哲学与标杆企业的差异。例如，如果标杆企业依赖高度中央集权的决策模式取得成功，而本企业采用的是分散式管理，那么直接复制标杆的策略可能不会产生相同的效果。因此，绩效目标的制定需要根据自身的管理理念进行调整，确保目标与企业文化和管理风格相符。

（3）产品特性及生产过程的差异

不同的产品和生产流程决定了操作的复杂性和成本结构。例如，定制化产品的生产流程与大批量标准化产品的生产流程截然不同。因此，在制定绩效目标时，必须考虑产品的特性和生产技术的特定要求。目标应当反映出对生产流程的深刻理解和可实施性，确保所设目标既有挑战性，又能够达成。

（4）经营环境中存在的不同条件

企业的地理位置、市场环境、法律法规、经济条件等都会对其运营绩效产生影响。在制定绩效目标时，应考虑这些外部环境因素。例如，处于不同国家的企业可能面临不同的劳动力成本和环境法规，这些都应当在设置目标时予以考量。

6. 综合与交流沟通

将已取得的进展与节点企业广泛分享，征询反馈，修正目标，并确保所有参与方的目标和行动一致。

一是制订具体的行动方案。在跨境电商环境中，供应链的复杂性增加了制定具体行动方案的重要性。此方案需详细规划包括计划的起始、各阶段的安排、实施方法、技术应用及阶段性成绩的评价方法。

二是专人负责，专家指导。在跨境电商供应链中，应指定专门的团队来负责标杆管理的各个方面，并在必要时引入外部专家提供专业指导。这些专家可能具备特定地区的市场知识、法规熟悉度或特定供应链技术的专长，能够帮助解决跨国经营中的特定挑战。此外，与标杆管理活动密切相关的关键人员，如地区经理和供应链协调员，也应参与到项目中来，确保各个环节的有效协同。

三是标杆管理方法的连续进行。标杆管理绩效评价不是一次性活动，而是一个持续的过程，需要在每一轮活动后及时总结经验、分析新的情况和发现，以制定新的基准目标。在跨境电商供应链中，市场和技术的快速变化尤为显著，因此，需要不断地更新和调整标杆管理的目标和策略。例如，随着电子商务平台技术的进步或全球贸易政策的变化，供应链策略可能需要调整以保持竞争力。

标杆管理的最终目的是供应链标杆管理获得与领先供应链相同甚至超越领先供应链的竞争实力，并使单独进行的各项标杆管理活动融入供应链日常经营活动中去。

第三节　跨境电商供应链绩效评价指标体系构建

一、跨境电商供应链绩效评价指标的作用

通过度量供应链绩效评价指标，管理者能够更好地了解供应链的运作情况，合理评估供应链绩效，并制定有效的改进策略。具体而言，跨境电商供应链绩效评价指标具有以下作用。

一是评价跨境电商供应链整体运行效果。跨境电商供应链绩效评价指标的首要作用是对整个供应链的运行效果进行全面评价，这些指标提供了一个量化的手段来衡量供应链在不同方面的表现。通过这种评价，企业能够识别供应链中的优势和弱点，发现潜在的改进领域，制定针对性的策略来优化供应链结构和流程，对于提升供应链整体绩效、增强竞争力及确保可持续发展至关重要。

二是评价跨境电商供应链成员企业。跨境电商供应链涉及的企业可能遍布全球，具有不同的文化背景和经营环境。通过绩效评价指标，核心企业可以监控供应商、制造商、分销商等合作伙伴的表现，这不仅有助于识别并及时解决合作中的问题，还可以基于表现进行合理的资源分配，如给予表现优异的供应商更多的订单或者剔除不良企业等。

三是衡量供应链内企业间的合作关系质量。主要考虑跨境电商供应链的

上游企业（如供应商）为下游企业（如制造商）提供产品和服务的质量，从用户满意度的角度评价上下游企业之间合作伙伴关系的好坏。

四是对跨境电商供应链企业进行激励。通过设定明确的绩效目标和评价机制，企业可以鼓励供应链中的各方主动改进和提升自身的业务表现。这种激励不仅限于核心企业与非核心企业之间，也适用于供应商、制造商、销售商等供应链各环节之间。例如，通过绩效绑定的激励机制，企业可以鼓励供应商提高材料质量或缩短交货时间，或者激励销售商扩大市场份额和提升客户服务水平。这样的激励机制有助于提升整个供应链的动力和活力，促进各参与方共同努力实现供应链的整体优化和绩效提升。

二、跨境电商供应链绩效评价指标体系构建的原则

由于跨境电商供应链具有独特性，其绩效评价比传统供应链更为复杂，需要从多维度和层面构建评价指标体系才能全面准确地衡量其表现。在构建跨境电商供应链绩效评价指标体系时，除了需要遵守通用的原则外，还必须深入考虑跨境电商供应链管理的理论及供应链企业自身的特点，使得评价指标既科学又贴合实际。具体来说，应遵循以下原则，如图 4-4 所示。

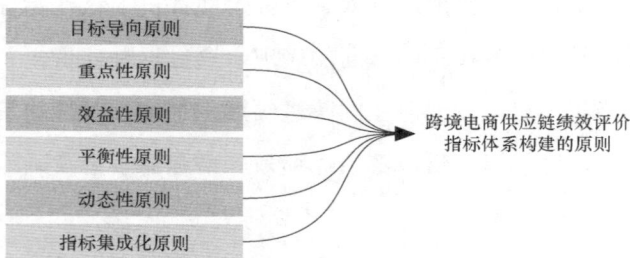

图 4-4　跨境电商供应链绩效评价指标体系构建的原则

（一）目标导向原则

目标导向原则是指在构建跨境电商供应链绩效评价指标体系时，要以跨境电商供应链管理的目标为指导，对跨境电商供应链进行绩效评价的目的就

是分析跨境电商供应链是否达到供应链管理的目标，为进行跨境电商供应链设计、改进与运行管理提供决策支持。跨境电商绩效评价指标必须反映出供应链管理的目标。例如，如果跨境电商供应链管理的一个关键目标是缩短交货时间，那么绩效评价体系就应该包含与订单履行时间相关的指标。

（二）重点性原则

重点性原则要求专注于那些能够反映供应链核心能力和整体运作状况的关键绩效指标。这意味着供应链绩效评价指标应能够识别和测量对供应链成功至关重要的因素，如订单准确率、物流效率、库存周转率、供应链成本、客户满意度。在跨境电商环境中，考虑不同国家和地区之间的复杂互动，供应链绩效评价指标体系还应该涵盖关税效率、跨境合规性、多货币交易处理能力等方面。通过聚焦关键指标，企业能够更有效地监控和改进那些最能影响供应链整体绩效的领域，从而提升竞争力和市场响应能力。

（三）效益性原则

效益性原则强调指标体系的设计应以最少的投入创造最大的产出，即评价指标体系的设计需避免过于复杂或冗余，以免实施成本过高或操作困难。这要求设计者在确保全面性的同时，努力简化指标，尽量选择能直接反映供应链经济效益和效率的指标，保持操作上的可行性和实用性。

（四）平衡性原则

平衡性原则是指跨境电商供应链绩效评价指标体系应融合财务和非财务指标，使得评价体系既能反映跨境电商供应链管理的经济成果，又能衡量管理过程和运作质量。在财务指标方面，应重点关注成本效率、收益增长、资产回报率等传统财务指标。在非财务指标方面，应重点关注客户满意度、供应链的响应速度、灵活性、创新能力、供应链的可持续性和风险管理能力等方面。平衡性原则也强调评价指标体系应结合领先和滞后指标。领先指标如订单履行时间可以预示未来的客户满意度和市场表现，而滞后指标如季度销售收入则反映了已实现的经济效果。这样不仅可以帮助企业评估当前绩效，还能帮助企业预测未来表现，促进供应链企业策略调整和持续改进，从而在全球竞争中保持领先。

（五）动态性原则

动态性原则强调跨境电商供应链绩效评价指标体系应能反映供应链在不同时间、不同市场条件下的表现，从而支持企业在变化的环境中做出快速响应和调整。这一原则尤为重要，因为跨境电商面临的是一个动态变化的全球市场，涉及多元文化、不同经济体和各种政策法规。跨境电商供应链需要适应突发的全球事件影响，如贸易政策变动、汇率波动或全球性卫生事件，这些都要求指标体系具有较强的适应能力。因此，跨境电商供应链绩效评价指标应定期评审和更新，确保评价指标体系能够反映供应链管理的最新实践和行业标准。

（六）指标集成化原则

指标集成化原则强调评价指标体系需要全面覆盖供应链的各个环节，确保所选指标能综合反映整个供应链的绩效，而非仅限于单个节点或企业。这是因为供应链是一个复杂的系统，各环节相互依赖，单一节点的表现并不能全面代表整个链的效率和效果。

三、跨境电商供应链绩效评价指标体系的具体构建

整个跨境电商供应链的绩效评价指标可以划分为三个层次，即战略层绩效指标、战术层绩效指标和营运层绩效指标。

（一）战略层的绩效指标

战略层绩效指标的核心职能是从跨境电商供应链整体利益出发，对组织

实行统一指挥和综合管理，并制定组织目标和大政方针。跨境电商供应链战略层的绩效指标评价的是供应链整体方针和目标。

1. 战略匹配度

（1）成员企业战略匹配度

成员企业战略匹配度主要考察供应链内各成员企业的竞争战略与整体供应链战略之间的一致性程度。由于供应链由核心企业、供应商、分销商等构成，每个成员企业都可能有自己独立的竞争战略，这些战略若与供应链整体战略不一致，则可能削弱供应链的整体竞争力，影响客户满意度，甚至导致整体绩效下降。

在跨境电商供应链战略中，通常是由核心企业依据核心产品在市场上的竞争特点来定制其竞争战略，然后与其他节点企业的竞争战略协调进而形成整条供应链的竞争战略。虽然供应链战略是通过核心企业与非核心企业战略之间的协调来实现的，但核心企业因其较大的影响力和控制能力，通常在这个过程中发挥着领导作用，从而确保自身战略与供应链战略的高度匹配。因此，对跨境电商企业战略匹配程度的考察主要是看非核心企业的竞争战略的匹配程度。当非核心企业能够与核心企业，以及整个供应链的战略方向保持一致时，供应链作为一个整体更能有效响应市场变化，实现协同运作，优化资源分配，最终达成提升客户价值和供应链竞争优势的共同目标。跨境电商供应链成员企业竞争战略的匹配程度如表 4-1 所示。

表 4-1　跨境电商供应链成员企业竞争战略的匹配程度

定性描述	评级
跨境电商供应链各节点企业战略目标高度一致	优
跨境电商供应链各节点企业战略目标基本一致	良
跨境电商供应链各节点企业战略目标一致性较低	中
跨境电商供应链各节点企业战略目标几乎没有一致性	差

① 优。各节点企业的战略目标与供应链整体战略高度一致。各企业不仅充分理解核心企业设定的供应链总体战略，而且在自己的战略规划和执行中，能够紧密配合这一总体战略。执行层面上，这种一致性促进了供应链内部的高效协作和资源优化，为整个供应链带来了最大化的竞争优势和客户价值。

② 良。各节点企业的战略目标与供应链整体战略基本一致，但仍存在一些差距。虽然这些企业努力跟随供应链的总体战略方向，但在某些具体策略或执行细节上可能未能完全匹配，这可能导致供应链的一些潜力未能完全发挥。

③ 中。各节点企业的战略目标与供应链整体战略的一致性较低。这些企业虽然有意与供应链战略保持一致，但实际上在很多关键决策和操作上有较大的偏差，这种偏差可能会影响供应链的整体协同效果和响应市场变化的能力。

④ 差。各节点企业的战略目标与供应链整体战略几乎没有一致性。企业间缺乏有效的沟通和协调，导致各自为战，无法形成有力的集体竞争优势。这种分散的战略焦点会严重阻碍供应链的整体性能和长期成功。

（2）其他职能战略匹配度

跨境电商供应链中的职能战略，如产品设计、定价、生产、库存和运输战略不仅要各自有效而且需要相互协调，共同支持供应链的总体竞争战略。例如，如果供应链是效益型的，各职能战略的设计应该如下：产品设计战略应专注于简化产品结构，采用标准化部件以降低生产和维护成本，同时确保质量和功能满足市场需求，从而实现绩效最大化和成本最小化。定价战略应以市场竞争为基础，确保定价能够吸引目标客户群体，同时在保证边际利润的基础上追求销售量的增长，支持整体的成本领先战略。生产战略需要专注于提高生产效率和设备利用率，采用精益生产方法来减少浪费，降低生产成本，同时确保快速响应市场需求的变化。库存战略应通过精准的需求预测和有效的库存管理最小化库存水平，以减少资金占用和仓储成本，实现整个供应链的库存优化。运输战略应选择成本效益最高的运输方式和路径，同时考虑可靠性和速度，以确保及时配送并降低物流成本。跨境电商供应链其他职能战略匹配度评价指标如表 4-2 所示。

表 4-2　跨境电商供应链其他职能战略的匹配程度

定性描述	评级
跨境电商供应链各节点企业战略与其他职能战略高度一致	优
跨境电商供应链各节点企业战略与其他职能战略基本一致	良
跨境电商供应链各节点企业战略与其他职能战略一致性较低	中
跨境电商供应链各节点企业战略与其他职能战略几乎没有一致性	差

① 优。跨境电商供应链中各节点企业的战略与其他职能战略之间存在高度一致性。各职能战略不仅与企业的总体战略紧密结合，而且彼此之间也高度协调，共同支持供应链的整体目标和竞争策略，从而有效地提升整个供应链的绩效和市场竞争力。

② 良。跨境电商供应链的各节点企业战略与其他职能战略基本一致。尽管大部分职能战略与企业总体战略相吻合，但仍有改进空间，以确保所有职能区域更加紧密地支持供应链的总体战略。

③ 中。跨境电商供应链各节点企业的战略与其他职能战略之间的一致性较低。各职能部门的战略虽然旨在支持总体目标，但实际上存在明显的分歧，这可能会影响供应链的协同作用和整体绩效。

④ 差。跨境电商供应链的各节点企业战略与其他职能战略之间几乎没有一致性。这种情况下，职能部门的战略方向和企业整体战略严重脱节，导致资源无法有效整合，供应链协作受阻，严重影响供应链的整体竞争力和效率。

2. 资本价值指标

（1）总资产报酬率

总资产报酬率是衡量企业通过其全部资产产生盈利能力的指标。它通过对比企业的净收益与其总资产之间的关系来衡量企业利用现有资产获取收益的效率。在跨境电商供应链中，总资产报酬率反映了供应链中不同节点企业利用资产的有效性。总资产报酬率越高，表示企业能够有效利用其资产获取更多的利润，这对于资本密集型的跨境电商行业来说尤为关键。它不仅能够帮助管理者评估和比较不同供应链节点企业的资产利用效率，还可以作为改进供应链管理和优化资产配置的重要参考。总资产报酬率的计算公式如下：

$$总资产报酬率 = \frac{\sum 各节点企业的净利润}{\sum\left(\dfrac{各节点企业起初总资产+各节点企业期末资产}{2}\right)} \times 100\%$$

（4-1）

（2）市场占有率

市场占有率是指企业在特定市场上的销售额占该市场总销售额的比率，是衡量企业市场竞争力的关键指标。在跨境电商供应链中，市场占有率反映了供应链产品在全球或特定地区市场上的竞争地位和客户接受度。一方面，高市场占有率意味着企业和供应链的产品设计、品质、价格、服务等方面具有较强的市场吸引力；另一方面，它还能指示供应链对市场变化的适应能力和市场需求的满足程度。因此，监测和分析市场占有率不仅能帮助供应链管理者评估市场策略的有效性，还能为制定未来的市场拓展和产品开发策略提供依据。市场占有率的计算公式如下：

$$市场占有率 = \frac{本供应链提供的产品数}{市场同类产品总数} \times 100\% \qquad （4-2）$$

（3）净资产收益率

净资产收益率是衡量企业利用股东权益产生利润能力的指标，即公司净利润与股东权益的比例。在跨境电商供应链中，净资产收益率可以反映供应链各环节企业对股东投资的回报效率。净资产收益率高，通常表明企业能够有效地利用投资来增加盈利。维持较高的净资产收益率不仅有助于吸引和保持投资者，还能增强公司的财务稳定性和市场信誉。因此，净资产收益率是供应链管理者评估财务绩效、制定资本策略和优化资源配置的重要指标。净资产收益率的计算公式如下：

$$净资产收益率 = \frac{净利润总额}{平均净资产} \times 100\% \tag{4-3}$$

3. 顾客满意度

（1）老顾客保有率

老顾客保有率是用来衡量跨境电商供应链在一定时期内保持现有顾客能力的指标。这个比率反映了顾客对供应链管理和运营效率的满意度，尤其是产品质量、交付速度、服务水平、价值感知等方面。老顾客保有率越高，表明顾客对供应链所提供产品或服务的忠诚度高，他们重复购买的可能性大，这对于跨境电商而言尤为重要，因为获取新顾客的成本远高于保持现有顾客。保持高老顾客保有率可以促进稳定的收入流，并可以通过口碑效应吸引新顾客，从而增强供应链的市场地位和长期盈利能力。老顾客保有率的计算公式如下：

$$老顾客保有率 = \frac{重复购买的顾客数量}{平均顾客数量} \times 100\% \tag{4-4}$$

（2）新顾客增长率

新顾客增长率衡量的是跨境电商供应链在特定时间内吸引新顾客的效率。新顾客增长率越高，表明供应链能够成功吸引新顾客，并且能够适应不断变化的市场需求和消费者偏好。新顾客增长率的计算公式如下：

$$新顾客增长率 = \frac{新顾客数量}{平均顾客数量} \times 100\% \tag{4-5}$$

4. 学习创新能力

（1）员工建议增长率

员工建议增长率反映在一定时期内，供应链内员工提出的改进建议数量相比前一时期的增长情况。员工建议增长率越高，表明员工积极参与管理和决策的意愿越强，供应链管理活力越强。通过鼓励员工提出建议，企业可以从一线员工那里获取宝贵的见解和创新点子，促进供应链的持续改进和优化，从而提高整体竞争力和效率。员工建议增长率的计算公式如下：

$$员工建议增长率=\frac{本期员工建议数-上期员工建议数}{本期员工建议数}\times100\% \quad (4\text{-}6)$$

（2）人均培训时间增长率

均培训时间增长率衡量在一定时期内供应链企业员工平均接受培训的时间相比上一时期的增长率。员工培训不仅是实现供应链战略目标、新管理理念和先进生产服务理念的关键，也是企业适应市场变化、推动关键改革并实现长期可持续发展的基础。通过组织员工培训，企业能够提升团队的技能和知识水平，增强员工的职业成就感和归属感，从而促进供应链内部的协作和创新，提高供应链的整体绩效和适应性。人均培训时间增长率的计算公式如下：

$$人均培训时间增长率=\frac{本期人均培训时间-上期人均培训时间}{本期人均培训时间}\times100\% \quad (4\text{-}7)$$

（3）新产品（服务）销售比率

新产品（服务）销售比率是衡量在一定时期内，由供应链推出的新产品或服务的销售收入占整个供应链同期总销售收入的比例。较高的新产品（服务）销售比率不仅表明供应链具有强大的产品设计和开发能力，而且还显示了供应链有效的市场营销和推广能力。这一指标是评估供应链对市场变化和消费者需求反应灵敏度的重要体现，高比率通常与供应链的市场竞争力和长期增长潜力密切相关。新产品（服务）销售比率的计算公式如下：

$$新产品（服务）销售比率=\frac{某时间内供应链新产品（服务）销售额}{同期供应链产品销售额}\times100\%$$

$$(4\text{-}8)$$

（4）新产品开发投资率

新产品开发投资率衡量的是供应链成员企业在研究和开发新产品或服务上的投入占总销售额的比例。这一指标反映了企业对创新和技术进步的重视程度及投资力度，是衡量供应链未来竞争力和市场领先地位的关键指标。新产品开发投资率越高，表明企业为研究开发的投入程度越强。新产品开发投资是推动供应链整体技术进步、促进产品升级和拓展市场份额的基础，有助于企业长期稳定发展并在竞争中占据有利位置。新产品开发投资率的计算公式如下：

$$新产品开发投资率 = \frac{研究开发费用}{销售额} \times 100\% \qquad (4\text{-}9)$$

5. 发展能力

发展能力指的是供应链通过其生产和经营活动持续增强的发展潜力，体现了供应链积累资源、扩张市场和提高竞争力的总体效率。衡量发展能力不仅有助于了解供应链当前的经济增长状况，而且能够揭示其未来的发展趋势和潜在水平。

（1）销售收入增长率

销售收入增长率衡量供应链在一定时期内销售收入的增长情况，通常通过比较本期销售收入与上一期的增长率来计算。销售收入增长率的提高表明供应链的市场表现正向好的方向发展，销售策略和运营效率有效，能够在市场上持续增加收益。对跨境电商供应链而言，持续上升的销售收入增长率不仅反映了供应链当前的市场竞争力，还反映了其市场扩张和客户基础增加的能力，是评估供应链长期可持续发展能力的关键指标。销售收入增长率的计算公式如下：

$$销售收入增长率 = \frac{本期销售收入 - 上期销售收入}{上期销售收入} \times 100\% \qquad (4\text{-}10)$$

（2）利润增长率

利润增长率衡量的是供应链在一定时期内利润的增长效率，通常通过计算本期利润与上期利润的差值再除以上期利润来得出。这个指标反映了供应链在创造经济价值和实现财务增值方面的效果。对于跨境电商供应链而言，利润增长率的提升意味着其运作模式有效，成本控制得当，且能有效地转化销售增长为实际盈利。长期来看，健康的利润增长率对于供应链的再投资、技术升级和市场扩张至关重要，是确保供应链在激烈的市场竞争中保持活力和竞争力的重要指标。利润增长率的计算公式如下：

$$利润增长率 = \frac{本期利润 - 上期利润}{上期利润} \times 100\% \qquad (4-11)$$

（二）战术层绩效指标

战术层绩效指标的主要职能是为达到跨境电商供应链总目标，为各职能部门制定具体的管理目标，规划和选择的实施方案、操作步骤和流程，并对生产经营的结果进行评价等。战术层面的主要绩效指标有以下两种：

1. 供应链产销指标

（1）供应链产销率

供应链产销率是衡量供应链效率和产品流转速度的指标，它反映了一定时期内供应链销售产品的价值与生产的产品总价值之间的比例，可以用于评估供应链在将生产的产品转化为销售收入方面的能力。供应链产销率越接近于1，表明供应链资源利用率越高，库存水平越低，流通效率越高。这样的供应链能够有效减少资本占用和库存成本，加快资金周转，增强整体的运营效率。供应链产销率的计算公式如下：

$$供应链产销率 = \frac{已销售出去的产品价值}{生产的产品价值} \times 100\% \qquad (4-12)$$

（2）平均产销绝对偏差

平均产销绝对偏差是衡量供应链整体库存管理效率的重要指标，它体现了在特定时间段内供应链整体库存水平的状况，揭示了供应链对于产销平衡的控制能力。平均产销绝对偏差较大，表明供应链存在过量库存，高库存不仅会增加存储成本、资金占用和过时风险，还会降低供应链的灵活性和效率。相反，平均产销绝对偏差较小，表明供应链能够有效匹配产能和市场需求，维持较低的库存水平，从而优化资本利用和提升运营效率。对跨境电商供应链管理者来说，监控和优化这一指标有助于实现更加精细化的库存控制和供应链优化，提高整体的运营表现。平均产销绝对偏差的计算公式如下：

$$平均产销绝对偏差=\frac{|P_i-S_i|}{n}\qquad（4-13）$$

式中，n 表示供应链成员企业的个数；P_i 表示第 i 个成员企业在一定时间内生产产品的价值；S_i 表示第 i 个成员企业在一定时间内生产的产品中已销售的价值。

2. 供应链产需率

供应链产需率用于衡量供应链在一定时间内已经生产的产品数量与市场需求量之间的关系，对于评估供应链的效率和市场响应能力至关重要。供应链产需率可以分为供应链节点企业产需率和供应链核心企业产需率。

供应链节点企业产需率用于评估跨境电商供应链中各个节点企业（如供应商、制造商、分销商等）生产的产品数量与下游节点需求之间的匹配程度。当产需率接近于 1 时，表示供应链中的上游企业能够精确地根据下游需求来调整自身的生产，从而实现供需之间的高度协调，促进供应链的流畅运作，提升整个供应链的准时供应率和运作效率。相反，如果产需率远离 1，那么表明供需关系存在不平衡，可能导致过剩库存或供应不足，进而影响供应链的整体绩效。

供应链核心企业产需率衡量的是整个供应链相对于市场需求的生产能力，反映供应链核心企业在整体供应链管理中的生产调配能力和市场敏感度。产需率接近 1 时表明供应链能够有效匹配市场需求，显示出供应链具备应对市场波动的灵活性，市场竞争力较强。反之，产需率低于 1 则表示供应链存在生产调度不足或市场预测不准确的问题，需要进一步优化生产计划和市场分析。供应链产需率的计算公式如下：

$$供应链产需率=\frac{已生产的产品数量}{顾客对该产品的需求量}\times100\%\qquad（4-14）$$

3. 交货可靠性

（1）缺货率

缺货率是指一定时期内发生缺货的次数占总订货次数的比例。这一指标对于评估供应链的有效性至关重要，因为它直接关系到供应链能否满足市场和顾客的需求。缺货率较高通常意味着供应链管理存在问题，导致无法及时补充库存以满足订单需求。持续的缺货问题不仅会直接影响顾客满意度和忠诚度，还可能导致丧失销售机会和损害品牌信誉。因此，降低缺货率是提升跨境电商供应链绩效、确保顾客满意和维持市场竞争力的关键任务。缺货率的计算公式如下：

$$缺货率 = \frac{产品缺货次数}{产品订货次数} \times 100\% \tag{4-15}$$

（2）供应率

供应率是衡量供应链满足订单需求能力的指标。对于不同等级的顾客，供应链管理者会赋予其不同的优先级，关键顾客的订单满足程度通常被赋予更高的优先级。通过定期分析关键顾客订单的履行情况，可以评估供应链在满足其重要客户群体方面的效率和效果。此外，针对不同的产品，顾客可以接受的供应率也存在差别，对重要产品的供应率要高些。供应率的计算公式如下：

$$供应率 = \sum_{i=1}^{m} a_i \times \left[\sum_{j=1}^{n} t_j^i \times b_j \right] \tag{4-16}$$

式中，n 为产品种类数；t_j^i 为第 i 个顾客对第 j 中产品的供应率；m 为顾客数量；a_i 为第 i 个顾客的重要性；b_j 为第 j 种产品的重要程度。

（3）准时交货率

准时交货率是衡量跨境电商供应链将产品准时送达顾客手中的能力的指标。这一指标不是简单地评估能否在某个时点完成交货，而是评价在顾客期望的时间范围内完成交货的能力。准时交货率越高，表明跨境电商供应链具有良好的生产调度、库存控制和物流协调能力，能够有效地应对生产和运输过程中的各种挑战，提高顾客满意度和忠诚度。准时交货率的计算公式如下：

$$准时交货率 = \frac{准时交货次数（价值）}{总交货次数（价值）} \times 100\% \qquad (4\text{-}17)$$

4. 服务质量

（1）顾客抱怨率

顾客抱怨率是衡量跨境电商供应链服务质量的关键指标，用于评估顾客对于服务的满意度。该指标通过量化顾客对服务不满意并进行正式抱怨的频率来反映服务的合格程度。顾客抱怨率高通常表示供应链在某些关键服务环节存在较多问题。对顾客抱怨的分析可以帮助供应链管理者识别服务流程中的弱点，从而采取具体措施改进服务流程、产品质量或客户沟通策略。顾客抱怨率的计算公式如下：

$$顾客抱怨率 = \frac{顾客抱怨次数}{总交易人数} \times 100\% \qquad (4\text{-}18)$$

（2）顾客抱怨解决时间

顾客抱怨解决时间是指从顾客提出抱怨到问题得到满意解决所需的时间长度。这个指标是衡量供应链对顾客反馈响应速度和效率的重要标准。较短的抱怨解决时间通常与高顾客满意度相关，表明供应链具备迅速识别问题并有效解决问题的能力。此指标的优化不仅能够提高顾客的忠诚度，还能提升品牌的整体声誉。实际操作中，可以通过设定具体的服务标准（如抱怨必须在 24 小时内响应，72 小时内解决），并通过持续跟踪满意解决率（即在规定时间内成功解决的抱怨占总抱怨数的比例）来监控和提升服务质量。

5. 产品价格

产品价格是影响顾客购买意愿和满意度的关键因素之一。在使用价格度量顾客满意度时，应遵循这样一个基本原理，即通过对价格变化的度量反映顾客满意的潜在变化。通常用以下两个指标衡量。

（1）同比平均价格优势

该指标是指目标供应链在一定时间内各单品的综合平均价格与竞争对手供应链价格的比较。通过这种比较，可以量化供应链在市场上的价格竞争力。价格优势越大，通常意味着该供应链对顾客的吸引力更大。

（2）平均产品促销率

供应商的促销策略，如捆绑销售、批量购买优惠、赠品促销等，能够有效地激发顾客的购买兴趣，并在一定程度上提高顾客的满意度。为了量化这一效果，可以采用平均产品促销率指标，该指标是指一定时间段内每种产品的平均促销次数。其计算公式如下：

$$平均产品促销率 = \frac{1}{n}\sum_{i=1}^{n}PP_i \tag{4-19}$$

式中，n 为供应链内的产品种类，PP_i 为第 i 种产品在一定时间内的促销次数。

6. 资本运营能力

（1）总资产周转率

总资产运营能力是衡量跨境电商供应链使用其全部资产生成销售收入的效率的指标。总资产周转率越高，表明供应链能够有效利用其资产来生成更多的销售收入，这是供应链管理效率高和资本利用率强的重要标志。在跨境电商环境中，由于涉及多币种、不同地区的法规和市场波动，有效管理和优化资产使用尤为关键。因此，这个指标对于评估供应链在全球范围内资本配置和运营效率的优化程度具有重要意义。总资产周转率的计算公式如下：

$$总资产周转率 = \frac{\sum 各节点企业销售收入}{\sum 各节点企业平均总资产} \times 100\% \tag{4-20}$$

（2）库存周转率

库存周转率是衡量供应链管理库存效率的关键指标。库存周转率越高，意味着库存更新越频繁，供应链能够迅速响应市场需求，有效减少库存积压。

在跨境电商的环境下，高效的库存管理尤其重要，因为它涉及复杂的物流和供应链结构。库存周转率的优化可以帮助企业减少持有成本，避免过时库存，提升资金流动性，从而增强整体的竞争力和市场响应速度。库存周转率的计算公式如下：

$$库存周转率 = \frac{\sum 各节点企业销售成本}{\sum 各节点企业平均存货} \times 100\% \qquad (4\text{-}21)$$

（3）现金周转率

现金周转率衡量的是供应链企业在一定时期内现金的流动性和使用效率，现金周转率高表明供应链企业能够有效地利用其现金资源支持销售活动，保持良好的流动性，避免资金积压。这对于维护供应链的健康运作、满足跨国操作中的即时资金需求和应对市场波动极为关键。现金周转率的计算公式如下：

$$现金周转率 = \frac{\sum 各节点企业销售收入}{\sum 各节点企业经营现金流入} \times 100\% \qquad (4\text{-}22)$$

7. 节点企业密切度

（1）供应链内平均订货提前期

提前期是衡量供应链效率的关键指标，它反映了从顾客下订单到供应商提供产品或服务所需的总时间。提前期包括准备时间、加工时间、排队时间、运输时间、等待时间等。其计算公式具体如下：

$$供应链内平均订货提前期 = \frac{各节点企业的订货提前期之和}{节点企业个数} \qquad (4\text{-}23)$$

（2）平均产出循环期

产出循环期指标是指在供应链的生产环节中，相同产品从一个生产周期到下一个生产周期的时间间隔。这个指标反映了供应链节点对下游需求响应的速度和效率。较短的产出循环期表明供应链节点能够快速地生产并向下游供应产品，从而提高整个供应链的响应能力和市场适应性。同时，较短的循环期还可以降低在制品和成品库存，减少库存持有成本，增强供应链的整体运营效率。对于跨境电商供应链而言，有效管理产出循环期不仅能提升运营表现，还能加强其在激烈市场竞争中的地位。

（3）供应链节点企业之间满意度

反映供应链上、下节点企业之间关系绩效的综合评价指标，即在一定时间内下游企业对其相邻上游企业的综合满意程度。

（4）供应链平均退货率

退货率是反映供应链内产品或服务供应协调程度的重要指标，指在一定时期内，供应链各节点间退货数量占总销售数量的比例。较低的退货率通常表示供应链中的产品质量管理良好，各节点间的沟通和协调效果佳。这不仅能减少由于产品缺陷或不符合规格而引起的退货，还表明供应链能够有效满足顾客需求和预期，从而提高顾客满意度和忠诚度。

（5）供应链最终核心产品成本

这个指标衡量的是整个供应链中所有环节的成本如何最终集中反映在核心产品的生产成本上。供应链最终核心产品成本的高低直接体现了供应链的运营效率和成本控制能力。核心产品成本低表明供应链在原料采购、生产效率、物流安排等方面管理得当，能有效地控制成本，增强竞争优势。

（6）利益分配公平度

在供应链中，每个成员企业的加入都是基于获得预期利益的考虑。利益分配公平度指标评估成员企业对供应链内利润分配的满意度。当企业感觉到自己的付出与得到的回报是成比例的，且加入供应链后的利润高于单独操作时，其对利润分配的满意度较高。反之，如果企业认为付出与收获不成比例，或加入供应链带来的经济利益不如独立运作时，满意度会降低。这个指标对于维持供应链的长期合作关系和增强内部凝聚力极为关键，需要供应链管理者持续关注并优化利益分配机制，确保所有参与方感受到公平和价值。

（7）节点企业供应链忠诚度

供应链的稳定性在很大程度上依赖于节点企业的忠诚度。节点企业的忠诚度高，意味着它们与供应链的关系稳定，不易受到市场波动的影响，愿意长期合作，这有助于保持供应链的整体稳定性和效率。此指标通过定性评价获取，涉及对企业的承诺、合作历史和未来合作意愿的综合考量。

（三）营运层绩效指标

营运层的主要职能是按照规定的计划和程序，协调基层组织的各项工作和实施计划。在跨境电商供应链的绩效指标体系中，主要有以下指标。

1. 柔性

在供应链管理中，柔性指的是供应链对环境变化的响应能力。具备高度柔性的供应链能够在不牺牲服务质量或成本效率的前提下，调整其操作以应对供应中断、需求波动或市场趋势变化。这种能力对于跨境电商尤为重要，因为它们经常需要在多变的国际市场环境中操作。供应链的柔性有三种。

（1）产品柔性

产品柔性指的是供应链在一定时期内能够引入新产品的能力，通常通过新产品数量与产品总量的比值来计算。这一指标反映了供应链适应市场变化和创新需求的能力。在竞争激烈的市场中，产品更新换代快速是保持市场地位的关键，尤其对于那些追求敏捷性的供应链而言，高产品柔性意味着能够迅速推出符合市场趋势和消费者偏好的新产品，从而增强市场响应能力和竞争优势。

（2）数量柔性

数量柔性指的是供应链根据客户需求变化调整产品供应数量的能力。这一指标通过供应链能够获利地满足的产品数量范围来表示，即供应链在保证利润的情况下可以满足的总需求的百分比。数量柔性高的供应链能够在不影响盈利的前提下，灵活地增减生产量，有效应对订单数量的波动，从而优化库存管理，降低库存积压或短缺的风险。

（3）时间柔性

时间柔性反映了供应链对顾客交货时间需求的适应能力。它通过松弛时间与总交货时间的百分比来计算，其中松弛时间是平均交货时间与最短交货时间的差值。时间柔性高的供应链能够在顾客需要提前或延后交货时进行有效调整，这对于提升顾客满意度和维护服务质量极为重要。供应链的时间柔性优化通常需要强大的物流支持和精确的生产调度，确保在各种情况下都能迅速响应顾客的需求。

2. 质量

产品质量是维持顾客满意度、扩展市场份额，并维系跨境电商供应链竞争力的重要因素。产品质量衡量指标一般由以下三种。

（1）产品合格率

产品合格率衡量的是在一定时期内，跨境电商供应链生产的合格产品数量或价值占总生产数量或价值的比例。这一指标直接反映了供应链的生产和质量控制能力。高合格率意味着大部分产品都能达到预定的质量标准，这不仅能提升顾客的信任和满意度，还有助于供应链保持其市场地位和吸引新顾客。

（2）产品废品率

产品废品率是在一定时期内生产的不合格产品数量或价值与总生产量或总价值的比率。废品率是产品合格率的互补指标，二者之和等于1。产品废品率低表明供应链在生产过程中的效率高，资源浪费少，这对于控制成本和提升供应链整体效率至关重要。

（3）产品退货率

产品退货率指的是在一定时期内，因质量问题被顾客退回的产品数量或价值占同期销售总量或总价值的比率。退货率是评估产品在市场上性能表现的重要指标，产品退货率低通常表示产品能够满足或超过顾客期望，从而说明顾客对供应链产品的认可程度较高。

3. 运输活动

（1）准时运输率

准时运输率是衡量供应链运输效率的指标，它表示在一定时间内成功按预定时间表发运或到达的运输次数占总运输次数的比例。准时运输率高意味着跨境电商供应链在物流方面的执行比较高效，能够确保产品及时到达客户或生产线，从而减少等待时间。准时运输率的计算公式如下：

$$准时运输率 = \frac{准时发送或到达次数}{运输总次数} \times 100\% \qquad （4-24）$$

（2）运输准确率

运输准确率是一定时间内货物被准确无误地从源头送达目的地的次数与总运输次数的比率。高运输准确率显示出供应链系统在处理订单、打包和标记过程中的高效和错误率低，有助于减少返回和交换，提升顾客满意度。运输准确率的计算公式如下：

$$运输准确率 = \frac{准确运输次数}{运输总次数} \times 100\% \qquad （4-25）$$

（3）运输货损率

运输货损率是指在一定时间内，在运输过程中货物遭受损坏的数量或价值与同期发运的总货物数量或价值的比例。此指标反映了供应链在保护货物免受损害方面的能力，是评估包装质量、货物搬运和运输方式是否适宜的重要指标。低的货损率不仅能够减少企业的损失，还能提升顾客对供应链产品完整性的信任。运输货损率的计算公式如下：

$$运输货损率 = \frac{破损产品数量（价值）}{发运产品数量（价值）} \times 100\% \qquad （4-26）$$

4. 仓储活动

仓储活动的衡量指标主要有以下几个。

（1）仓库利用率

仓库利用率衡量的是仓库空间的使用效率，指标高表示仓库的空间被充分利用。此指标对于评估物流中心的空间规划和管理效能尤为重要。

（2）存货周转率

存货周转率反映库存资金的使用效率，即库存多快可以转化为销售或被使用。较高的存货周转率表明库存流动快，资金占用少，有助于降低库存成本和提高资金使用效率，是衡量仓储管理效果的关键指标之一。

（3）货物缺损率

货物缺损率是评估仓储保管安全程度的指标，它反映了在存储过程中货物损失或损坏的比例。较低的缺损率表示仓储操作的安全性和保护措施较好，能有效保护货物免受损害，是仓库管理质量的重要体现。

（4）库存准确率

库存准确率衡量的是库存记录的准确性，反映了仓库保管工作的准确度。高库存准确率意味着库存数据与实际库存高度一致，有助于确保订单处理的准确性和及时性，对维持跨境电商供应链的连续性和顾客满意度至关重要。

5. 信息活动

（1）信息传递的准确率

信息传递的准确性率，表示信息处理系统高效可靠，错误率低，有助于避免因信息错误导致的成本增加、资源浪费或战略失误。在跨境电商供应链中，由于涉及多个国家和地区，准确的信息传递尤为关键，可以显著提高供应链的整体运作效率和市场竞争力。信息传递的准确率的计算公式如下：

$$信息传递的准确率 = \frac{正确传递信息的次数}{信息传递的总次数} \times 100\% \qquad (4\text{-}27)$$

（2）信息传递及时率

及时的信息传递对于供应链来说至关重要，它能够确保所有参与方在需要做出快速反应或调整时，能够获得实时的支持，从而提高供应链对市场变化的响应能力。在跨境电商环境下，因为市场动态快速变化，信息传递不及时可能导致库存积压、销售机会损失或客户服务问题。提升信息传递及时性能有效增强供应链的灵活性和客户满意度。信息传递及时率的计算公式如下：

$$信息传递的及时率 = \frac{及时传递信息的次数}{信息传递的总次数} \times 100\% \qquad (4\text{-}28)$$

第五章　信息技术赋能跨境电商供应链管理

第一节　传统信息技术+跨境电商供应链管理

一、条形码技术

（一）条形码技术概述

1. 条形码

条形码是一种编码方法，它通过不同宽度的黑白条纹（条和空）及相应的字符来表示特定的信息。"条"是指对光线反射率较低的部分，"空"是对光线反射率较高的部分。制作条形码既简单又经济，因此，成为了全球广泛使用的一种数据表示方式。一个完整的条形码由以下几部分构成：两侧的空白区、起始符、包含具体数据的条码数据符、用于校验的条码校验符，以及条形码的终止符。常用的条形码有以下几种。

（1）通用商品条形码

通用商品条形码也叫 EAN-13 码，是一种由 13 位数字组成的条形码，广泛应用于全球零售行业。其结构包括三部分：前 3 位数字是国籍或地区代码，由国际物品编码协会指定，如"690"代表中国；接下来的 4 位数字是厂商代码，由各地区物品编码中心设定；随后的 5 位数字为商品代码，由厂商根据国际通用商品编码规则自行编码。最后 1 位数字是校验码，用于验证前面数字的正确性。当商品体积较小，空间有限时，可以使用缩短的版本，即 EAN-8 码，常见于小型商品，如香烟、香水、化妆品。

（2）储运单元条形码

储运单元条形码是专门表示储运单元的编码，包括以下两种类型。

① 定量储运单元条形码。定量储运单元条形码可以是 13 位或 14 位数字。当使用 13 位数字时，这种条形码与通用商品条形码（EAN-13 码）相同，广泛用于标识产品以便在零售或其他环节进行扫描。若使用 14 位数字，这种条形码被称为 ITF-14 码，其中额外添加的第一位数字用以表示特定的物流信息，如物流状态，提供了关于商品流通环境的额外数据。这使得 ITF-14 码特别适用于需要在整个供应链中追踪大量或批量商品的情形。

② 变量储运单元条形码。变量储运单元条形码组合使用了 ITF-14 码和 ITF-6 码，共 20 位数字。ITF-14 码作为主代码用于标识储运单元，而 ITF-6 码则作为一个附加标志，用于提供更详细的物流信息，如包装批次号、生产日期或其他特定的供应链需求。

（3）贸易单元条形码

贸易单元条形码也叫 EAN-128 码。这种条形码能够编码额外的数据，如生产日期、有效日期、运输包装序号、重量、体积、尺寸、发出与送达地址等。EAN-128 码在供应链管理中应用极为广泛，因为它能够提供详细的物流和产品信息，极大地提升了物流效率和库存管理的精度。

2. 条形码识读原理

条形码识读过程开始于一个光源，光源发出的光线被光学系统（如镜头）引导照射到条形码上。条形码由具有不同光线反射率的条和空组成，这使得光线在照射到条形码上时会被不同程度地反射回来。反射的光线再次经过光学系统，聚焦在一个光电转换器上。光电转换器将接收到的光信号转换成电信号。电信号随后被电路系统放大，并转换成一个模拟电压信号，其强度与反射光的强度成正比。然后，这个模拟信号经过滤波和整形过程，转化为更加清晰、稳定的脉冲信号。最终，脉冲信号被传入一个译码器，译码器对其进行解析，将其转换成计算机系统可以接受和处理的数字信号。数字信号包含了条形码中编码的数据，如产品 ID、生产信息。

3. 条形码识读装备

（1）光笔条形码扫描器

光笔条形码扫描器是一种接触式的条形码读取设备，它的工作方式类似于笔和纸上的接触。用户需要将光笔直接接触到条形码上，并沿着条码滑动以读取数据。这种扫描器通常较小巧，便于携带和操作。光笔的尖端装有光源和光电传感器，当光笔滑过条码时，传感器捕捉从条码反射回来的光，然后将这些光信号转换成电信号进行处理。光笔条形码扫描器非常适合于成本敏感且对扫描速度要求不高的应用场景。由于需要物理接触，它们可能不适用于高速或大规模扫描操作，但在图书馆、小型零售店以及一些档案管理工作中非常实用。

（2）便携式条形码阅读器

便携式扫描器通常包括无线连接功能，如蓝牙或 Wi-Fi，使得数据能即时传输到中央计算机系统或云端，无需物理连接。它们广泛应用于仓库管理、资产追踪、现场销售，以及任何需要在较大区域内进行库存或数据收集的场合。

（3）台式条形码自动扫描器

这种扫描器通常放置在输送带，收银台或其他需要快速、连续扫描的环境中。台式扫描器能够提供快速且持续的扫描能力，非常适合用于零售点的结账系统、工业生产线及高流量的物流分拣中心。由于其自动化的扫描功能，台式扫描器可以显著提高操作效率和数据录入的准确性，减少人工错误，并支持复杂的供应链管理操作。它们通常具备高级的解码能力，可以识别多种条形码标准，满足多样化的工业需求。

（4）卡槽式条形码扫描器

卡槽式条形码扫描器，又称为插槽读取器或滑动式读取器，是一种需要将条形码媒介（如卡片或纸张）物理插入设备中进行扫描的设备。这种扫描器有一个固定的插槽，用户通过将条形码直接滑过这个插槽来完成扫描过程。卡槽式扫描器通常用于读取身份证、会员卡或其他标准尺寸的卡片上的条形码。由于条形码在扫描过程中与扫描器接触紧密，这种扫描器可以提供非常高的读取精确度，几乎不受外界光线影响。它们常见于访问控制、会员管理系统，以及某些特定的零售环境中，特别适合于需要快速且频繁扫描标准化卡片的场合。

（5）手持式条码扫描器

手持式条码扫描器是目前最常见的条形码读取设备之一，广泛应用于零售、仓储、物流等领域。这种扫描器设计为易于手持操作，通常具备无线或有线连接选项，使操作者能够在一定范围内自由移动。手持式扫描器可分为激光扫描器和电荷耦合装置（CCD）扫描器两种技术类型，它们都能迅速准确地从条形码上读取信息。相比光笔，手持式扫描器提供了更高的灵活性和效率，特别是在需要快速扫描大量商品的场合，如大型超市的结账区域和仓库的物品入出库操作。

（二）条形码技术在跨境电商供应链管理中的应用

条形码技术是进行数据采集的有效工具，在跨境电商供应链管理中，它解决了数据录入和数据采集的瓶颈问题，为跨境电商供应链管理提供了坚实的技术支持。随着市场和运营需求的日益多样化，企业生产模式从过去的大批量、单一品种转变为小批量和多样化品种。这种转变对传统的手工处理方式造成了极大的压力。通过运用条形码技术，企业可以快速、准确地采集供应链物流信息，满足企业在物料准备、生产制造、仓储运输、市场销售、售后服务、质量控制等方面的信息管理需求。在跨境电商供应链管理过程中，条形码技术就像一条纽带,将产品在周转过程中各阶段发生的信息串联起来,能够追踪产品从生产到销售的整个流程。这使得企业能够在激烈的市场竞争中占据有利地位。通过条码化产品信息,可以确保数据的准确性和及时性,而条形码识别设备的高效和便捷性能也完全符合跨境电商供应链管理中的信息化要求。从条形码技术在跨境电商供应链管理中的实际应用来看,人们已经深刻体会到相较于传统键盘录入,自动识别技术带来了前所未有的效率。产品从制造商经过各级批发和配送渠道,通过零售环节最终到达消费者手中,条形码技术已经广泛应用于跨境电商供应链各环节。

1. 在物料管理方面的应用

通过对每种物料进行编码并打印条形码标签,企业能够实现对物料的精确跟踪和管理。统一的物料编码系统能够确保物料的标准化管理,消除因物料混乱导致的损失。例如,企业可以通过扫描条形码快速获取物料信息,确保生产线上物料的及时补充和替换,从而使企业资金得到更合理的运用。

通过在每件物料上附加条形码标签,企业能够轻松追踪每个物料的流向和使用情况,这对于确保生产质量和建立完整的产品档案尤为重要。

利用条形码技术进行仓库的进销存管理能有效降低库存成本。通过扫描进入和离开仓库的物料条形码,系统能自动记录物料的流动情况,提供实时的库存数据。这种自动化的库存管理减少了人工记录的错误,提高了数据的准确性,同时也加快了库存周转率,优化了库存空间的使用。

通过在物料条形码中编入相关的质量检验数据,企业可以快速生成质量检验报告,并将这些报告与采购订单关联,形成完整的供应链质量管理系统。这不仅有助于控制物料质量,也为企业提供了依据,以建立对供应商的评价系统,进一步保障供应链的稳定性和可靠性。

2. 在生产管理中的应用

根据企业规则和行业规则确定产品识别码的编码规则,设计产品识别码格式，保证产品规则化、确定唯一的标志。

通过在每个产品上贴上条形码标签，生产线上的扫描设备可以实时读取和记录产品的各种信息，如部件使用情况、生产阶段完成情况和产品检验数据。这些数据被用来建立详尽的产品档案，对于生产批次的审核和最终产品质量控制极为重要。此外，这一过程使得生产计划的执行更加有序，生产活动的每一步都可以被准确记录和回顾，从而提高产品的合格率和生产效率。

通过在生产过程中的关键点设置扫描设备，可以实时收集生产信息，对生产流程进行即时调整和控制。例如，如果在某一阶段检测到问题，系统可以立即发出警告，允许管理层及时介入调整生产计划或流程。

在生产线的最后阶段，条形码技术用于质量检测和合格证的打印。通过扫描产品条形码收集的质量检测数据，可以对照产品质量标准判断产品是否合格。对于合格的产品，系统会自动打印合格证，并且建立完整的产品档案，记录其生产和质量信息。

3. 在仓库管理方面的应用

通过给每种货物分配一个独特的条形码编码，也就是"货号"，仓库管理系统能够详细记录每种商品的品名、型号、规格、产地、品牌、包装等信息。这使得货物库存的管理更加系统化和精确化，便于快速定位和访问特定物品。

在仓库内，每个库房被划分为多个库位，每个库位都具有唯一的条形码。当产品入库时，将产品条形码和库位条形码一一对应，能够确保每件商品都被准确地放置在指定位置。

每个单品条形码记录了该商品从入库到出库的所有状态和历程。这种单件跟踪能力确保了对每件商品的全面控制和监视，使得仓库管理人员可以实时跟踪商品的状态，对问题商品进行快速响应和处理。

应用条形码技术的仓库管理系统可以自动处理入库、出库、盘库、移库等操作，每一项操作都通过扫描条形码来完成，确保数据的准确录入。自动化数据处理减少了人为错误，提高了操作效率和准确性。系统化的条形码管理不仅提高了仓库作业的速度，还保证了库存数据的准确性和可靠性。

条形码仓库管理根据采集信息，建立仓库运输信息，直接处理实际运输差错，同时根据采集单件信息及时发现出入库的货物单件差错，并且提供差错处理。

4. 在市场销售管理方面的应用

在全球市场竞争日益激烈的环境中，企业利用条形码技术可以实现对产品销售的精准跟踪。通过条形码，企业能够追踪每一个产品的流向，从而制定针对不同地区的特定营销策略和区域保护销售政策。例如，企业可以分析某一地区的销售数据，根据消费者的购买行为和偏好调整产品的供给量或推广活动。此外，条形码允许企业在产品分销过程中持续收集数据，这些数据可以用来优化供应链，确保产品及时到达需求高的区域，避免库存积压或短缺。

5. 在产品售后跟踪服务方面

通过产品条形码建立的销售档案使得每一件产品的来源、销售地点、重要组件信息等都有据可查。这为提供定制化的售后服务提供了可能，允许服务人员快速访问产品的详细历史和配置信息。在客户需要维修或咨询时，服务人员可以通过扫描条形码迅速获取所有相关数据，提高服务效率和客户满意度。

条形码技术支持售后服务团队准确记录每次产品检查和维修的具体情况，包括维修时间、原因及采取的措施。这些信息的积累对于分析产品的常见故障、改进产品设计和提高制造质量都有重要价值。

对于维修所需零部件的管理，条形码技术也发挥着重要作用。通过条形码，企业可以有效地进行零部件的进销存管理，确保维修工作的高效和准确。这不仅减少了维修延误，还确保了使用合适、经过验证的替换部件，进一步提高了服务质量和客户的信任度。

二、射频识别技术

（一）射频识别技术概述

射频识别技术（Radio Frequency Identification，RFID）是一种利用无线电频率识别技术来识别目标并获取相关数据的技术。不需要建立机械或光学联系，即可通过射频信号自动识别目标对象，并可同时识别多个标签，操作快速方便。

射频识别系统主要由三个部分组成：RFID 标签、阅读器（读写器）和中央信息系统。

RFID 标签内嵌有微型芯片和天线，负责存储标签的特定信息，如产品的唯一标识符。标签分为两种类型。一是无源标签。无源标签不含内部电源，当这种标签进入阅读器的磁场范围内时，通过阅读器发出的射频信号感应产生电流，激活标签上的芯片，从而使标签能够将存储在芯片中的信息通过天线发送回阅读器。二是有源标签。有源标签内置电源，可以主动发送信号到阅读器。这种标签的工作距离更远，存储的数据信息量也可以更大，适用于需要远距离读取的应用场景。

RFID 阅读器发出特定频率的射频信号，当标签进入其工作范围时，标签通过内置的天线接收这个信号。根据标签的类型，阅读器接收来自无源标签的信号（通过感应电流获得能量），或从有源标签接收主动发送的信号。然后，阅读器解码这些信号，将包含的信息转换为数字数据。

阅读器将接收到的数据发送到中央信息系统，系统对数据进行进一步处理和分析。这些信息可以用于跟踪货物的位置、管理库存、增强产品安全性等。

（二）射频识别技术在跨境电商供应链管理中的应用

1. 在原材料供应方面的应用

在跨境电商的供应链中，及时准确的市场需求信息是至关重要的。利用

RFID 技术，分销商和零售商可以实时捕捉到市场上产品的销售情况和消费者需求。这些信息通过 RFID 系统自动收集并迅速传递给制造商。与传统的条形码系统相比，RFID 减少了信息收集和传递的时间延迟和成本，提高了数据的准确性。这使得制造商可以更有效地进行库存管理，避免过度生产和过量库存，支持实施准时制生产（JIT）和协同规划、预测、补给计划（CPFR）等先进的供应链管理方法。

在处理种类繁多的材料和备件时，RFID 技术的应用能够极大地提高识别和处理的速度。每个原材料或部件都可以附带一个 RFID 标签，包含该物品的所有相关信息。

RFID 标签能够存储如生产材料、生产日期、原产地、检测时间等详细信息，这为制造商提供了强大的追溯能力。通过 RFID 系统，制造商可以轻松追踪每批原材料的来源，及时识别并处理供应链中可能出现的问题。这种追溯能力对于保障产品质量、遵守监管要求，以及在发生质量问题时迅速采取措施至关重要。此外，这也有助于加强对供应渠道的控制，确保跨境电商供应链的安全和可靠。

2. 在生产制造方面的应用

RFID 标签的强大抗污染能力和耐久性使其在诸如涂料生产、高温、多尘等特殊环境中依然能够有效工作。与易受物理和环境因素影响的条形码不同，RFID 标签即使在油污或其他恶劣条件下也能被顺利读取，这减少了生产线上因标签读取问题导致的停机和生产延误，保证生产流程的连续性和效率。

在生产线上，RFID 系统能自动识别和跟踪原材料、零部件、半成品和成品。这使得生产管理者能即时获得关于产品数量、传输路线和质量控制等关键信息。

RFID 标签上的电子数据可以直接指导流水线上的操作。例如，装配线上的读写器可以自动读取正在组装产品上的 RFID 标签中的数据，这些数据随后传输至中央处理系统进行分析，从而使工作人员能够实时掌握生产进度、物料配送、制造成本、产品质量等信息。此外，RFID 技术通过实时分析帮助及时识别和解决生产过程中的异常情况。

RFID 技术还被用于加强产品质量管理。在材料加工和产品装配过程中，如果加入的材料规格不符或者组装过程中存在问题，RFID 系统可以立即发出预警。此外，通过对零配件和成品贴上 RFID 标签，不仅可以自动进行质量分拣，确保只有合格的产品进入下一生产环节或市场流通，还可以精确追踪次品的来源，显著降低次品率。

3. 在库存管理方面的应用

RFID 技术使库存管理变得高度自动化和实时化。每个商品都附带一个 RFID 标签，使得库存管理系统能够实时跟踪每个商品的位置和状态。管理者可以随时查看库存水平、商品流动和潜在的库存不足或过剩情况。这对于跨境电商尤其重要，因为它们需要管理来自不同国家和地区的商品流，确保库存水平与市场需求相匹配。

通过持续监控库存变动，RFID 系统能够帮助跨境电商企业更精确地预测库存需求，减少不必要的库存积压，同时确保满足客户需求不会因库存不足而受阻。

通过 RFID 技术，库存记录的准确性得到显著提升。传统的条形码系统需要手动扫描，容易出现遗漏或错误，而 RFID 标签可以在没有直接视线的情况下被扫描，甚至可以同时扫描多个标签，从而减少了人为错误，提高了数据录入的速度和准确性。这种准确性对于确保客户订单的正确履行和减少库存差错至关重要。

RFID 阅读器可以快速扫描进出仓库的商品，自动更新库存记录，大幅减少了传统库存操作中的手工输入工作量。此外，RFID 技术可以在无需人工干预的情况下完成定期的库存盘点，提高了盘点的频率和准确性，提升库存数据的实时性和准确性。

4. 在售后服务方面的应用

RFID 技术能够迅速识别和验证客户返回的商品,确保它们与售出的商品相匹配。这是通过在产品上安装的 RFID 标签实现的,标签中存储了关于产品的详细信息,如购买日期、型号、序列号。这样一来,当商品返回时,售后服务人员可以快速扫描 RFID 标签,即刻获取所有必要的信息,从而加快处理速度,减少客户等待时间。

通过自动跟踪返回的产品和相关零件的流动,RFID 系统可以帮助仓库管理人员有效地管理退货库存,确保及时更新库存状态。此外,RFID 可以自动记录每件商品的退货和维修历史,提供必要的数据支持以优化库存水平和减少未来的退货。

在售后维修服务中,RFID 标签可以存储与产品性能和维护历史相关的重要信息。维修技术人员可以通过扫描标签快速访问这些信息,从而更快地诊断问题并采取适当的维修措施。

利用 RFID 技术,跨境电商企业可以提供更加个性化的客户服务。例如,通过分析客户产品的使用数据和维护历史,企业可以提供定制化的维护计划、升级建议或其他相关服务。

利用 RFID 技术可以跟踪整个售后服务流程,包括退货接收、检查、维修、再发货等步骤。每一步操作都可以通过 RFID 系统记录和监控,确保流程的透明度和可追溯性。这不仅帮助企业提高操作效率,还有助于消费者建立对品牌的信任。

三、GIS 技术

(一)GIS 技术概述

地理信息系统(Geographic Information System,GIS)以地理空间数据为基础,采用地理模型分析方法,适时地提供多种空间的和动态的地理信息,是一种为地理研究和地理决策服务的计算机技术系统[①]。GIS 可以应用于多个领域，包括城市规划、环境科学、资源管理、交通、跨境电商供应链管理等，提供空间数据查询、分析和可视化的强大功能。

GIS 由以下几个部分构成。

① 空间数据库和信息数据库。这是 GIS 技术的核心，包含了系统所需的所有地理和非地理信息数据。空间数据库存储地理位置数据，如地图、地形、建筑物等，而信息数据库则存储与这些空间数据相关联的详细信息，如人口统计、经济活动、环境数据。

② 图形显示系统。图形显示系统是 GIS 的可视化组件，负责将数据库中的数据转换为图形表现，使用户能够直观地查看和分析数据，包括地图生成、图层控制以及各种地理现象的视觉呈现。

③ 地图数字化系统。地图数字化系统是将纸质地图和其他图形资料转换成数字形式的技术基础。通过数字化过程，实体地图上的数据可以被 GIS 系统读取和操作，从而整合进 GIS 的空间数据库中。

④ 数据库管理系统。数据库管理系统是 GIS 中处理和分析数据的逻辑部分，负责管理数据库中的数据，包括数据的存储、查询、修改和更新。DBMS支持复杂的查询语言，使得用户可以灵活地检索和分析地理信息数据。

⑤ 地理分析系统。地理分析系统用于分析数据的空间位置关系，如距离、邻接和叠加等，这些分析功能对于解决地理空间问题至关重要。

⑥ 图像处理系统。图像处理系统主要处理 GIS 中的遥感数据，包括卫星图像和航空照片。这些图像数据通过图像处理系统分析和解释，为地理数据分析提供支持。

⑦ 空间统计分析系统。空间统计分析系统结合了传统的统计分析方法和空间数据的特点，进行更为深入的数据解读。它可以帮助用户理解数据模式、趋势，以及空间变量之间的关系。

---

① 张远昌. 供应链管理实务［M］. 北京：中国海关出版社，2015.

⑧ 决策支持系统。决策支持系统是 GIS 的高级应用部分，为用户提供基于 GIS 数据的决策支持。决策支持系统在提高决策质量和效率方面发挥着重要作用，特别是在资源管理和紧急响应计划中。

（二）GIS 技术在跨境电商供应链管理中的应用

在跨境电商供应链管理中，物流活动如运输和配送在很大程度上依赖地理空间信息。通过应用 GIS 技术，企业能够实现物流操作的可视化和实时动态监控。可视化处理通过将各类信息层次化，并根据其地理特性进行组织，以地图形式模拟现实世界。动态管理涵盖了时间和空间两个维度：时间动态意味着所有数据都能被实时更新，而空间动态则关注于空间图形的显示和分析能力。下面详细分析 GIS 技术在跨境电商供应链管理各环节中的应用。

1. 在物流配送方面的应用

GIS 技术能够帮助物流公司在全球范围内优化配送路线。通过分析地理数据，GIS 可以确定从仓库到客户的最短或最经济的路线。对于跨境电商而言，快速有效的路线规划尤为重要，因为它涉及多国边境、不同的法规和复杂的物流网络。GIS 系统可以实时更新道路、交通状况和天气信息，帮助调度员快速做出决策，绕开交通拥堵区，从而提高配送效率。

通过 GIS 技术，跨境电商企业能够实时监控货物在全球任何地点的状态和位置，监控车辆的实时位置、运输状态、货物预计到达时间等，有助于企业及时应对可能出现的延误问题。还可以使客户通过在线平台跟踪自己的订单，提升物流配送服务的透明度和客户满意度。

2. 在仓储方面的应用

GIS 技术通过分析地理数据帮助企业确定仓库的最佳位置。选择仓库位置时，考虑因素包括距离主要运输网络的接近性（如高速公路、铁路和港口）、目标市场的接近度、地区的劳动力可用性等。GIS 能够整合这些空间数据并进行复杂的分析，帮助企业找到最佳的仓库地点以减少运输成本、缩短配送时间，并提高整体供应链的响应速度。

在仓库内部，GIS 可以用来设计和优化仓库布局，确保高效的货物流动和存储。通过分析仓库内部的空间利用情况，GIS 帮助管理者合理规划货架布局和拣选路径，减少员工在仓库内的移动距离，提高拣货效率。此外，GIS 还可以辅助进行灾害风险分析，如洪水或地震影响区域的识别，从而在仓库设计中考虑这些因素，确保仓库的安全性。

通过 GIS 集成的实时跟踪系统，企业能够实时监控库存水平和货物流动情况。GIS 系统可以显示货物在仓库中的确切位置，这对于管理大型仓库尤其重要。此外，GIS 技术可以辅助实现先进先出（FIFO）或特定批次的管理策略，确保库存的新鲜度和合规性。

GIS 技术在提高仓库的安全性和应对紧急情况方面也发挥着重要作用。通过 GIS，管理者可以制定详细的应急预案，包括火灾、洪水或其他自然灾害的逃生路线图和安全区域图。此外，GIS 还可以用来分析和优化消防设施的布置，提高仓库的整体安全性。

3. 在装卸搬运方面的应用

在装卸搬运环节，进行搬运路线的设计是很重要的，搬运路线的优劣直接关系到物流成本的高低。由此，可以通过 GIS 的编辑功能进行路线设计，添加属性字段，利用 GIS 的网络分析功能，综合考虑各种条件因素，进行最优搬运路线的选择。

四、GPS 技术

（一）GPS 技术概述

1. GPS 的概念与特点

全球定位系统（Global Positioning System，GPS）是一种全球卫星导航

系统，能够提供地球任何地点（覆盖地面、空中、海洋）的精确位置、速度和时间信息。GPS 是由美国国防部开发的，最初用于军事目的，但现已广泛应用于民用领域，如航海、航空、汽车导航、地图制作、农业、供应链管理。

GPS 具有以下特点：① 全球覆盖，能够在世界任何地方提供定位服务；② 高精度，提供高精度的位置和时间信息；③ 全天候工作，无论白天夜晚，无论天气条件如何，均能正常工作；④ 多功能性，除了定位外，还可用于速度测量、导航、时间同步等。

2. GPS 的构成

GPS 系统主要由三个基本组成部分构成：空间部分、地面控制部分和用户设备部分。

GPS 空间部分由 24 颗卫星组成，这些卫星分布在 6 个轨道平面上。这种分布保证了从地球上任何位置都至少能观测到四颗卫星，从而能提供连续的、全球范围内的三维位置、速度和时间信息。卫星系统中包括几颗额外的卫星，用于及时替换可能老化或损坏的卫星，确保系统的持续运行。

GPS 地面监控部分由主控站、监测站和注入站组成。主控站配置有大型电子计算机，负责接收各监测站提供的卫星观测数据和卫星工作状态数据，并处理这些信息。监测站分布在全球各地，主要任务是监测每颗卫星的精确位置，并定时将观测数据发送给主控站。注入站负责接收主控站处理后的数据，并将这些数据上传到飞越其上空的卫星中，以更新卫星的导航电文。

用户接收系统包括 GPS 接收机和数据处理软件两部分。GPS 接收机负责接收来自卫星的信号并测定位置，而数据处理软件则用于预处理这些信号数据，进行平差计算、坐标转换及其他分析处理，最终得到用户的三维坐标、速度、方向和精确时间。

（二）GPS 技术在跨境电商供应链管理中的应用

1. 在物流配送方面的应用

通过装备有 GPS 接收器的运输车辆，跨境电商企业可以随时获取关于货物位置的实时更新。这不仅增加了透明性，还允许企业及时应对运输途中可能出现的任何延误问题，如重新规划路线以避免交通拥堵或恶劣天气。

通过 GPS 系统，跨境电商企业可以监控司机的驾驶行为和车辆的运行状况，确保安全规定被遵守。例如，GPS 可以用来监测车辆的速度、停车时间、路线偏离等，帮助管理层确保司机遵守交通规则和公司政策。此外，万一车辆出现故障或事故，GPS 技术也能够帮助迅速定位到具体位置，加快救援速度。

通过 GPS 技术，跨境电商企业可以预估客户的货物到达时间。顾客可以通过移动应用或网站实时查看自己订单的最新状态和预计送达时间，从而减少查询客服的需要。

2. 车辆调度

在车辆调度方面，GPS 技术允许物流操作人员通过实时的车辆位置反馈制订更加高效的车辆调度计划。通过 GPS，调度员不仅能了解每辆车的当前位置，还能获取车辆的行进速度、预计到达时间及当前任务状态。这些信息使得调度员可以在车辆未返回车队之前，就根据车辆的实际情况和地理位置做好下一步的运输任务安排，大幅减少车辆的等待时间和空车行驶距离。例如，一个从 A 城市到 B 城市的车辆在返回前，调度系统已根据该车的位置和预计返回时间，安排其在 B 城市附近接取新的货物。这种预先规划的调度不仅优化了车辆的利用率，也减少了运输成本和时间，提高了整个物流操作的灵活性和效率。

3. 货物跟踪

GPS 技术与电子地图系统结合，提供了一种有效的货物跟踪解决方案，使企业能够实时了解车辆的确切位置和货物状态（如车厢内温度、是否满载）。通过实时监控，企业可以迅速响应任何可能危及货物安全的情况，如车辆偏离预定路线、温度异常。

4. 路线优选

通过 GPS 和地理分析功能，跨境电商能够为物流车辆选择最合理的路线。这不仅包括考虑距离和时间最短的路线，还包括考虑交通状况、路况限制等多种因素。系统能够根据实时交通数据调整配送路线，避免拥堵区域，减少配送延误。此外，通过分析历史数据和模式，GIS 可以帮助企业预测某些路线在特定时间的表现，从而提前做出路线调整，确保货物可以按时安全地送达目的地。这种路线优化不仅减少了燃料消耗和车辆磨损，也提高了客户满意度，为企业带来了经济效益和环境效益。

五、EDI

（一）EDI 技术概述

1. EDI 的概念与特点

电子数据交换技术（Electronic Data Interchange，EDI）用于不同公司之间通过标准化的电子消息格式自动交换业务文档。EDI 能够取代传统的纸质文档流程，如发票、订单、装运通知，从而加速交易流程、降低成本并提高数据传输的准确性。

EDI 具有以下特点。

第一，标准化。EDI 使用标准化的数据格式，这使得不同的系统和组织之间能够无缝交换信息。有多种 EDI 标准，如 ANSI X12、EDIFACT，这些标准规定了信息如何格式化和传输，确保接收方可以正确解读发送方的数据。

第二，自动化处理。EDI 通过自动化处理交易文档，减少了手动输入数据的需求，从而减少了因人为错误造成的问题。这种自动化处理加快了业务流程，提高了效率并缩短了交易周期。

第三，安全性。EDI 传输通常通过安全的网络进行，使用各种加密技术和认证方法来保护数据的安全性和完整性。这些安全措施确保敏感的商业信息在传输过程中不被未授权访问或篡改。

第四，成本效益。通过替代纸质的业务文档流程，EDI 减少了处理、存储和发送纸质文件的成本。此外，由于交易处理的加快，企业可以更快地响应市场变化，减少库存积压，并改善现金流。

第五，提高供应链透明度和协作。EDI 提供了实时的数据交换，增强了供应链各方之间的透明度。这使得企业能够更有效地协调与供应商、客户和物流服务提供者之间的活动，优化库存管理，并及时调整生产计划。

第六，支持全球交易。由于 EDI 可以跨越不同的地理和政治边界，它特别适用于在全球范围内运营的企业。EDI 通过提供快速、可靠和准确的数据交换，帮助企业管理复杂的国际供应链。

2. EDI 的实现过程

EDI（电子数据交换）的实现过程就是用户将商业文件从自己的计算机信息系统传送到贸易伙伴的计算机信息系统的全过程。其实现过程主要有以下几个步骤。

（1）映射生成 EDI 平面文件

从用户的应用系统（如 ERP 系统）中提取数据，并将这些数据转换成一种中间的标准格式，即平面文件。这个过程称为映射。在映射过程中，原始数据被提取并按照预设的映射规则转换，以符合 EDI 交换的标准格式要求，但在此阶段还保留为较容易处理的普通文本文件形式。这种文件主要用于内部计算机系统的交换和处理，并为下一步的 EDI 标准格式转换做准备。

（2）翻译生成 EDI 标准格式文件

经过映射过程生成的平面文件随后通过 EDI 翻译软件转换成符合特定 EDI 标准的标准格式文件。这些标准格式的文件只能由计算机读取和处理，并含有必要的控制符、代码和数据元素，以确保信息在不同的商业伙伴间正确无误地传递。标准文件即为法律效力的电子单证，可用于支持贸易和业务往来。

（3）通信

生成的 EDI 标准格式文件需要通过安全的通信网络发送至交易伙伴。这一步通常由专门的通信软件完成，该软件负责将 EDI 文件通过网络（如通过 EDI 增值网络或互联网）安全地传输到对方的 EDI 系统。在传输过程中，EDI 文件需要加上必要的信封、信头、信尾等信息，以满足网络中心或 EDI 增值服务提供商的要求，确保信息的安全和可追踪。

（4）EDI 文件的接收和处理

在 EDI 文件成功传达至接收方后，接收过程即成为发送过程的逆操作。接收方的 EDI 系统首先打开其网络 EDI 信箱，接收到的 EDI 报文被下载到本地系统。然后，通过格式检验确认文件的完整性和准确性，之后使用翻译软件将 EDI 标准格式文件翻译回平面文件。最终，这些平面文件通过映射过程转换回用户的应用文件格式，使得接收方可以对数据进行进一步的编辑和处理。

（二）EDI 在跨境电商供应链管理中的应用

1. 在采购方面的应用

在跨境电商采购方面，EDI 技术通过自动化和标准化的数据交换流程，显著提高了采购效率和准确性。以下是 EDI 技术在跨境电商采购过程中的具体步骤。

（1）制作订单

在跨境电商的采购流程中，首先，买方（通常是电商运营商或大型零售商）根据库存需求和市场预测在其订单处理系统上创建订单，选择所需商品的种类、数量及其他相关规格，并将这些信息转换为电子格式存储在买方的数据库中。此时，系统也会生成一份电子订单，这份订单包含了所有必要的交易信息，如商品描述、价格、预期交货日期等。

（2）发送订单

买方通过 EDI 系统将电子订单发送给供货商。这个过程通常通过一个 EDI 交换中心进行，买方的电子订单首先被发送到交换中心，暂时存储在那里，等待供货商的接收指令。EDI 系统确保这些订单的数据格式符合国际标准，从而无论供货商在哪个国家，都能正确理解和处理订单信息。

（3）接收订单

供货商通过其 EDI 系统接入 EDI 交换中心，检索和下载自己的电子信箱中的订单。这一步保证了供货商可以及时、准确地接收来自买方的订单信息，并开始处理这些订单。供货商的 EDI 系统会自动识别和解析订单数据，准备后续的供货和生产调度。

（4）签发回执

供货商在处理并确认订单无误后，其系统会自动生成一个订单回执。这个回执包含了确认接收订单的信息，以及可能的其他信息，如接受订单的条件、预计发货时间等。然后，供货商将这份电子订单回执通过 EDI 系统发送回买方，同样通过 EDI 交换中心进行中转。

（5）接收回执

买方的 EDI 系统会定期检查其在 EDI 交换中心的电子信箱，下载并处理所有新的通信，包括供货商发来的订单回执。买方收到回执后，可以确定订单已被接受并正在处理中。这样，整个订货过程就正式结束了。

通过 EDI 技术，跨境电商的采购流程变得更加高效和透明。自动化的订单处理和回执系统大幅度减少了人为错误，加快了订单处理速度，同时也为买卖双方提供了实时的订单状态更新，优化了整个供应链的运作。

2. 在库存管理方面的应用

在跨境电商的库存管理中，EDI 技术发挥着至关重要的作用。它使库存管理过程更加高效、透明，同时降低了错误率和成本。下面阐述 EDI 在库存管理中的具体应用。

通过 EDI 系统，跨境电商企业可以实时接收来自供应商的库存数据。如库存水平、产品状态更新、补货通知等。实时数据更新确保了电商企业能够快速响应市场需求变化，适时调整自己的库存策略，减少过剩或缺货的情况。

当库存达到预设的临界点时，EDI 系统可以自动发送补货请求到相关供应商。这种自动化的补货过程不仅提高了效率，还帮助保持了库存的最优水平。自动补货机制减少了人工操作的需要，避免了因手动处理延误导致的库存不足。

通过分析 EDI 传输的销售和库存数据，跨境电商企业可以更准确地预测未来的库存需求。这些数据帮助企业分析消费者购买模式和市场趋势，从而优化库存水平和订单量。

3. 在物流和运输方面的应用

EDI 使跨境电商企业能够与物流服务提供者（如货运公司、海运公司、航空货运）进行实时数据交流。一旦订单被确认，EDI 系统自动发送装运指令到相应的物流服务提供者，确保货物及时发出，减少仓库停留时间。

通过 EDI 技术，跨境电商企业可以实时追踪货物的位置和状态。这种实时追踪能力对于管理跨境运输中的复杂性至关重要，特别是在需要快速响应供应链中断或延迟时。

EDI 使物流和运输相关文档处理自动化，提升了处理速度，减少了因文件错误或缺失造成的延误。自动化的文件流通也加强了合规性，尤其是在跨境交易中，需要遵守多个国家和地区的法规和标准。

EDI 数据可以用于分析和优化货运路线和配送计划。通过分析历史数据，跨境电商企业可以确定最高效的运输方式和路线，从而减少运输成本和时间。此外，EDI 系统能够协助企业在出现供应链中断时快速重新规划路线。

第二节 大数据技术+跨境电商供应链管理

一、大数据的概念与特征

（一）大数据的概念

随着互联网、移动通信、物联网等信息化工具的普及，人们和机器之间、机器和机器之间产生了大量复杂的数据。这些数据因其庞大和复杂的特性，传统的数据处理工具难以在合理的时间内完成其撷取、管理、处理和存储。因此，大数据不仅是指数据的规模，更重要的是数据的复杂性。这种复杂性包括了非结构化数据和半结构化数据，如邮件、微博、微信。

大数据通常需要满足两个条件。第一，数据集必须是大型的，至少达到100 TB 的规模，并且可以持续增长。许多现代企业都有 PB 级别的数据，并且这些数据以高速、实时的方式流动。第二，数据必须来源于多种数据源，并且数据类型必须复杂。这不仅包括传统的结构化数据，更多的是非结构化和半结构化数据。只有当同时满足这两个条件时，才可以称其为真正的大数据。此外，仅是大量的结构化数据或数据量较小的非结构化数据，并不能完全代表大数据的全貌。

（二）大数据的特征

1. 数据量大

大数据首先是以其巨大的数据量为特征的。大规模数据量超出了传统数据库软件的处理能力，需要依赖新型的处理方式。从社交媒体的发布、电子商务的交易到科学实验的记录，这些数据来源的多样性及其生成的快速度，都使得数据量在短时间内呈几何级增长。海量数据为人们提供了前所未有的分析和挖掘数据的机会，使人们可以从中发现隐藏的模式、关联和趋势，从而获得有价值的信息和知识。但与此同时，这也对数据的存储、处理、分析、管理等提出了新的挑战。

2. 数据类型繁多

传统数据主要是结构化的文本数据，而大数据不仅包括结构化数据，还包括半结构化数据和非结构化数据，如图像、音视频、社交媒体数据、传感器数据等。这为人们提供了更丰富的数据源，使人们能从多维度和多角度理解和揭示现象和问题。当然，这些数据类型的多样性也增加了数据处理的复杂性。不同类型的数据需要不同的处理工具和方法，对数据的融合、整合和分析都提出了新的要求。

3. 处理速度快

在今天的商业环境中，数据量的增长是指数级的，数据的生成和传输速度也随之增加。这就要求数据处理和分析的速度必须迅速以适应这种变化，特别是在需要实时决策的场合。例如，在金融交易、网络安全监控或者社交媒体舆情分析中，即时分析大规模数据并做出相应决策是至关重要的。高速数据处理也意味着企业能更快地从数据中提取有价值的信息，更快地做出决策，从而在竞争激烈的市场中占得先机。这种速度优势不仅来自硬件的提升，也得益于并行计算、内存数据库和其他先进算法的应用。这些技术共同确保了数据能够被迅速地存储、查询和分析，满足了现代商业运营的需求。

4. 价值密度低

尽管数据量大，但并非所有数据都含有对企业有用的信息或知识。这种现象通常被称为"数据富集但信息贫乏"，意味着在海量的数据中，实际上对决策有直接影响的有价值数据可能仅占一小部分。因此，企业需要投入更多的时间和资源来进行数据清洗、预处理和分析，以便从中提炼出有用的信息。这也对数据分析工具和算法提出了更高的要求，不仅要能快速处理大量数据，还要能准确识别并提取出有价值的数据。这种低价值密度的问题也是为什么大数据应用在商业决策中时，需要配合高级的数据分析方法和技术，如机器学习、数据挖掘，以提高数据的价值密度，从而更有效地支持企业决策。

二、供应链大数据技术

供应链管理中常用的大数据技术有以下几种。

（一）众包

众包通过网络媒介实现数据的高效收集和处理。它允许企业将数据收集任务分配给全球的互联网用户，这些用户负责数据的录入、清理和验证。众包的优势在于其快速性、高质量输出及低成本性，使其成为收集市场反应的理想工具。通过分析众包获取的数据，企业能够及时感知市场供需变化，从而提高供应链的反应速度和灵活性。

（二）流处理

流处理是处理和分析实时数据流的关键技术。在供应链管理中，流处理技术通过实时捕捉和分析来自供应链各环节的数据流，使得企业能够即时响应供应链事件，从而提高整个供应链的透明度和效率。流处理技术的实时性、高可靠性和强大的容错能力对于监控供应链中断、库存水平、运输状态等至关重要。举例来说，通过流处理技术，一家制造公司可以实时监控其产品从生产到配送的每一个阶段，及时调整生产计划和物流安排，以避免库存积压和配送延迟。

（三）数据提取

数据提取（ETL）是从分散和异构的数据源中提取、转换并载入数据的关键技术，广泛应用于供应链管理。ETL 不仅是数据迁移，更是数据清洗、集成的重要环节。在供应链管理中，ETL 能够帮助企业整合来自不同供应商、客户及内部系统的数据，为决策提供一致性和准确性的数据基础。例如，通过 ETL 技术，一家公司能够整合其生产数据、销售数据和供应商数据，构建一个全面的数据仓库，从而对供应链的效率和效果进行深入分析，优化操作。

（四）数据挖掘

数据挖掘技术通过运用统计学、机器学习等方法从大量数据中发掘有价值的信息。通过数据挖掘，企业可以识别出客户行为模式、市场趋势和潜在的供应链风险。例如，使用关联规则学习和聚类分析，企业可以发现不同产品组合的销售趋势，从而进行更有针对性的库存管理。数据挖掘还可以帮助企业进行客户细分，更精准地制定市场策略和优化供应链设计，提高整体业务性能。

（五）数据整合

数据整合技术在供应链管理中的重要性不可小觑，特别是在处理跨境电商的复杂数据环境时。数据整合的主要目的是将来源多样的数据汇聚并统一处理，使之能够为企业提供一致且准确的信息视图。例如，通过信号处理技术可以整合物联网设备收集的实时数据，而自然语言处理技术则可以用于分析社交媒体数据。将这些技术应用于数据整合，企业能够深入理解市场动态和消费者行为，如将社交媒体情感分析与销售数据相结合，分析特定营销活动对销售的实际影响，从而优化营销策略和供应链决策。

（六）商业智能

商业智能（BI）是报告、分析和提交数据的应用软件。BI 工具常用于阅读已存放于数据仓库或数据超市的数据，也用于完成定期提交的标准报告，或用于显示实时管理仪表盘上的信息，如供应链绩效管理指标。

（七）预测性建模

预测性建模是通过历史数据和统计学方法构建模型，预测未来的市场行为或供应链需求的技术。在跨境电商供应链管理中，预测性建模技术可以帮助企业预测客户需求、库存需求和潜在的供应链中断风险。例如，使用预测性建模，企业可以估计某个地区的消费者对特定产品的需求变化，据此调整生产计划和库存水平，优化物流和分销策略。此外，预测性建模也可以应用于客户关系管理，如预测客户流失率和交叉销售的可能性，为企业营销和服务策略提供数据支持。

三、大数据技术在跨境电商供应链管理中的应用

（一）在采购环节的应用

1. 在采购计划管理方面

在采购计划管理中，可以通过大数据平台汇总物资需求，并根据历史采购数据，如采购方式、采购量及供应商的供货速度和质量，来制订可靠的采购计划。此外，应用大数据技术还可以准确地预测每次的订货量和间隔，降低了订货成本。

2. 在采购质量的检测方面

应用大数据平台，企业能够有效地收集和分析供应商的履约数据，如交

货时间、产品质量、服务水平。根据这些数据，采购人员可以综合判断采购的质量情况。大数据分析还能够利用间接信息来反映产品质量，例如，分析重复采购的原因是否与质量问题相关，或通过增加的备品备件使用量来侧面反映出潜在的产品问题。此外，在过去商品质量的检验依赖于人工抽查，这种方法不仅效率低下，还容易受到主观因素的影响，而大数据技术通过与仓库管理系统的对接，能够自动化地检验商品质量，这不仅提高了检验的准确性和效率，也显著降低了因人工检测产生的风险和成本。

3. 在采购成本分析方面

企业通过开发和利用系统的数据统计分析功能，能够进行深入的采购信息比较分析，包括分析采购成本、识别成本产生差异的原因、进行采购价格对照分析、采购比例对照分析等。这种分析帮助企业更精确地掌握成本控制的各个方面，从而发现节约成本的机会。大数据技术使得这些分析工作可以实时进行，不仅提高了数据处理的速度和准确性，也使得采购人员能够通过实时反馈调整采购策略，优化采购决策过程。此外，大数据还可以用于对采购人员的绩效进行实时考评，通过持续监控采购行为和成本，企业能够确保采购活动符合公司的财务和操作目标。这种实时监控和分析极大地释放了人力资源，降低了依赖于人工的成本和时间，使企业能够更加灵活地应对市场变化，维护竞争优势。

（二）在库存管理方面的应用

在库存需要量预测阶段，通过使用数据分析和数据挖掘工具，企业能够识别哪些产品最有可能被客户购买，进而提前将高需求商品运送到相应地区的仓库，从而缩短商品从仓库到客户的总运送时间。

在仓储管理阶段，大数据技术的应用使得商品的存放和拣选过程更为高效和精准。通过分析不同商品间的相关性，大数据技术帮助仓库管理者将关联性高的商品放置在一起，优化拣货路径，从而提高拣选效率，减少人工成本。此外，大数据还能指导仓库的空间布局优化，确保仓库空间的最大化利用，提高仓储环节的敏捷性和精确度。合理的商品摆放和仓库布局不仅保证了发货和退货的正确性，也确保了补货的及时性，进一步提升客户满意度，降低操作成本。

（三）在销售环节的应用

大数据技术在跨境电商供应链销售环节的应用极为广泛，主要体现在销售预测、个性化营销及客户行为分析三个方面，帮助企业精准定位市场和客户需求，优化销售策略，并提升用户体验。

1. 销售预测

大数据技术能够通过分析历史销售数据、市场趋势、消费者行为、季节性变化、宏观经济指标等因素来进行销售预测。这些数据来源于多个渠道，包括电商平台的交易记录、社交媒体、在线客户评价、搜索引擎趋势等。通过对这些数据的综合分析，跨境电商企业可以预测特定时间段内各个产品的销售表现，从而更好地管理库存、优化供应链布局、调整定价策略，并预测市场需求变动。例如，通过分析即将到来的节假日和促销活动的数据，企业可以提前准备库存和营销资源，以满足预期增加的市场需求。

2. 个性化营销

大数据技术使跨境电商能够实现高度的客户个性化，通过分析消费者的购买历史、浏览行为、社交媒体互动，以及反馈数据来了解每位客户的独特需求和偏好。这些数据帮助企业设计个性化的营销活动，向消费者推送他们感兴趣的产品广告、优惠券和其他促销信息。个性化营销不仅提升了消费者的购物体验，还增加了购买的可能性，同时提高了营销活动的 ROI（投资回报率）。例如，如果数据显示某个地区的消费者偏爱某种类型的产品，企业可以针对这一地区的消费者推出特定的促销活动。

3. 客户行为分析

通过大数据工具，跨境电商企业可以深入分析客户的行为模式，具体包括从哪些渠道获得访问、页面浏览时间、购物车放弃率、最终购买转化等。这种分析有助于企业理解什么驱动客户的购买行为，哪些因素会影响其购买决策。此外，这种洞察也使企业能够识别和解决可能的销售障碍，优化用户界面和购买流程，从而减少购物车放弃率和提升转化率。

（四）在物流配送环节的应用

大数据技术通过分析历史物流数据、交通模式、天气信息及地理位置数据，可以帮助企业优化配送路线和物流计划。使用复杂的算法模型，能够预测最佳的运输路径和出发时间，从而减少运输时间和成本。例如，通过分析不同区域的交通拥堵模式和交通事故数据，大数据系统可以为货车司机规划出避开高峰时段和事故多发地段的路线，提高运输效率。此外，通过整合来自供应商、仓库和销售点的数据，大数据可以提高库存流转和配送频率，减少库存积压和运输资源的浪费。

（五）在其他方面的应用

1. 风险预警

通过持续监控供应链中的关键指标和外部环境变化，大数据技术可以帮助企业提前识别潜在的风险点，从而在问题实际发生前就制定出有效的应对策略。

2. 供应链网络设计与优化

通过应用大数据分析，企业可以对供应链进行全面评估，考虑成本、产能和可能的市场变化，从而做出更合理的设施布局和资源分配决策。例如，使用情景分析和动态成本优化模型，企业能够模拟不同市场情况下的供应链表现，预测未来的需求变动，并据此调整配送网络和生产线配置。供应链网络优化能够帮助企业减少不必要的资本开支，提高资源利用效率，同时提高供应链的适应性和响应速度。

第三节　物联网技术+跨境电商供应链管理

一、物联网的概念与特点

（一）物联网的概念

物联网即物物相连的互联网。它的核心思想源于互联网，但进一步延伸到了物体与物体之间的相互连接和通信。

目前较为公认的物联网的定义是：物联网是通过利用射频识别（RFID）、红外感应器、全球定位系统、激光扫描器等先进的信息传感设备，按照特定的通信协议，将各种物体与网络连接起来，以达到实现智能化识别、定位、跟踪、监控和管理目的的一种信息网络。换句话说，当人们能够为每一个单独的物体分配一个唯一的标识，并利用先进的识别、通信和计算技术将其与互联网连接起来，这种广泛连接的网络就构成了物联网。

（二）物联网的特点

与传统的互联网相比，物联网具有以下鲜明的特征。

1. 全面感知

物联网的第一个特点是其对周围环境的全面感知能力。利用射频识别技术、传感器、二维码及其他感知设备，它可以在任何时间、任何地点采集各种动态对象的信息。这种全面的感知能力确保了物联网可以提供实时、准确的数据，从而使人与人、人与物、物与物之间的通信和互动变得更加顺畅。

2. 可靠传递

物联网的第二个特点是可靠的信息传输。通过电信网络与互联网的融合，物联网能将物体的信息实时、准确地传递出去。不仅如此，人与物、物与物的信息系统也实现了广泛的互联互通，信息共享和互操作性达到了很高的水平，这促使物联网的基础设施更为完善，网络的可获得性极大增强。

3. 智能处理

物联网的第三个特点是智能处理。物联网的产生是微处理器技术、传感器技术、计算机网络技术、无线通信技术不断发展融合的结果。物联网可以通过自动化、感知化的方式，对客观事物进行合理分析、判断，以及有目的地行动和有效地处理周围环境事宜。此外，物联网还可以利用云计算、模式识别等各种智能计算技术，对采集到的海量数据和信息进行自动分析和处理，以实现在系统的各个设备之间自动地进行数据交换或通信，对物体实行智能监控和管理，从而使人们可以随时随地、透明地获得信息服务。

二、物联网的体系结构与关键技术

（一）物联网的体系结构

物联网的体系结构通常可以分为三个层次：感知层、网络层和应用层。

1. 感知层

感知层是物联网体系结构的最基础部分，负责收集物理世界中的各种信息，这些信息可以包括各类物理量、标识、音视频等。就像人类的感觉器官能感知外界环境一样，感知层也能感知环境中的温度、湿度、压力、光照度、气压、受力情况等。为了完成这些任务，感知层会使用各种技术，如 RFID、传感器和控制技术、短距离无线通信技术。

2. 网络层

网络层是物联网体系结构的中间部分，负责在通信网络和互联网的基础上建立连接，提供数据的传输和管理。网络层就像人类的神经系统，能够无障碍、高可靠性、高安全性地传送感知到的信息。为了实现这一功能，网络层需要整合各种通信技术，包括有线和无线网络技术、移动通信技术等。

3. 应用层

应用层是物联网体系结构的顶层，负责处理和分析感知层收集的信息，以提供各种服务。通过应用层处理信息、执行业务，以及向终端用户提供服务，整个物联网变得更连续、更智能。应用层的应用范围极广，涵盖生产生活的各个方面，如安防、电力、交通、物流、医疗、环保。

（二）物联网的关键技术

1. 网络与通信技术

物联网的核心基础之一是网络与通信技术。该技术为设备和系统之间的互联提供了基础架构，并使它们能够交换和处理数据。该技术可以分为有线和无线两种。

有线网络主要用于设备间的固定连接，一般通过以太网电缆进行连接，由于传输稳定、延迟低、传输速度快，被广泛应用于工业环境和需要大量数据传输的场合。然而，有线网络的部署和维护成本较高，可移动性较差，因此在许多应用场景中，无线网络成了更好的选择。无线网络为设备间的连接提供了更大的灵活性和便利性，使设备可以在不同地点和不同时间进行连接和通信。蜂窝网络（如 4G、5G）的特点是覆盖范围广、传输距离远，适用于远程设备的连接和大规模物联网应用。Wi-Fi 和蓝牙技术则适用于距离较近、设备数量相对较少的场景，如智能家居、智能办公。

通信协议是网络通信的规则和标准，它规定了设备如何发送、接收和解释数据。在物联网环境中，常用的通信协议包括TCP/IP、MQTT、CoAP、ZigBee等。TCP/IP是互联网的基础协议，定义了数据在网络中的封装、寻址、传输和接收方式。MQTT和CoAP则是为物联网设计的轻量级的通信协议，它们对设备的资源要求低，能够适应不稳定的网络环境，被广泛应用于物联网设备的通信。

2. WSN技术

WSN是指由大量分布在空间中的无线传感器节点组成的网络，用于感知和收集各种环境信息。每个传感器节点都能感知、处理和传输环境数据，从而实现对环境的实时监测和控制。传感器节点通常包括数据处理单元、通信单元、能量单元，以及一个或多个传感器。传感器可以检测到诸如温度、湿度、光照、压力、速度等各种环境参数。传感器节点通常是以电池为能源的，因此，如何提高能源利用效率，并延长网络寿命，成为WSN技术的重要研究内容。此外，由于传感器节点可能部署在环境恶劣或人类难以到达的地方，节点的维护和更换成本高，所以设计具有自组织、自适应、自愈合能力的网络拓扑结构和路由协议，也是WSN技术的关键。

3. M2M技术

M2M技术可以实现设备间信息的直接交换而无需人类参与。M2M技术使设备能够感知和响应环境变化，提高效率，减少错误，并支持新的业务模式。

M2M技术广泛应用于各种场景，包括智能家居、工业自动化、运输和物流、医疗保健、能源管理等。例如，智能电表可以自动读取和报告电力使用情况，车载系统可以实时监控车辆状况并发送警报，医疗设备可以远程监控病人的健康状况等。

物联网实际上是 M2M 技术的扩展，它不仅包括设备间的通信，还包括设备和人，以及设备和云端的通信。与传统的 M2M 技术相比，物联网具有更高的复杂性和更大的规模，需要处理多个设备产生的大量数据，并支持复杂的应用和服务。

虽然 M2M 技术具有很多优势，但也存在一些问题，如网络安全和数据安全面临威胁，设备兼容性和网络可靠性有待提高等。当然，随着技术的进步，这些问题正在逐步得到解决，预计 M2M 技术将在未来的物联网发展中发挥更大的作用。

三、物联网对跨境电商供应链的影响

（一）供应链信息传递更流畅

物联网的应用为信息传递提供了一个有效的平台，从而促进了信息更好的共享和交流。这种即时的信息共享机制提高了供应链中信息的公开性和透明度。此外，物联网信息平台还具备数据存储功能，使得在信息发生误差时，可以迅速调取存储的数据进行核实，有效避免了可能的商业纠纷。

（二）供应链更加智能

物联网的应用使得跨境电商供应链管理更加智能，通过自动化的信息处理，提高了整个供应链的效率和精确性。在物联网的帮助下，原本需要人工执行的物料采集、环境评估、质量检测等关键环节现在可以自动化进行。这不仅加强了工作环节之间的连接，还提升了仓库空间的使用效率，使得根据生产量的变化及时调整仓储空间成为可能，从而优化了生产的成本效率。同时，利用先进的技术对生产流程进行模拟分析，企业能够及时识别并解决生产环节中的缺陷和问题，这样做不仅减少了资金损耗，也降低了生产成本，提高了供应链的整体性能。

（三）响应客户个性化需求的速度加快

在市场竞争越来越剧烈的背景下，跨境电商企业逐渐意识到，迅速且及时地满足客户日益增长的个性化需求是提升其竞争力的关键。随着物联网技术的广泛应用，跨境电商供应链的每个环节都能通过提升可视性和透明度来优化资源使用，从而以最小的成本实现对客户需求的快速响应，进而提升整个供应链的竞争能力。

（四）以产品服务化理念创建服务供应链

在跨境电商供应链管理中，许多企业倾向于集中精力于资本投入及上游流程，如采购、物流和生产，而往往忽略了对客户满意度和需求模式变化的关注。在这种背景下，以产品服务化理念创建服务供应链成为一种创新举措。通过物联网技术的应用，企业不仅可以确保上游流程的稳定性，还能有效监控商品流向，并实时捕捉客户需求的变化。物联网设备如传感器和智能系统能在关键时刻自动记录和发送消费者行为数据，为企业提供精确的需求分析。这使企业能够根据这些数据提供有针对性的增值服务，如定制化产品、优化的配送选项和更具针对性的营销策略。这种服务供应链不仅提高了客户满意度，也通过响应市场的快速变化增强了企业的竞争力。实施这种基于产品服务化的策略，企业可以将传统的供应链转变为更加客户中心的服务供应链，从而在激烈的市场竞争中保持优势。

（五）优化供应链成员

跨境电商供应链的复杂性往往源于其成员的类型和数量。许多企业正在关注如何优化其供应链成员，以简化供应链管理。借助物联网可以最大限度地实现信息共享并协调供应链成员的作业计划，从而对供应链进行集成，并筛选出符合标准的优质合作伙伴。

四、物联网技术在跨境电商供应链管理中的应用

（一）在采购环节的应用

通过物联网技术，企业能够实现对原料的精确追踪和管理，从分类识别不同原料的生产厂家和生产日期开始，到合理安排采购批次和量的优化，物联网技术都发挥着核心作用。例如，企业可以使用物联网设备来标记各种原料和配件。这些标签存储着关于原料的详细信息，包括供应商名称、生产批号、生产日期等，这不仅使采购部门能够迅速准确地识别和选择合适的原料，还能在必要时追踪到具体的生产批次，从而有效控制质量风险。此外，这种技术的应用还能大幅提高采购效率，减少手工输入的错误和时间延误，使得原料的采购过程更加流畅和高效，极大地提高了供应链的响应速度和市场适应能力。

企业可以通过物联网平台收集和分析供应商的绩效数据。通过实时监控供应商的交付时间、产品质量、合作的可靠性等关键指标，企业可以对供应商进行绩效评估和分类管理。对于表现优异的供应商，企业可能会选择增加采购量并建立更紧密的合作关系；而对于表现不佳的供应商，则可以减少依赖或寻找替代选项。这样的策略有助于培养供应商的忠诚度，建立稳定可靠的供应链网络。

（二）在生产环节的应用

物联网技术在跨境电商供应链的生产环节中的应用主要通过 EPC 和 RFID 技术实现，极大地提高了生产线的自动化水平、效率，以及产品质量控制。

EPC 技术的应用使得自动化生产线能够高效运作，通过在整个生产过程中对原材料、零部件、半成品和成品进行实时的识别和跟踪。这种技术减少

了因人工操作引起的识别错误和成本，提高了生产效率。在生产线上，每个原材料和组件都附有电子标签，生产设备通过读取这些标签，自动识别和验证所需物料的正确性和数量，确保了生产过程的顺畅和产品质量的一致性。

物联网技术基于 EPC/RFID 提供了强大的库存管理和调度功能。生产管理人员可以利用这些技术合理安排生产进度，并迅速从复杂的库存中找到所需的原材料和零部件。例如，RFID 读写器装置于每个工位，能够实时扫描经过的自动引导车辆（AGV 小车）上的物料，自动确认物料类型、数量，以及是否完全到位，减少了物料调度和补给的时间，从而保持生产线的连续运作和平衡。

物联网技术在生产补料过程中也发挥着关键作用。工位上的 RFID 读写器可以实时监控物料的剩余情况，并将需求信息自动传送到发料室，确保及时补给，避免生产线因物料不足而中断。这种实时反馈机制不仅保证了生产线的高效运行，也提升了物料周转率和现场的整洁度。

（三）在仓储环节的应用

物联网技术通过使用 RFID 标签、传感器和智能设备来改进传统的库存管理系统，使得库存管理变得更加智能化和自动化。

物联网技术通过安装各种环境传感器（如温度、湿度、光照强度监测器）来实时监控仓库内的环境条件。这些传感器能够连续收集数据并通过网络发送到中央管理系统，一旦检测到环境参数偏离预设的安全范围，系统便会自动调整环境控制设备或向管理人员发出警报。同时，物联网技术在提升仓库安全方面也发挥着重要作用。通过安装智能摄像头和运动探测器，物联网系统能够监控仓库的安全状况，实时检测并报告任何未授权的入侵行为，确保货物的安全。

（四）在配送环节的应用

物联网设备如智能车载系统能自动记录驾驶行为和车辆状态，这些数据可用于分析和优化车辆使用效率，降低油耗和维护成本。例如，通过分析收集的数据，企业可以调整配送策略，采用更加经济的行驶速度和停车策略，减少空驶率。物联网技术还可以与仓库管理系统无缝对接，确保货物装载的正确性和及时性。通过自动识别和扫描出库货物，系统能够确保正确的商品被准确无误地装载到指定的配送车辆上，减少人为错误，加快货物装载速度，从而提升整个配送流程的效率。此外，物联网设备能够监测货物在运输过程中的环境条件，如温度、湿度、震动，这对于确保温敏或易碎商品的品质至关重要。若运输过程中任何参数超出预设范围，物联网系统会自动警报，允许企业即时采取措施来调整条件或采取其他保护措施，确保产品质量不受损害。

（五）在其他方面的应用

在集装箱管理时，物联网通过在集装箱上安装电子标签极大地提升了集装箱管理的效率和准确性。这些电子标签存储固定信息如序列号、箱号、持箱人、箱型、尺寸等，以及可变信息如货品信息、运单号、起运港、目的港、船名、航次。这使得集装箱在整个运输过程中都能被实时跟踪和管理。此外，通过集成的通信系统，这些数据可以无线传输到集装箱信息管理系统中，实现实时处理和管理，包括数据统计与分析，并向客户提供集装箱信息查询服务。这种自动化和电子化的信息流不仅提高了处理速度，还减少了人为错误。

在报关与检验时，通过在出入境车辆上安装的 RFID 电子卡与口岸监管区域分布的无线射频基站群交互，可以实现对人员、车辆和货物的电子化管理。这种管理方式替代了传统的纸质申报方式，实现了出入境车辆及货物的"快进快出"，不仅提高了报关效率，减少了等待时间，还提高了监管的精确性和安全性，确保了跨境运输的顺畅和合规。

第四节　云计算技术+跨境电商供应链管理

一、云计算的概念与特征

（一）云计算的概念

云计算是一种通过互联网提供可扩展的计算资源和服务的模式。它使用户能够通过网络，通常是互联网，访问和使用存储在远程数据中心的硬件和软件资源。这种资源按需提供，无需购买和维护专用硬件或软件。简而言之，云计算将计算能力、存储空间、网络和各种应用软件服务集成到一个远程的、统一的系统中，用户可以根据需求灵活地获取和配置这些资源。云计算的目标是通过集中式的资源管理和分布式的资源使用，实现更高效、可靠和经济的计算服务。它旨在通过简化基础设施的管理和维护，降低成本，同时提供快速、灵活的计算解决方案。通过这种方式，云计算能够满足多种业务需求，包括数据分析、应用托管、数据存储和备份等，从而是一种对企业尤为有用的技术。

（二）云计算的特征

1. 虚拟化

虚拟化是云计算的核心特性之一，它允许物理硬件资源如服务器、存储和网络设备被抽象化并模拟为虚拟环境。这种转化为虚拟资源使得硬件的物理属性变得透明，从而可以灵活地分配和重分配给不同的应用和服务。这样，不仅实现了硬件使用效率的极大提升，还为高度集中和集约的资源管理提供了可能。通过虚拟化，可以轻松创建、删除或迁移虚拟机，实现应用环境的快速配置和部署。这不仅降低了硬件成本，还提高了运维效率，使得资源按需分配成为可能。虚拟化技术还增加了系统的灵活性，可快速响应业务需求

221

的变化。尤其在敏捷开发和 DevOps 文化中，虚拟化成为关键支撑技术，大大缩短了应用从开发到部署的周期。

2. 弹性服务

弹性服务是云计算中不可或缺的特性，允许资源根据实际需求进行自动扩展或缩减。这意味着，无论是处理能力、存储空间还是网络带宽，都可以实时调整以适应不断变化的工作负载。例如，在访问量激增的情况下，系统能自动增加更多的服务器资源来应对压力，而在需求减少时，相应的资源也能自动回收，从而节约成本。这种自适应的资源管理方式大大提高了运行效率和响应速度，同时也减少了因资源浪费而造成的额外成本。对于企业来说，弹性服务不仅减轻了运维团队的工作压力，也避免了因不能及时响应业务需求而带来的潜在损失。因此，弹性服务在云计算模型中扮演着至关重要的角色，它确保了资源的高效利用，同时提供了一种高度可靠和可用的运行环境。

3. 资源池化

云计算服务通过构建一个多租户模式，将计算资源（如存储、处理器、内存、网络带宽）池化。这意味着多个用户共享同一套物理资源，但每个用户的环境相对独立，云服务提供者利用分区、隔离、或使用其他技术手段来保证安全和隐私。资源池化使得供应商能够高效地优化资源配置，降低成本。

4. 高可靠性

云计算的可靠性体现在其经过精心设计的冗余策略和容错机制。数据多副本容错是云计算中的一个核心机制，意味着用户的数据不仅保存在一个物理位置，而是存放在多个独立的服务器或数据中心上，确保当某一节点出现故障时，数据仍然可以从其他节点被安全访问。此外，计算结点同构的设计理念使得每个节点都能够替代其他节点，确保服务持续性和高可用性。这种设计哲学对于确保服务的连续性至关重要，特别是在面对硬件故障、网络问题或其他不可预见的中断时。因此，对于大多数企业和个人用户而言，云计算提供的服务比传统的单一本地计算机系统具有更高的可靠性和稳定性，使用户能够更有信心地将他们的关键数据和应用托管在云环境中。

二、云计算的架构

云计算架构可以分为六个部分，由下至上分别是云基础设施、云存储、云平台、云应用、云服务和云客户端。

（一）云基础设施

云基础设施构成云计算架构的底层。云基础设施主要包括计算、网络、存储等资源，这些资源不仅包括物理设备，如服务器和网络设备，还包括虚拟资源，如虚拟机、虚拟网络。除这些资源外，云基础设施还包括虚拟化平台环境。云基础设施具有弹性和可扩展性，使得用户可以按需获取和使用资源，而无需购买和维护大量的硬件设备。

（二）云存储

云存储为用户提供了在互联网上存储、管理和处理数据的服务。这一层的实现依赖于分布式存储系统，这些系统可以跨多个物理或虚拟服务器进行数据的存储和备份。云存储为用户提供了高度可扩展、位置透明和平台独立的数据存储解决方案。云存储的常见形式包括对象存储、文件存储和块存储，每种存储类型适用于不同类型的数据和应用需求。对象存储适用于存储非结构化数据，如多媒体文件；文件存储适用于需要通过文件系统接口访问数据的应用；块存储则适用于数据库等需要高性能、低延迟访问的场景。与传统的存储方式相比，云存储具有高可用性、灵活性、可扩展性等优点。

（三）云平台

云平台主要为开发、测试、部署、运行应用程序提供环境，用户无需关心底层的硬件和操作系统等问题。云平台的优势在于，它可以帮助用户节省购买和管理底层硬件和软件的成本，并可以方便地进行应用程序的快速开发和部署。

（四）云应用

用户利用云应用获得软件服务，而无需在自己的计算机上安装和运行该应用程序。云应用的优势在于其可访问性和集中管理，用户可以在任何设备上通过浏览器或专用客户端访问应用，实现真正的"随时随地工作"。云应用的更新和维护由服务提供商集中处理，用户总能使用最新版本的软件，无需担心兼容性和安全更新问题。云应用也支持多租户模式，即一个应用实例可以服务于多个用户或客户，这提高了资源的使用效率并降低了成本。

（五）云服务

云服务层是云计算架构中提供各种服务的层，有以下三种主要类型：平台即服务（PaaS）、基础设施即服务（IaaS）和软件即服务（SaaS）。每种服务模式针对不同的业务需求提供不同级别的管理和控制。IaaS 提供虚拟机、存储和网络资源；PaaS 提供开发工具、数据库管理和业务分析工具；SaaS 直接向最终用户提供完整的应用解决方案。云服务的优点是灵活性和成本效益，企业可以根据需求选择合适的服务模型，按需购买资源，从而避免了大量的前期投资和持续的维护成本。此外，云服务还提供了高度的可扩展性和弹性，使企业能够快速适应市场变化和需求波动。云服务也促进了创新，因为企业可以对新技术进行测试而无需长期承诺。

（六）云客户端

云客户端是使用云服务的设备和软件系统，如台式计算机、笔记本电脑、手机、平板电脑，以及运行在这些设备上的软件系统，如浏览器等。云客户端的用户可以通过网络访问云服务，无论他们身在何处，只要有网络连接，就可以使用云服务。

三、基于云计算技术的跨境电商供应链管理

（一）云计算技术在跨境电商供应链管理中的应用

1. 数据集成与可视化

在全球化的经济环境中，跨境电商涉及多个国家和地区，其中每个环节都产生大量数据，包括供应商信息、物流数据、库存状态、客户订单等。传统的数据处理方法往往面临数据孤岛问题，不同部门和地区的数据难以实时共享和统一分析。云计算平台通过提供集中的数据存储和处理能力，解决了这一问题。企业可以将分散在不同地区的供应链数据上传至云服务器，通过云服务实现数据的实时更新和集中管理。例如，一个跨国电商平台可以实时监控其在亚洲、欧洲和北美的仓库库存水平，快速响应各地的市场需求和物流状况。此外，云平台上的数据可视化工具，如仪表板和报告系统，为管理者提供了强大的数据解读能力。通过这些工具，复杂的数据集可以被转化为直观的图表和报告，帮助管理者快速理解供应链的各个方面。这种即时的数据可视化功能不仅提高了决策的效率，也增强了决策的准确性。管理者可以基于实时数据做出更合理的库存调整、优化物流路径和制定市场策略，从而有效降低成本并提高市场响应速度。

2. 供应链协同

在传统供应链管理模式中，各个供应链参与者如供应商、制造商、物流服务商和零售商往往各自为政，信息共享不畅，导致整个供应链的反应速度和灵活性受限。云平台的引入极大地改善了这一状况，它通过实时的数据共

享和通信功能，使得供应链中的各个环节能够紧密协作。

在云平台上，所有供应链参与者可以访问和共享数据。当一个订单在电商平台上生成后，供应商可以即时看到商品信息，物流公司同样可以实时接收到运输需求，这些信息的快速传递可以大大缩短订单处理时间。同时，支付处理也可以在同一平台上协同完成，确保资金流与物流、信息流同步高效运转。这种通过云计算实现的供应链协同不仅提高了操作效率，也提升了顾客满意度。当供应链反应更迅速、更灵活时，客户的订单可以更快被处理和送达，问题也可以得到更快的响应和解决。此外，供应链协同还帮助企业更好地管理库存，减少过剩或缺货的情况。所有相关方都能实时掌握供需情况并作出相应的调整，不仅降低了成本，也增强了企业在竞争激烈的跨境电商市场中的竞争力。

3. 供应链风险管理

（1）数据安全存储

在供应链管理中，数据是核心资产，保证数据的安全性至关重要。云计算平台可以提供可靠的数据存储服务，保证供应链数据的安全性。首先，云服务提供商通常会在全球多个地理位置设有数据中心，这些数据中心配备有高度的物理安全措施，如生物识别访问控制、视频监控和专业的安全人员。除物理安全外，云计算平台还提供了数据加密服务。这意味着存储在云中的数据在传输和静态状态下都会被加密，有效防止未经授权的访问和数据泄露。此外，云计算平台还实现了数据的自动备份和冗余存储，即使在发生硬件故障、自然灾害或网络攻击的情况下，也能快速恢复数据，保障供应链信息的连续性和完整性。

（2）风险预警与应对

通过对云中存储的大量数据进行实时监测和分析，云计算平台可以及时发现潜在的风险因素。例如，通过分析历史数据和实时数据，云平台能够预测并警告可能的供应短缺、物流延迟或市场需求急剧变化。云平台上的高级分析工具和人工智能算法可以对复杂的供应链数据进行深入分析，识别出风险模式和趋势。一旦检测到潜在风险，这些系统能够自动触发预警，并通知相关管理人员。此外，依托于云平台的强大计算能力和全球数据访问性，企业能够迅速评估不同应对策略的潜在影响，并选择最合适的行动方案。

通过实时的风险监测和快速的响应机制，云计算技术显著提高了跨境电商供应链的适应性和韧性。这不仅有助于降低由于风险事件引发的经济损失，也增强了企业在不断变化的全球市场中的竞争力。

（二）基于云计算技术的跨境电商企业供应链管理的完善

1. 进行业务流程再造，利用 ERP 进行供应链协同化管理

在基于云计算的跨境电商企业中，为了优化供应链管理体系，要确保 ERP 系统能够充分发挥其应有的功能，这要求企业进行彻底的业务流程再造。业务流程再造是实现企业资源计划顺利进行的前提，企业资源计划是业务流程再造的必要支撑。业务流程再造的基本步骤如下。

① 识别当前的业务流程，对现有业务流程进行全面审视，了解流程中的每个步骤如何影响供应链的效率和效果。

② 科学分析现有流程，找出不合理之处。

③ 以 ERP 系统为基础，设计新的业务流程。ERP 系统通过集成所有必要的业务管理功能（包括采购、库存管理、销售、财务等）提供了强大的数据处理和实时信息共享能力，是设计高效业务流程的理想工具。

④ 制订企业文化变革计划，使企业所有员工都理解新流程的重要性并致力于实施这些变革。

⑤ 对现有流程进行重组再造与改进，确保所有业务流程都能在 ERP 系统的支持下集成化运行。

2. 引入安全策略

在构建基于云计算的跨境电商供应链管理体系时，必须首先确保系统架

构的安全性。可以设计一个多层安全防御机制，从网络接入层到数据处理层，每一层都应采取严格的安全措施。例如，使用防火墙、入侵检测系统（IDS）和入侵防御系统（IPS）来保护网络；同时，对数据进行加密处理，确保存储和传输过程中的安全。

在信息获取和处理过程中，对信息进行分级。企业应根据信息的敏感性和重要性，对数据进行分类管理，并严格控制访问权限。设置多级权限，只有授权用户才能访问特定级别的信息。这不仅有助于防止数据泄露，还能在某种程度上减少由于操作错误导致的安全问题。

随着供应链合作伙伴关系的深入，跨境电商企业需要建立一套完善的合作伙伴管理和监控机制。对合作伙伴的安全标准进行审核，并进行连续监控，确保合作过程中的数据交换和业务协作符合安全要求。合作关系的管理不仅限于合同约束，还应包括技术和操作层面的密切协作，如共享安全最佳实践和共同应对网络威胁。

为了进一步强化信息安全的执行力，企业应构建一个有效的安全奖惩机制。明确规定安全政策的遵守情况和违规的后果，通过奖励遵守安全规范的行为和惩罚违规行为，促进安全文化的内化。此外，对供应链中的信息资源进行高效共享，同时确保这些信息的安全，从而使整个供应链能更加注重保护关键信息。

第五节　区块链技术+跨境电商供应链管理

一、区块链的概念与特点

（一）区块链的概念

区块链是分布式数据存储、点对点传输、共识机制、加密算法等计算机技术的新型应用模式。区块链起源于比特币，是比特币的一个重要概念，它本质上是一个去中心化的数据库，同时作为比特币的底层技术，是一串使用密码学方法相关联产生的数据块，每一个数据块中包含了一批次比特币网络交易的信息，用于验证其信息的有效性和生成下一个区块。区块链在国际汇兑、信用证、股权登记、证券交易所等金融领域有着潜在的应用价值。

（二）区块链的特点

1. 去中心化

区块链的去中心化特性由其独特的点对点网状结构和分布式记录方式体现。在这种架构中，没有第三方中介或中心管制机构，所有节点在权利和义务上是平等的。这种平等性确保了数据信息在各个节点之间可以自我验证、传递和管理，而不依赖于中心化的权威。因为系统中的数据块由整个网络中具有维护功能的节点共同维护，并在每个节点之间互为备份，这大大增加了系统的健壮性和安全可靠性。即使某个节点出现损坏或异常，由于数据在各个节点之间有备份，系统的正常运行不会受到影响。这种去中心化的方式不仅提高了系统的安全性，还增强了透明度和信任，因为每一个操作都可以被网络中的其他节点验证。

2. 开放性

区块链的开放性体现在其公开、透明的特点上，使得任何人都能参与网络，并对网络内的交易和数据进行验证。与传统中心化系统相比，其中只有特定的管理者能够接触到全部数据，区块链提供了一种机制，使得所有参与者都能看到所有在网络内发生的交易，但又能保证个人数据的隐私和安全。这种开放性的体现还在于其开源的代码基础，让广大开发者能够参与到区块链的维护和开发中来。开放性不仅促进了透明度，还提高了系统的安全性，因为多数节点必须达成共识才能对链上数据进行修改或添加新的区块。在这样一个开放的环境中，恶意行为更容易被识别和制止。开放性还意味着高度的可扩展性，因为新的应用和功能可以随时添加到现有的区块链结构上，无需大规模的系统改造或中断服务。

3. 自治性

自治性是区块链的一个显著特点，体现在通过一系列算法和协议，系统内的所有节点能够在没有第三方或中心机构干预的情况下，自主进行数据交换和验证。基于协商一致的规范，如公开透明的共识算法，使得所有节点在一个去信任的环境中能够自由、安全地交换数据。这种方式减少了对"人"的信任，而更多依赖于对机器和算法的信任。因此，人为干预或单一实体的操纵变得异常困难。每个节点都有权参与共识过程，也有责任维护和验证区块链上的信息。这种自治性使得区块链在维护数据的真实性、一致性和安全性方面具有自我调节的能力。不仅如此，自治性也促进了快速、低成本的交易处理，因为缺少中间层可以减少交易时间和成本。最终，这种高度的自治性赋予区块链能力，使其在金融、供应链、身份验证等多个应用场景中展示出强大的潜力。

4. 信息不可篡改

信息不可篡改是区块链的核心特性之一，确保了一旦数据被添加到区块链中，就不能被修改或删除。这种不可变性主要由加密哈希函数和共识算法来实现。每个新生成的区块都包含前一个区块的哈希值，形成了一种区块之间的链接。如果尝试更改旧的区块中的信息，该区块的哈希值将会改变，从而影响到所有后续区块，导致数据不一致。因此，任何尝试篡改信息的行为都会立即被系统内的其他节点发现，并且这样的区块不会被网络接受。此外，大多数区块链使用多数共识规则，需要网络中大部分节点确认交易的有效性，这进一步增强了数据的不可篡改性。这种强大的安全机制在很多场景中都非常有用，例如，防止金融欺诈、确保供应链的透明度，以及保存关键的法律文件。

5. 匿名性

尽管区块链交易记录对所有网络参与者开放，但交易的双方通常是通过数字签名和复杂的哈希函数来进行标识的，而非通过容易识别的个人信息如姓名或地址。这种机制提供了一定级别的匿名性，使个体能在不暴露身份的情况下进行交易或数据共享。但这种匿名性并不是绝对的，通过高级的数据分析工具仍然有可能追踪到交易的实际参与者。同时，这一特性也带来合规性和法律挑战，如何在保障匿名性与防止非法活动之间找到平衡点是一个复杂的议题。

6. 可追溯性

可追溯性是区块链技术的一大特性，该特性确保所有交易都可以被准确、完整地记录在一个不可篡改的公共账本上。每一笔交易都会被加入到一个数据块中，并与之前的数据块通过加密算法进行链接，形成一个不可篡改的链式结构。因此，任何对历史数据的修改都会影响该数据块及其后续所有数据块的加密信息，这种设计极大地提高了数据的安全性和可靠性。通过这种方式，区块链实现了高度透明和可追溯的数据管理机制，这不仅有助于解决欺诈和错误操作问题，也为合规审计提供了强有力的工具。即使在去中心化的环境下，可追溯性也能有效地维护网络的完整性和透明性。这种不可篡改和可追溯的特性在会计、供应链、法律和许多其他领域都有广泛的应用前景。

二、区块链的核心技术

（一）分布式账本

分布式账本是指交易记账由分布在不同地方的多个节点共同完成的，而且每一个节点都记录的是完整的账目，因此它们都可以参与监督交易，具有合法性，同时也可以共同为其作证。

与传统的分布式存储不同，在区块链中，每个节点都按照链式结构存储完整的交易记录，而不是将数据分割成多个部分。此外，所有节点在地位上是等同的，存储的一致性是通过共识机制来维护的，而不是依赖一个中心节点进行数据同步。这种分布式的设计极大地提高了系统的安全性。没有单一的记账节点意味着没有单点故障，从而降低了被攻击或被篡改的风险。在这个系统里，单一记账人被控制或贿赂的可能性几乎被消除，因为每一个交易都需要多数节点的确认才能被添加到账本中。同时，由于所有节点都存有完整的账目记录，理论上，除非所有节点都被同时破坏，否则数据不会丢失，从而确保了整个系统的可靠性和数据的安全性。

（二）非对称加密和授权技术

区块链的非对称加密技术允许每个用户都有一对密钥：公钥和私钥。公钥用于加密数据，而私钥用于解密数据。这意味着尽管交易信息是公开的，但只有通过相应私钥才能解读特定账户的身份信息。进一步地，授权技术确保只有在数据拥有者明确授权的情况下，其他方才能访问到高度敏感的信息。这样的机制有效地平衡了透明度和隐私的需求，确保了在一个开放的系统中，个人数据和交易安全得到了充分保障。这两项技术共同构成了区块链安全性的基础，使其成为一个既透明又安全的数字交易平台。

（三）共识机制

共识机制就是所有记账节点之间怎样达成共识，去认定一个记录的有效性，这既是认定的手段，也是防止篡改的手段。在这样的机制下，每个记账节点参与验证和记录交易，只有当大多数节点认同一个交易，才会将其添加到区块链上，从而确保系统的数据完整性和安全性。区块链有多种共识机制，如工作量证明（PoW）、权益证明（PoS）、拜占庭容错（BFT），适用于不同的应用场景。这些共识机制在效率和安全性方面达成了不同程度的平衡。例如，PoW 机制虽然安全但效率较低，而 PoS 则相对更为高效但可能牺牲一定的安全性。通过精心选择或定制共识机制，区块链能够满足从金融交易到供应链管理等多种应用的特定需求。

（四）智能合约

智能合约是区块链技术中的一种自动执行协议，以代码形式存储在区块链上。它不仅是一份合同文本，更是一个可执行程序，当预定的条件得到满足时，相应的合约条款会被自动执行。这种自动化减少了人为错误和违约的可能性，同时也降低了执行成本。在商业交易中，智能合约消除了对第三方或中介的需求，因为合约逻辑一旦部署到区块链上就无法更改，确保了各方的利益和承诺得到保障。另外，执行智能合约通常需要支付一定的"燃料"或手续费，这是为了激励网络节点参与验证交易。通过智能合约，各行各业都可以实现更高效、更安全的自动化操作，如金融交易、物联网、供应链管理，它将信任从个人或中介机构转移到了技术和代码，极大地推动了信任经济的发展。

三、区块链技术在跨境电商供应链管理中的应用

（一）利用区块链技术解决跨境电商供应链中信息不对称问题

为了解决跨境电商供应链中的信息不对称问题，区块链技术提供了以下几个有效的解决方案。

第一，构建一个安全稳定的区块链底层平台，以确保数据的安全性和可靠性。将供应链上下游企业的业务以多层次的形式体现在平台上，将原本分散的状态转化为集中的状态。企业可以从更全面的角度分析业务，并能及时发现问题所在，促进多方合作。

第二，建立数据共享机制。在传统的跨境电商供应链模型中，信息往往在不同级别的参与者之间隔阂较大，导致信息不对称。通过建立数据共享机制，所有授权的供应链参与者都可以实时访问到相同的数据信息。这种共享

的透明性帮助各方在相同的信息基础上做出决策，减少了由于信息不对称造成的市场失效和资源浪费，从而提高了整个供应链的效率和响应速度。

第三，强化数据管理和加强隐私保护措施。区块链技术能够通过加密技术确保数据在传输和存储过程中的安全性。此外，智能合约功能可以在不泄露具体细节的情况下自动执行合同条款，从而保护了企业的商业机密和个人隐私，使供应链中的参与者可以安心地共享信息。

（二）利用区块链技术进行产品溯源

区块链技术通过建立一个安全、可靠的溯源平台，为产品从生产到消费的整个链条提供了数据的安全性和可靠性保障。区块链采用分布式账本和密码学技术，确保了数据的真实性和完整性。这种技术特性有效防止了数据的篡改和非法访问，从而使得产品的每一个环节，如生产日期、地点、运输方式、检验检疫等信息，都能被精确记录和追踪。这不仅增强了消费者对产品质量的信任，还提高了供应链管理的透明度，为企业和消费者之间建立了信任桥梁。

通过建立统一的溯源数据标准和数据采集机制，区块链技术确保了不同参与方收集的数据具有一致性，这对于确保溯源数据的准确性和完整性至关重要。统一的数据标准不仅使数据收集更加规范和系统化，还便于对数据进行后续的分析和查询。这种标准化处理也帮助消除了数据解读上的歧义，使得供应链中的各个参与者都能够基于相同的信息做出决策，从而提高整个行业的效率和响应能力。

区块链技术中的智能合约功能极大地提高了溯源数据处理的自动化和效率。智能合约能够自动化执行数据的更新和查询请求，减少了人为干预和操作错误的可能，同时缩减了处理时间和成本。消费者可以通过简单的操作，如扫描产品上的二维码，快速获取到产品的详细溯源信息，包括其来源、处理过程、质量等级等。这种技术的应用不仅提升了消费者的购买体验，也为品牌增加了额外的价值，因为它强调了品牌对透明度和质量控制的承诺。

（三）利用区块链技术降低供应链成本

区块链提供了产品实时追踪的功能，这不仅减少了物流中的误差和丢失风险，还优化了库存管理，降低了过剩或短缺带来的成本。

通过去中心化的特性，区块链减少了供应链中对中介机构的依赖，如银行和清算机构等，这直接减少了交易成本和时间延误，同时还减轻了欺诈和错误交易的风险。此外，区块链允许供应链各方使用数字货币进行直接交易，避免了传统金融支付系统中的高费用和复杂性。这种直接和透明的支付机制提升了资金流的速度和安全性，进一步降低了财务成本。

通过这些机制，区块链技术不仅提高了跨境电商供应链的操作效率，还实现了成本的显著降低，从而增强了企业的竞争力和市场响应速度。

（四）提高供应链物流效率

智能合约在区块链上自动执行预设条件下的合同条款，从而自动化处理物流订单的各个环节，如订单处理、分拣、配送。这种自动化大幅减少了人为干预和中间环节，加速了物流流程，降低了错误和延迟的可能性，显著提高了物流操作的速度和准确性。此外，智能合约还可以实时接收和分析来自物流链的数据，如货物位置、运输条件，根据这些数据进行智能调度。例如，它可以优化运输路线和配送计划，根据实际需求调整资源分配，从而进一步提升物流效率和响应速度。这种基于实时数据的动态调整，使得整个供应链更加灵活和响应市场变化。

搭建区块链物流平台，不同的物流企业可以共享资源和合作分工。通过这一平台，企业能够共享仓储、运输工具和信息等资源，减少资源的重复配置和浪费，提高资源利用率。这不仅降低了成本，也增强了物流服务的灵活性和可靠性。例如，通过区块链平台，一家企业的闲置运输能力可以被另一家企业利用，从而优化整个供应链的资源配置。

第六章　跨境电商供应链管理的发展

第一节　虚拟供应链

随着全球化和数字化的不断加深，跨境电商供应链逐渐向虚拟化转变。虚拟供应链利用先进的信息技术和网络系统，打破传统物理边界，实现资源的最优配置。在虚拟供应链模式中，各企业能够在全球范围内快速响应市场变化，有效整合和管理分散的资源和能力。此外，虚拟供应链促进了企业间的合作，通过共享信息和资源，提升整体供应链的灵活性和效率。这种供应链管理模式特别适合跨境电商，因为它可以充分利用全球分布的资源，快速适应不同市场的需求。

一、虚拟供应链的概念与结构

虚拟供应链是一种创新的供应链管理模式，它依托高度发达的信息和通信技术，使供应链参与者能够在没有物理界限的情况下协同工作。这一概念最初由英国桑德兰大学电子商务中心在 1998 年的"供应点"研究项目中提出。该项目旨在开发一个电子获取系统，使终端客户能直接从一个由中小企业构成的虚拟联盟中订货。虚拟供应链可以看做是基于专门的信息服务中心提供的技术支持和服务，由合作伙伴组成的动态供应链[①]。

---

① 褰明. 供应链管理理论与方法［M］. 成都：西南交通大学出版社，2015.

虚拟供应链结构通常为网状结构，其体系结构支持由 VSC（虚拟供应链信息服务中心）的服务系统构成，包括客户、供应商、制造商、承运人、分销商、零售商、其他合作伙伴等参与者[①]。这种结构使得虚拟供应链能够灵活地应对市场变化，快速调整供应链策略，以适应不断变化的客户需求和全球市场的动态。

二、虚拟供应链与传统供应链的不同

（一）组织方式不同

虚拟供应链是一种基于信息技术，特别是信息服务中心支持下，由具有不同核心竞争优势的企业临时组成的动态链。与传统的固定和层级结构化的供应链不同，虚拟供应链不固定于特定的地理位置，其成员企业可能分布在全球各地。这种组织方式允许跨境电商快速集成新的技术和资源，并根据项目需要重新配置供应链。如果一个跨境电商项目需要特定的物流解决方案或特殊的产品组件，虚拟供应链能够迅速整合具有相应能力的供应商和服务商进入供应链，提供所需服务。

（二）形成原因和时效性不同

传统供应链通常基于长期稳定的合作关系的构建，目的在于通过规模化和标准化操作降低运营成本，增强供应链稳定性。虚拟供应链通常是应对特定市场机遇快速形成的临时性联盟，它的存在和重构完全是为了满足短期的、具体的市场需求。在跨境电商领域，市场需求的快速变化常常导致虚拟供应链的快速组建和解散。企业需要在短时间内与全球各地的合作伙伴建立联系，共同开发产品或服务，一旦市场需求得到满足或项目完成后，这些虚拟的供应链结构便可能迅速解散。这种组织方式的时效性强，使跨境电商能够以极

---

① 但斌. 张旭梅，黄河. 虚拟供应链体系结构和运作模式研究［J］. 工业工程与管理. 2000，5（5）：46-48.

高的灵活性和响应速度，迅速适应市场变化和消费者需求。

（三）需求的发起者存在差异

在传统供应链中，需求的发起通常由核心企业控制，这些企业根据自身产品的特征向供应商提出技术要求，向分销商设定销售条件，而其他参与企业则配合这些需求。核心企业在传统供应链中扮演着主导角色，负责决策并推动供应链的整体运作。而虚拟供应链中，任何一个环节的上下游厂商都可以成为虚拟供应链的发起者。这种结构特别适用于跨境电商领域。例如，如果一个小型制造商发现了一个特定市场的需求或机会，它可以迅速地联合其他企业如物流公司、技术提供商或其他制造商组成一个虚拟供应链。

（四）链条构成方式与复杂度不同

传统供应链往往围绕核心企业展开，由这些企业投入大量的人力、物力和财力来开发、建设和控制供应链。这种模式下的供应链通常具有固定的结构和成员，且变动不大，侧重于稳定性和效率的最大化。虚拟供应链则有明显不同，它依赖于第三方信息平台来迅速地联合多个、多类型甚至跨国的企业。由于虚拟供应链成员的多样性和参与企业的地理及业务范围广泛，使得其结构模式比传统供应链更为复杂。在跨境电商领域，这种复杂性尤为明显，因为不同国家和地区的企业可能同时参与多个虚拟供应链，每个链条都可能因应不同的市场需求而形成。这种多维交叉的结构不仅增加了虚拟供应链的运作复杂性，也提升了管理协调的难度。

三、虚拟供应链管理的模式

（一）虚拟供应链的驱动模式

1. 客户订单中心型虚拟供应链

客户订单中心型虚拟供应链是以信息服务中心为主，根据客户订单需要而发起组建的虚拟供应链。这种模式在跨境电商领域尤为重要，因为它允许企业快速适应多变的国际市场需求和消费者偏好。

信息服务中心在接收到客户订单后，首先进行的是生产和经济上的可行性分析。这一分析不仅涉及订单能否被执行的技术和生产方面的考虑，也包括经济效益的评估。只有当这些分析均确认订单可行，且能够达到供应链预定目标时，整个虚拟供应链的组建才正式启动。此后，信息服务中心会进一步与客户沟通，明确和细化产品的具体规格和要求，确保最终的产品能完全满足客户的期望。此后，根据这些分析，确定所需的供应商、制造商、分销商、零售商等，并正式组建虚拟供应链。这个新建的供应链将在信息服务中心的技术支持和协调下运作，直到彻底满足客户的订单需求。

由于客户订单中心型虚拟供应链通常不依附于任何固定品牌，而是围绕单一订单或一系列订单构建，它能够提供极高的客户个性化服务。这种供应链类型的主要优势在于能够快速响应市场变化，特别是在技术或产品创新迅速的领域，通过提供专有技术或新产品快速占领市场。

2. 生产制造中心型虚拟供应链

生产制造中心型虚拟供应链是一种以制造企业的具体生产需求为核心的供应链组织方式。制造企业首先明确其生产的具体产品需求，包括所需的材料、部件及其精确的生产规格。随后，这些需求信息通过信息服务中心在网络上广泛发布，以吸引和筛选合适的供应链合作伙伴。一旦潜在的合作伙伴被识别出来，信息服务中心对其生产能力、交货的可靠性、产品质量等多个方面进行评价。评价结果将反馈给制造企业，由其决定最终选择哪些企业加入其虚拟供应链。

该虚拟供应链模式的特点在于，虽然以制造企业的固定产品为中心，但合作企业的参与具有高度的动态性和时效性。根据制造企业的不断变化的生产需求，供应链中的合作伙伴可能会频繁更迭。尽管合作企业参与具有流动性，制造企业本身及其品牌却相对稳定，为整个供应链提供了明确的品牌定位和市场导向。

3. 零售中心型虚拟供应链

零售中心型虚拟供应链是一种围绕大型零售企业的需求进行组织和驱动的供应链模式。零售企业不仅作为销售的主体，同时也是虚拟供应链启动和运作的核心。零售企业首先根据市场反馈提供详细的产品需求和供应链需求信息。这些信息随后被传递给信息服务中心，后者对这些需求进行详尽的可行性分析。一旦可行性分析确认，零售企业便会在网络平台上发布这些需求信息，开始组建供应链。这通常包括挑选合适的供应商、制造商、分销商及其他零售商，以形成一个能够高效响应市场需求的供应链网络。由于零售中心型虚拟供应链以大型零售企业为主导，其品牌影响力和市场控制能力在整个供应链中占据主要位置。

（二）虚拟供应链的组织模式

虚拟供应链的组织模式可以按照企业在供应链中的重要性划分为三种类型：多核心企业、单核心企业和无核心企业的虚拟供应链。虚拟供应链中核心企业的角色与传统供应链中的核心企业不同。在虚拟环境下，核心企业通常是需求的发起者或与需求发起者有紧密联系的企业，这些企业虽然在某些方面可能不具备显著优势，但它们对市场需求的快速感知和能力在组建虚拟供应链时使它们处于领导地位。在某些情况下，如果需求发起者只是识别了需求但缺乏建立供应链的资源或能力，他们可能会引入其他企业作为核心，来领导供应链的创建和管理。这种灵活的组织结构使得虚拟供应链能够根据具体需求迅速调整其成员构成和操作策略。

1. 多核心企业的虚拟供应链

多核心模式是一般意义上的虚拟企业组织模式。多个重要企业构成核心层，以客户需求为中心，选择合作企业形成外围层。通过服务中心提供的技术支持与信息服务，参与对方的运营管理来满足客户需求[①]。

多核心企业的虚拟供应链通过集成各方的技术和资源，加强了合作企业之间的技术交流和信息共享。这不仅有助于各企业在自己的市场上保持竞争力，还能快速适应新技术的变化，从而在全球竞争中取得先机。

2. 单核心企业的虚拟供应链

单核心企业的虚拟供应链通常又称为盟主型的虚拟供应链，是围绕一个主导企业构建的。在这种模式中，核心企业承担主要管理者的角色，而其他的合作伙伴则构成供应链的外围层，协同工作以满足终端客户的需求。核心企业通常负责制定供应链的战略方向和运作标准。它通过一个统一的平台发布需求信息，选择并协调合作伙伴，监控工作进度，并处理供应链运作中出现的各种协调问题。这种模式不要求核心企业直接参与生产、加工、销售等具体环节，而是侧重于通过外围合作伙伴的能力来实现这些功能，使得供应链更加灵活和响应迅速。

对于广大中小型企业来说，这种虚拟供应链模式提供了一个参与大型项目的机会，允许它们以较低的成本和风险进入新市场或扩大现有业务。通过参与单核心企业的虚拟供应链，中小企业可以借助核心企业的品牌和市场力量，提高自身的市场竞争力和可见度。

3. 无核心企业的虚拟供应链

无核心企业的虚拟供应链模式是一种独特的虚拟企业组织形式，没有明确的领导企业，所有参与者都处于平等的合作状态。在这种模式下，所有企业均以公平的合作伙伴身份参与，共同分享信息。虚拟供应链呈现出网状的

[①] 丁俊发. 供应链理论前沿［M］. 北京：中国铁道出版社，2017.

结构，依托于第三方信息服务商所提供的平台来支撑运作。这一平台连接各类供应链成员，如供应商、制造商、承运商、分销商、零售商及其他合作伙伴，使它们能在没有中心化领导的情况下公平合作，并共享关键信息，共同形成面向特定目标的短期战略联盟。

在当前市场环境中，特别是考虑产品生命周期的缩短，中小跨境电商企业通常因规模和资源限制而面临竞争劣势。为了在激烈的市场竞争中生存和发展，这些企业逐渐改变旧有观念，从单打独斗转向寻求合作。无核心企业的虚拟供应链模式因其高效便捷的特点，成为中小跨境电商企业实现这一转变的有效途径。

第二节　敏捷供应链

敏捷供应链作为跨境电商供应链管理的重要发展方向，突出其快速响应市场变动的能力。在今天竞争激烈的市场环境中，敏捷供应链通过其高度的灵活性和适应性，使企业能够迅速对消费者需求作出反应，有效管理和缩短供应链周期。敏捷供应链依靠强大的信息系统支持，使跨境电商能够实时监控和调整其全球操作，从而最大化客户满意度和运营效率。

一、敏捷供应链的概念

敏捷供应链是指在不确定的、持续变化的环境下，为了在特定的某一市场机会中获得最大价值和竞争力而形成的基于一体化的动态联盟和协同运作的供应链。在信息时代，市场竞争愈发激烈，用户需求变得更加零散、复杂和多变。依靠敏捷制造技术、动态的组织结构和柔性管理技术，敏捷供应链能够迅速响应多样化的市场需求，从而在速度、满足客户个性化需求和成本方面具有明显优势。

敏捷供应链与传统供应链的对比如表 6-1 所示。

表 6-1　敏捷供应链与传统供应链的对比

	敏捷供应链	传统供应链
运营目标	对多样化市场需求的快速满足	专注于追求低成本和高效率运营
资源观念	对全供应链视角下企业内外资源的最佳配置	对企业内部资源的充分利用和挖掘
供应链驱动方式	需求拉动	预测推动
组织构建	依赖于构建的具有超组织性、动态性和网络性的虚拟组织	依赖于构建的传统实体组织
与供应链成员的关系	供应商：利益一致的合作伙伴 客户：实现企业所创造的价值并使产品完成增值的重要资源	供应商：讨价还价的利益博弈对手 客户：服务对象

二、敏捷供应链的特征

（一）市场敏感

跨境电商敏捷供应链首要特征是市场敏感性，这意味着企业必须实时掌握并迅速响应全球市场需求的变化。与传统供应链相比，敏捷供应链不依赖于历史销售数据来预测未来，而是直接由市场的实际需求拉动生产。这种策略尤其适用于快速变化的电子商务环境，其中消费者偏好和需求多变且高度个性化。为了实现这一点，企业需要建立先进的数据分析系统，以实时捕捉和处理来自不同市场的信号，并快速调整生产和物流策略。这种市场敏感性使得供应链能够持续适应环境变化，保持竞争力。

（二）虚拟链

在敏捷供应链中，虚拟链的构建是通过信息技术实现的，它允许供应链各环节之间的数据和信息高效共享。特别是在跨境电商中，供应链参与者可能分布在全球各地，实时的信息共享变得尤为重要。通过建立虚拟链，企业能够减少信息传递过程中的时延和失真，有效避免如"牛鞭效应"之类的问题，这些问题通常由需求信息的放大波动引起。虚拟链的应用不仅提高了供应链的透明度，还增强了其响应速度和灵活性，为满足市场需求提供了有力支撑。

（三）流程集成

流程集成确保了从原材料采购到最终产品交付的每一个步骤都能高效无缝地连接。通过在供应商和客户之间共同开发产品、构建通用系统和共享关键信息，供应链能够更好地适应市场变化，提高整体效率和效果。流程集成可以通过集成的 IT 系统实现，这些系统支持实时数据交换，从而使所有相关方都可以即时访问到关键信息，共同优化整个供应链的运作。

（四）基于网络的结构

敏捷供应链的网络化特征体现在其依赖于一个广泛的网络来协调和优化供应链活动。在跨境电商中，这种网络不仅局限于单一企业，而是包括了一系列的合作伙伴、供应商和分销商。这个网络使得供应链能够灵活地调整资源和产能，快速响应市场需求。网络结构的优势在于它可以增强供应链的整体协调性和效率，使各个成员能够更有效地合作，共同面对市场的挑战。此外，基于网络的敏捷供应链通过增强供应链成员间的信任和合作，也能够提升整个网络的竞争力和价值创造能力。

三、敏捷供应链管理的原则

敏捷供应链管理是对敏捷供应链中的物流、信息流、资金流进行合理的计划、协调、调度与控制，在正确的时间、正确的地点将正确的产品或服务按照正确的数量交给正确的交易对象的目标。[①]敏捷供应链的管理应遵循以下几个基本原则，具体如图 6-1 所示。

---

① 张磊，张雪. 物流与供应链管理［M］. 北京：北京理工大学出版社，2021.

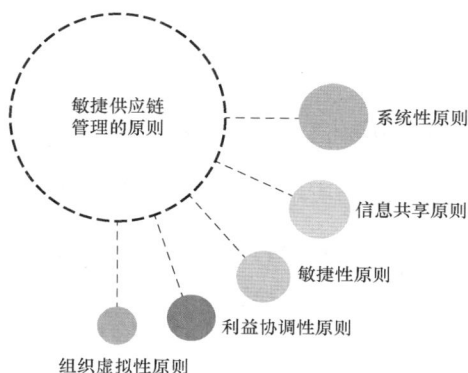

图 6-1　敏捷供应链管理的原则

（一）系统性原则

在跨境电商敏捷供应链管理中，必须要遵循系统性原则。这一原则要求将供应链视为一个整体，而非简单地看作是几个孤立的部分。这种观念强调所有环节的相互依赖性和协同作用，旨在通过系统工程的理论、技术与方法来优化整个链条的运作。

系统性原则的核心在于确保供应链中每个实体的操作不仅符合其个体最优，而且能够推动整体效益的最大化。这需要对供应链进行综合规划和管理，以确保各环节之间的高效协调和信息共享。例如，在跨境电商中，从制造商到终端用户的每一个环节都必须紧密连接，以实现快速响应市场变化的目标。这种连接不仅包括物理产品的流动，更重要的是信息和资金的流动，这些都需要通过高度集成的技术平台来实现。在实施系统性原则时，供应链管理者需运用高级的数据分析工具和技术来监控和控制供应链的运作。通过实时数据的分析，管理者可以预见潜在的风险并迅速做出调整，从而减少供应链中的任何中断或延迟。此外，系统性管理还包括对供应链中资源配置的合理化，这不仅限于物理资源，还包括人力和财力资源。敏捷供应链的系统性原则也强调持续改进和学习。随着市场环境的持续变化，供应链系统需要不断地调整和优化，以适应新的市场需求和技术发展。这种持续的自我完善过程确保了供应链能够保持其敏捷性和竞争力。

（二）信息共享原则

在跨境电商敏捷供应链管理中，信息共享性原则至关重要，因为它能够确保整个供应链的透明度和响应能力。这个原则认为，高效的物流和资金流管理取决于准确且及时的信息共享。供应链的每个环节，从原材料供应商到制造商，再到终端消费者，都需要接入到同一个信息网络，以确保信息流的及时性和准确性。

信息共享性原则强调，只有当所有相关信息都能够被供应链中的各个成员准确且及时地获取和利用时，才能有效地预见和降低供应链中的不确定性。这种透明的信息流通能够增强各环节之间的信任，促进合作，从而提高整体的运作效率。例如，通过共享库存水平、生产进度和市场需求数据，供应链中的每一个成员都可以更好地调整自己的操作以匹配供应链的整体效率目标。此外，信息共享在物流和资金流的管理中起到缓冲作用，有助于优化资源配置，减少物理资源的消耗，如库存成本和运输费用。这种信息的有效利用可以替代大量的物理资源投入，为企业带来成本节约，并增强供应链对市场变动的快速响应能力。信息共享也是实现供应链敏捷性的关键。在跨境电商环境下，市场和消费者需求可能迅速变化，敏捷供应链必须能够迅速适应这些变化以维持竞争力。通过确保信息能够自由流动且无障碍地被各方获取，供应链可以更快地作出反应，无论是调整生产线以满足新的消费者偏好，还是重新配置物流以应对运输延迟或政策变动。

（三）敏捷性原则

敏捷供应链处于竞争、合作、动态的市场环境之中，不可预测性是当今市场的主要特征之一，快速响应市场的变化，既是敏捷供应链管理的目标之一，也是企业或企业联盟赢得市场竞争的目标之一。因此，必须坚持敏捷性原则，从供应链的结构、管理与运作方式、相关过程的运作、组织机制等方面提高供应链的敏捷性。

（四）利益协调性原则

在跨境电商敏捷供应链管理中，利益协调性原则强调在供应链中实现各参与者之间的利益一致性和共赢。由于供应链涉及多方，每个成员都有自己的目标和需求，没有有效的利益协调机制，就可能导致各参与方目标不一致，进而影响整个供应链的协同和效率。利益协调性原则要求在供应链中确立一个明确的合作条款，界定公平分配利益和责任。这需要供应链管理者深入理解每个成员的产品特征、资源状况、信誉等级、核心竞争力等因素。了解这些因素后，管理者能够设计出适合每个成员的合作模式，确保每个环节都能在供应链活动中找到其价值，从而增强成员之间的合作意愿和稳定性。

在跨境电商领域，利益协调性尤为关键，因为涉及的企业可能来自不同的国家和地区，具有不同的商业环境和市场动态。这种多样性虽然为供应链带来了丰富的资源和市场机会，但同时也带来了管理上的挑战，尤其是在利益分配和风险管理方面。敏捷供应链通过实施利益协调性原则，能够有效地管理这些复杂性，通过建立透明和公正的协作关系，保持各方的积极参与和长期合作。例如，通过合同管理和共享奖励机制，可以确保供应链中的每一个成员都能从其贡献中获得相应的回报。同时，当市场条件或供应链内部条件发生变化时，这种机制还能够提供必要的灵活性，允许调整合作条款，以适应新的商业现实。此外，敏捷供应链中的信息技术系统可以支持实时的数据共享和通信，这不仅有助于监控整个供应链的性能，还能及时调整合作策略，解决可能出现的任何不平衡问题。

（五）组织虚拟性原则

随着市场环境的不断变化和不可预测性，供需过程需要不断的重构和调整。这种需求推动了企业组织结构向更加灵活和动态的方向发展，以便快速响应外部变化。另外，先进的制造技术、流通领域新型的经营管理模式及信息技术的发展赋予了企业组织机构虚拟化的趋势，因此，必须坚持组织虚拟性原则，根据市场的需要，及时对企业组织机构进行适应敏捷供应链管理需求的调整或重组。此外，组织虚拟性原则还支持跨境电商在全球范围内寻找最佳合作伙伴，通过建立虚拟的合作关系，可以在不同地区快速构建或拆解合作网络，这种策略极大地增强了企业的市场适应性和竞争力。通过这种方式，跨境电商不仅能够应对快速变化的市场，还能在全球范围内优化运营效率和成本结构。

第三节　绿色供应链

绿色供应链已成为跨境电商供应链发展的趋势之一，反映了全球消费者和政府对环保和可持续发展日益增长的关注。绿色供应链通过整合环保考量进入产品设计、采购、生产、分销等每一个环节，不仅减轻了环境负担，也优化了成本结构，增强了企业社会责任形象。

一、绿色供应链的概念

绿色供应链是一种全面考量环境影响和资源效率的现代供应链管理模式。该模式基于绿色制造原理和先进的供应链管理技术，涵盖从供应商到生产商，再到销售商和消费者的整个链条。其核心目标是在产品的整个生命周期内，包括材料采购、加工、包装、使用及最终的废弃处理，降低环境影响，提升资源使用效率。绿色供应链将环保理念深度整合进供应链管理中，促使企业与具备绿色竞争力的伙伴建立战略合作关系，共同专注于强化各自的绿色制造能力和业务发展。

二、绿色供应链管理的基本思想

（一）全面考虑环境问题

绿色供应链管理首先注重在整个供应过程中环境因素的全面考虑。这不仅包括选择的供应方案对环境和人员的影响，而且涵盖资源的合理利用和能源的节约。在实际操作中，管理者需要评估和选择那些对环境影响最小的供应方法和材料，如使用可再生资源和环保材料，优化生产过程以减少能源消耗和废弃物产生。此外，要考虑废弃物和排放物的处理与回收。有效的废物管理不仅减少了环境污染，还能通过回收再利用带来经济效益。例如，工业副产品可以转化为其他生产线的原材料，减少原始资源的需求和废物的填埋。

再者，要注重环境影响的评价。通过对各种方案可能产生的环境影响进行科学评估，从而作出更加明智的决策，选择那些环境友好的操作方案，在保护环境的同时，维护企业的社会责任形象和市场竞争力。

（二）绿色供应链管理强调闭环运作

生产过程中的废品废料，以及在运输、仓储、销售过程中产生的损坏件，乃至客户淘汰的产品都被纳入回收处理的范畴。这些物资可以经过适当的处理后重新进入生产周期，成为新产品的原材料，或者直接修复后重新销售。这不仅提高了资源的使用效率，而且有助于企业减少环境污染，响应可持续发展的全球呼声。

（三）绿色供应链管理采纳并行工程思想

绿色供应链管理体现并行工程的思想。绿色供应链管理研究从原材料生产、制造到回收处理，实际上研究的是产品生命周期的全过程。并行工程要求面向产品的全生命周期，从设计开始，就充分考虑设计下游有可能涉及的影响因素，并考虑材料的回收与再利用，尽量避免在某一设计阶段完成后才意识到因工艺、制造等因素的制约造成该阶段甚至整个设计方案的更改。因此应用并行工程的思想，使材料的生产、产品制造过程和回收与再利用并行加以考虑。

三、绿色供应链管理的主要内容

（一）绿色设计

绿色设计是将环境保护理念融入产品设计和开发过程，旨在最小化产品在整个生命周期内对环境的影响。通过绿色设计，企业不仅响应全球环保需求，还能提升产品的市场竞争力。绿色设计强调从源头减少废物产生，优化资源使用效率，并考虑产品的可回收性和降解性，确保在生产和消费过程中尽可能地减少环境负担。目前，绿色设计已较为成熟，设计过程主要涉及以下两种方法。

一是生命周期评价。生命周期评价（Life Cycle Assessment，LCA）是一种量化评估产品从原材料提取到制造、使用和最终处理全生命周期环境影响的方法。LCA 通过分析产品在各个阶段可能对环境造成的影响，帮助设计师和企业做出更环保的决策。利用 LCA，企业可以识别产品设计和生产过程中对环境的影响，进而采取改进措施。

二是环境意识设计。环境意识设计（Environmentally Conscious Design，ECD）是从设计阶段就考虑产品的环境影响，力求通过创新的设计减少负面影响。ECD 涉及选择更少污染、更易回收或更为环保的材料，简化产品结构以便于未来拆解和回收，以及增加产品的耐用性和维修性以延长其使用寿命。通过实施环境意识设计，企业不仅能减轻对环境的负担，还能满足日益增长的消费者对环保产品的需求，从而在市场上获得竞争优势。

（二）绿色采购

首先，绿色采购要求企业在选定供应商和采购物资时，优先选择那些环保认证的产品，如具有节能标志、绿色环保标志等认证的物品。这些认证保证了产品在生产和使用过程中符合一定的环保标准，如低毒性、易回收或使用再生材料制成。其次，绿色采购要求企业对供应商的环保性能进行考察。

企业在选择供应商时，不仅考虑价格和质量，还要评估供应商的环境管理体系是否健全，是否有助于资源的合理利用和环境保护。这包括供应商是否采用环保的生产技术，是否有效管理废物，以及是否努力减少生产过程中的能源消耗。此外，绿色采购还强调采购过程中的能效和资源节约。企业在采购设备和材料时，需要考虑其整个生命周期内的能源消耗和资源利用效率。采购节能的机器和设备，不仅能减少能源使用，还可以长远地降低企业的运营成本。绿色采购的实施不仅有助于企业提高自身的环境责任感和品牌形象，还能促进整个供应链的可持续性，增强企业在市场上的竞争力。为了有效实施绿色采购，企业需要建立相应的政策和程序，进行员工培训，确保采购决策符合企业的环保目标，并通过持续监控和改进，优化绿色采购的效果。

（三）绿色生产

绿色生产关注的是制造过程中的环保效率，它要求在生产活动中综合考虑能效高、污染少的生产方法。这包括选择低污染的制造技术、优化生产过程以减少能源和材料的浪费，以及提高废物的回收利用率。绿色生产不仅涉及生产操作的环节，还包括对生产设备和工艺流程的环保优化。

在进行绿色生产时，首先需要对生产过程中的能耗和物料消耗进行严格监控，实现过程优化，如采用精益生产技术来减少浪费。此外，企业应该采用最佳可用技术（BAT）以确保生产过程中的环境排放达到最低。例如，通过使用高效的过滤系统和污染控制技术来减少工厂排放的有害物质。绿色生产还要求对生产过程中产生的废弃物进行有效管理，包括废料的回收利用和废物的适当处理。通过建立闭环回收系统，不仅可以将废物转化为生产输入，还能减少对外部资源的依赖。此外，绿色生产还涉及对产品设计的优化，使产品在使用过程中更加节能环保，且在产品生命周期结束后更易于拆解和回收。

（四）绿色销售、包装、运输

绿色销售是对销售环节的生态管理，包括选择生态友好的分销渠道和中间商，以及评估网上交易和促销方式的环境影响。这要求企业在销售策略中加入环保理念，如优先选择那些采用绿色操作的分销商或零售商；通过电子商务方式减少实体店面的需求，降低能耗和建筑对环境的影响；使用数字化营销手段减少纸质广告材料的使用，以及通过环保活动提升消费者对品牌的环保认知。绿色包装则是通过优化包装设计、减少包装材料的使用量，以及使用可回收或可降解材料来减少包装废物。这不仅涉及物理设计的改进，如减少包装层次和简化结构，还包括选择环境影响较小的材料，如回收纸板或生物基塑料。绿色包装的目的是在确保产品保护的同时，最大限度地减轻对环境的负担。绿色运输关注减少运输过程中的资源消耗和排放。这可以通过优化物流网络设计、采用更环保的运输方式（如铁路或水运代替卡车运输）、使用清洁能源车辆（如电动或氢燃料汽车），以及实施集中配送系统来实现。合理的运输路径规划也有助于减少旅程距离和时间，从而降低燃料消耗和排放。

（五）产品废弃阶段的处理

随着工业技术的快速发展，产品的生命周期越来越短，导致废弃物的快速增加，这不仅浪费了资源，还严重污染了环境。因此，绿色供应链管理中的产品废弃阶段处理成为一个重要的组成部分。产品废弃阶段的绿色管理主要包括确保产品和材料的最大回收利用，例如，通过设计易于拆解的产品，以便于回收其组件和材料。此外，通过再利用部分产品组件或原料，可以减少对新原料的需求和生产过程中的环境影响。对于无法再利用的材料，应通过环保的方法进行安全处置，以减少污染。

参考文献

［1］ 鄂立彬. 跨境电商供应链管理［M］. 北京：对外经济贸易大学出版社，2017.

［2］ 黄景贤，柏松. 跨境电商物流供应链创新与发展研究［M］. 北京：经济日报出版社，2022.

［3］ 孙萍萍. 跨境电商供应链管理研究［M］. 长春：吉林出版集团股份有限公司，2022.

［4］ 左锋，赵亚杰. 跨境电商供应链管理［M］. 北京：人民邮电出版社，2023.

［5］ 唐亮，许再宏，郑晨光. 出口跨境电商供应链管理［M］. 北京：中国财政经济出版社，2018.

［6］ 付雅琴. 当代物流与供应链管理研究：以电子商务为视角［M］. 武汉：武汉大学出版社，2019.

［7］ 赵松岭，任永珍，赵娆. 电子商务下的供应链物流管理研究［M］. 长春：吉林大学出版社，2020.

［8］ 张远. 供应链视角下电子商务企业物流成本的管理与控制［M］. 北京：中国水利水电出版社，2019.

［9］ 王琦峰，李肖钢，费阳. 供应链整合视角下跨境电商公共海外仓运作模式与绩效评价研究［M］. 杭州：浙江大学出版社，2021.

［10］ 熊晓亮. 跨境电商视域下国际物流服务能力研究［M］. 长春：吉林人

民出版社，2021.

[11] 胡锦，韩丽. 大数据环境下跨境电商运营管理创新［M］. 长春：吉林人民出版社，2021.

[12] 代承霞. 跨境电子商务物流管理模式创新及发展［M］. 北京：经济日报出版社，2019.

[13] 高本河，缪立新，沐潮. 供应链管理［M］. 深圳：海天出版社，2004.

[14] 刘慧贞，李宁，王玉玺. 供应链管理［M］. 北京：机械工业出版社，2015.

[15] 陈英，钟林. 供应链管理理论与实践创新研究［M］. 天津：天津科学技术出版社，2019.

[16] 吴小钢，郑绍庆. 电子商务供应链管理［M］. 北京：中国商务出版社，2017.

[17] 毛敏，王坤. 供应链管理理论与案例解析［M］. 成都：西南交通大学出版社，2017.

[18] 陈畴镛，于俭，曹为国. 电子商务供应链管理［M］. 沈阳：东北财经大学出版社，2002.

[19] 孙克武. 电子商务物流与供应链管理［M］. 北京：中国铁道出版社，2017.

[20] 李向红. 区块链驱动跨境电商供应链协同共生管理创新［J］. 江苏商论，2024（2）：55-58.

[21] 陈建松. 跨境电商供应链与价值链协调运作研究［J］. 时代经贸，2023，20（12）：47-50.

[22] 赵振华. 跨境电商企业供应链管理优化研究［J］. 物流科技，2023，46（24）：105-108.

[23] 张安梅，郭飞. "双循环"与跨境电商供应链管理［J］. 中国外资，2023（22）：65-67.

[24] 鲍曼，孙华. 基于跨境电商平台的供应链金融融资模式探究［J］. 投资

与创业，2023，34（21）：4-6.

[25] 孙晓冬. RCEP背景下广西跨境电商供应链优化与协调路径［J］. 全国流通经济，2023（18）：68-71.

[26] 薛卓之，张茹. 跨境电子商务视角下的国际物流供应链管理模式构建［J］. 全国流通经济，2023（18）：72-75.

[27] 滕飞. 跨境电商企业供应链管理优化策略分析［J］. 黑河学院学报，2023，14（9）：35-37.

[28] 唐艳，刘小军. 数字贸易4.0背景下跨境电商供应链运营优化对策探究［J］. 现代商业，2023（16）：15-18.

[29] 张永刚. 探析跨境电商的物流供应链管理［J］. 中国航务周刊，2023（29）：43-45.

[30] 李向红，陆岷峰. 基于跨境电商场景下供应链金融中区块链技术应用研究［J］. 金融理论与实践，2023（6）：51-59.

[31] 李航. 跨境电商供应链管理现状及优化对策［J］. 中国储运，2023（6）：109-110.

[32] 张文锦，乔培琪. 基于共生理论的跨境电商供应链优化研究［J］. 国际公关，2023（4）：107-109.

[33] 陶青霞. 数字化供应链视角下跨境电商发展的新机遇［J］. 北方经贸，2022（12）：12-15.

[34] 王宇楠. 供应链稳定视角下跨境电商与物流融合发展路径研究［J］. 商业经济研究，2022（6）：107-110.

[35] 吕正娟，吕义. 基于供应链管理的跨境电商进出口综合管理系统构建［J］. 安徽农业大学学报（社会科学版），2021，30（6）：72-76，132.

[36] 陶梅. 跨境电商供应链动态稳定机制构建研究［J］. 现代营销（经营版），2021（11）：164-168.

[37] 曲丽娜. 跨境电子商务视域下国际物流供应链管理模式分析［J］. 商展经济，2021（20）：21-23.

[38] 王森. 大数据背景下的跨境电商供应链平台构建［J］. 中国市场，2021（29）：123-124.

[39] 李有财. 跨境电商的物流供应链管理［J］. 中小企业管理与科技（上旬刊），2021（8）：9-10.

[40] 张远惠. 基于系统科学视角下的跨境电商供应链管理研究［J］. 系统科学学报，2021，29（4）：109-114.

[41] 金璐. 跨境电商供应链效率影响要素及关系分析［J］. 商业经济研究，2020（22）：153-155.

[42] 李玫昌，贺小刚. 数字化跨境电商赋能新零售供应链价值"智慧"升级探究［J］. 商业经济研究，2020（9）：150-153.

[43] 吴粹中. 跨境电商供应链服务商的能力提升策略［J］. 中国商论，2020（7）：99-100.

[44] 何慧. 我国出口跨境电商供应链运作现状及优化对策分析［J］. 对外经贸，2019（12）：76-78.

[45] 庞燕. 跨境电商服务供应链与服务集成商能力的提升［J］. 中国流通经济，2019，33（9）：64-72.

[46] 耿辰璐. 跨境电商供应链结构分析及优化研究［J］. 商讯，2019（7）：70-72.

[47] 邓丽琼. 跨境出口电商的供应链管理与优化［J］. 物流工程与管理，2019，41（2）：98-99.

[48] 董美曾. 供应链管理环境下跨境电子商务发展策略研究［J］. 全国流通经济，2018（36）：10-11.

[49] 耿世慧. 基于扎根理论的跨境电商供应链模式创新研究［J］. 商业经济研究，2018（18）：96-98.

[50] 沈洁，占丽. 跨境电商模式下供应链管理中的订单实施问题分析［J］. 经济研究导刊，2018（27）：146-148.

[51] 魏秀丽. 跨境电商的供应链柔性优化策略探讨［J］. 商业经济研究，

2018（4）：62-64.

[52] 周会军，严伟，徐朗. 质量风险控制和促销宣传下跨境电商供应链的决策与协调 [J]. 上海海事大学学报，2017，38（3）：67-71，89.

[53] 甘淑婷. 跨境电商可持续供应链绩效评价模型的优化建立 [J]. 价值工程，2017，36（24）：96-98.

[54] 陶玉琼. 我国跨境电商的供应链柔性优化策略研究 [J]. 改革与战略，2017，33（8）：134-137.

[55] 徐琼. 跨境电商模式下外贸供应链信息系统的构建 [J]. 菏泽学院学报，2016，38（6）：84-87.

[56] 张夏恒，郭海玲. 跨境电商与跨境物流协同：机理与路径 [J]. 中国流通经济，2016，30（11）：83-92.

[57] 蔡礼辉，饶光明. 跨境电商供应链绩效评价 [J]. 财会月刊，2016（27）：78-81.

[58] 王剑潇，田剑英. 基于 TOE 模型的宁波跨境电商绩效评价研究 [J]. 浙江万里学院学报，2016，29（5）：31-37.

[59] 任静. 跨境电商企业供应链管理优化研究 [D]. 长春：吉林大学，2023.

[60] 何征纹. T 跨境电商公司供应链管理优化研究 [D]. 苏州：苏州大学，2023.

[61] 姚增辉. 跨境电子商务供应链需求信息共享机制研究 [D]. 哈尔滨：哈尔滨商业大学，2023.

[62] 刘晶. 供应链背景下我国出口跨境电商海外仓模式选择研究 [D]. 长沙：湖南大学，2022.

[63] 赵航宇. R 跨境电商公司供应链管理改进方案研究 [D]. 大连：大连理工大学，2021.

[64] 党芳芳. 跨境电商供应链协同创新与组织绩效关系研究 [D]. 南京：东南大学，2021.

[65] 杨艳琦. 跨境电商供应链金融风险防范研究 [D]. 长春：吉林财经大

学，2020.

[66] 孟鑫瑶. 中国出口跨境电商供应链管理优化研究 ［D］. 长春：吉林财经大学，2020.

[67] 陈洁娜. 跨境电商进口企业供应链管理优化研究 ［D］. 北京：商务部国际贸易经济合作研究院，2019.

[68] 卢美琪. 跨境电商环境下企业供应链风险评价与应对研究 ［D］. 长沙：中南林业科技大学，2019.

[69] 田冬雪. 跨境电商供应链管理研究 ［D］. 长春：吉林大学，2019.

[70] 王丹. 某跨境电商企业海外仓库存优化研究 ［D］. 上海：华南理工大学，2018.

[71] 尹萍. 跨境电商供应链协同评价研究［D］. 镇江：江苏科技大学，2018.

[72] 彭学成. 基于供应链管理的跨境电商物流一体化研究 ［D］. 天津：中国民航大学，2017.

[73] 赵颖婷. 跨境电商背景下传统女鞋贸易企业转型升级研究［J］. 消费导刊，2021（44）：227-228.

[74] 赵颖婷，蔡翔. 跨境电商海外仓模式的探索［J］. 现代交际，2020（13）：240-241.

[75] 赵颖婷. 中小型跨境电商企业海外仓物流模式建设研究［J］. 经济与社会发展研究，2020（24）：97-98.

[76] 赵颖婷. 数字经济背景下制造业供应链创新升级的研究［J］. 现代工业经济和信息化，2024，14（10）：61-64.